D1522238

L'uchronie

Éric B. Henriet

L'uchronie

Préface d'Emmanuel Carrère

5 0 QUESTIONS

PARIS
KLINCKSIECK

50 QUESTIONS

Collection dirigée par Belinda Cannone

en couverture :
Alexandra Vassilikian, *L'île aux pêchers*,
pastel sec, 0,75 × 0,53. © AV.

www.klinicksieck.com

© Klincksieck, 2009
isbn : 978-2-252-03710-2

50 QUESTIONS

Remerciements

Elles sont nombreuses les personnes à travers le monde avec lesquelles, depuis des années, nous échangeons sur l'uchronie et auxquelles nous savons gré de leurs informations et leur aide dans nos recherches. Pour l'élaboration du présent ouvrage, nous souhaitons remercier plus particulièrement Joseph Altairac, Octávio Aragão, Pascal Ducommun, Alain Huet, Jean-Marc Léger, Gerson Lodi-Ribeiro, Jean-Pierre Moumon, Jean-Luc Rivera et bien sûr Dany de Ribas à l'origine de ce projet et dont le soutien ces dernières années nous a été précieux.

Nous souhaitons également exprimer nos plus vifs remerciements à Jean-Louis Trudel pour l'aide qu'il nous a apportée dans la compréhension de certains phénomènes et théories scientifiques et si des inexactitudes ou erreurs persistaient dans ce livre, elles ne sauraient être en aucun cas imputables au Dr Trudel.

Il nous faut enfin exprimer notre immense gratitude et notre profond respect aux trois précieux compagnons en *Uchronie* que sont Éric Vial, Marc Madouraud et Bertrand Campeis. Ces trois spécialistes du domaine ont bien voulu débattre avec nous de l'organisation de ce livre et de son contenu et nous devons à Éric d'avoir attiré notre attention sur tel ou tel oubli dans le domaine de l'Histoire et à Marc et Bertrand d'avoir passé du temps à relire et critiquer dans le détail nos épreuves.

PRÉFACE

Il y a exactement trente ans de cela, j'étais étudiant en Histoire à Sciences Po et, devant écrire un mémoire, j'avais choisi pour sujet l'uchronie, avec l'arrière-pensée que sur cette non-matière je n'aurais pas grand mal à être plus compétent que le jury chargé de me noter. Je me rappelle avoir dû expliquer à un historien aussi savant que le professeur Raoul Girardet, mon directeur d'études, qu'il ne s'agissait pas d'un certain Luc Rosny – nom qui lui faisait penser à un coureur automobile héros de bandes dessinées belges, du genre Michel Vaillant ou Ric Hochet. Hormis deux encyclopédistes de la science-fiction, Jacques Van Herp et Pierre Versins, personne alors n'y connaissait rien. Le mot ne figurait ni dans les dictionnaires ni dans les fichiers des bibliothèques, il n'existait aucune bibliographie, aucun ouvrage de référence, et j'étais saisi d'une légère euphorie mégalomane à l'idée que cet ouvrage de référence, j'étais en train de l'écrire, moi. Quelques années plus tard, j'en ai tiré un petit livre appelé Le Détroit de Behring, qu'Éric Henriet, dans celui que vous avez entre les mains, a la gentillesse de saluer comme un travail de pionnier. J'y appelais les chercheurs futurs à de plus consistantes études, mais cela de façon purement rhétorique et en me résignant à ce que l'uchronie reste à jamais un genre marginal, sans public, sans dignité et surtout sans avenir.

Or, là-dessus, je me trompais complètement, et le livre d'Éric Henriet m'en fait prendre conscience. Le corpus sur lequel j'avais travaillé se composait d'à peu près deux douzaines d'ouvrages rassemblés par mes soins au petit bonheur la chance et je me doutais bien qu'il m'en avait échappé, mais je n'imaginais pas que la liste, trente ans plus tard, serait au bas mot dix fois plus longue.

Cela me fait un peu l'effet d'avoir exploré autrefois une région à pied, avec une carte grossière, gribouillée à la main, et de la traverser aujourd'hui au volant d'une voiture puissante, sûre, et équipée d'un GPS. Ce qui m'étonne le plus, cependant, ce n'est pas que ce territoire en friche soit mieux balisé, mais qu'il se soit ces dernières années tellement construit. Je m'attendais à découvrir des œuvres anciennes que j'ignorais, or j'en découvre surtout une énorme quantité de récentes, d'où je conclus que l'uchronie n'est pas seulement mieux connue, mais surtout plus active et plus en vogue aujourd'hui. Cette vogue laisse songeur. Je trouvais autrefois normal et somme toute juste que l'utopie, inventée par un chancelier d'Angleterre, ait tôt accédé à la dignité de genre littéraire et donc d'objet d'études : il est toujours utile de se pencher sur l'urbanisme et l'instruction civique, alors qu'il est toujours vain de regretter ce qui n'a pas été – ce par quoi j'expliquais que l'uchronie, comme genre, n'ait jamais vraiment pris. Aristote, de manière péremptoire, affirmait que celui qui s'attarde à de telles rêveries « raisonne comme un végétal » et, tout en m'appliquant à recenser ces rêveries, je donnais pour ma part raison à Aristote.

Pourquoi ce genre prend-il et fleurit-il maintenant ? Henriet, tout en constatant le fait, ne répond pas à cette question et je n'ai quant à moi que deux hypothèses sommaires. La première est que l'uchronie, qui à première vue semble une spéculation purement ludique, est fille en profondeur de la mélancolie, et que la mélancolie ne cesse dans nos sociétés d'étendre son empire. La seconde est que l'uchronie tourne inlassablement autour de ce moment de bascule où le virtuel devient réel, et que ce moment devient de plus en plus difficile à saisir. Il est de plus en plus difficile à saisir dans un monde, si on peut encore parler d'un monde, où ce qu'on s'accordait à appeler le réel se dérobe de plus en plus sous la prolifération exponentielle de ses représentations et versions alternatives. L'uchronie, du coup, y gagne quelque autorité comme instrument de connaissance du réel (plus on s'approche de ces questions, plus on se sent contraint aux italiques, guillemets et autres signes de circonspection), et avec elle l'intuition très voisine des univers parallèles – à laquelle Henriet fait un sort aussi. Le progrès, ne serait-ce pas que désormais, non seulement tout peut arriver, mais tout arrive bel et bien ? En même temps ? À chaque instant ? À l'infini ? Qu'à terme nous puissions, à tout moment, à partir de n'importe quel événement et de ses possibles conséquences, choisir dans quelle version de la vie nous voulons vivre ?

Je pense à une page lumineuse de Clément Rosset, analysant une phrase de Malcolm Lowry. Le Consul, héros d'Au-dessous du volcan, *ivre comme à son habitude, marche d'un pas à la fois incertain et assuré au bras de son ex-femme Yvonne. « D'une certaine façon, de toute façon (écrit Lowry), ils allaient leur chemin. » En anglais :* « somehow, anyhow, they moved on. » *Dans cette phrase anodine, Rosset découvre* « un très profond paradoxe, qui n'intéresse pas seulement la façon dont marchent les hommes, qu'ils soient ivrognes ou non, mais concerne le sort de toute chose au monde. [...] Il n'est pas de "n'importe quelle façon"* (anyhow) *qui ne débouche sur "une certaine façon"* (somehow), *c'est-à-dire précisément sur quelque chose qui n'est pas du tout n'importe quoi, n'importe quelle façon, mais au contraire cette réalité-là et nulle autre, cette façon qu'elle a d'être et aucune autre façon. Aucun aléa ne protégera l'aléatoire de la nécessité où il est de venir à l'existence sous la forme de ceci, de rien d'autre que ceci. [...] Nous appellerons* insignifiance du réel *cette propriété inhérente à toute réalité d'être toujours indistinctement fortuite et déterminée, d'être toujours à la fois* somehow *et* anyhow : *d'une certaine façon, de toute façon »* (Le Réel, traité de l'idiotie, 1977).

Ce que Rosset dit là est non seulement vrai, mais évident – et c'est une des tâches les plus nobles de la philosophie de déployer de telles évidences. Mais que serait un monde où cette évidence ne serait plus vraie ?

Ce monde-là, l'uchronie travaille à son avènement, et il semble bien qu'aujourd'hui le réel l'y encourage.

À la mélancolie j'associerais en outre l'hostilité à l'égard du réel. À la fin de mon petit livre, j'exprimais le vœu de « me détourner de l'uchronie, des univers parallèles, du regret qui les obsède, et de m'aventurer au pays du réel. » Je parlais là pour mon compte, je ne force personne, cependant je reste fidèle à ce programme et j'observe avec une heureuse surprise qu'il devient avec l'âge et la patience un petit peu plus facile à suivre. Être constamment attentif aux indénombrables bifurcations qu'offre la vie, nourrir la nostalgie de nos existences parallèles – à quoi invitent le roman et cette sorte de roman au carré qu'est l'uchronie –, c'est stimulant pour l'imagination, mais c'est aussi un trait de l'adolescence, qui voudrait garder toujours les choix ouverts devant elle. Un des grands avantages de l'âge adulte, selon moi, c'est qu'on n'a plus tellement à choisir ni à atermoyer. On est assez avancé sur son chemin pour ne plus penser aux autres chemins possibles, on fait ce qu'on a à faire, petit à petit on s'aperçoit que les décisions se prennent d'elles-mêmes, sans délibération ni regret. Pour ma part, j'aime mieux ça et compte bien poursuivre la tâche, entamée depuis trente ans, consistant à tuer en moi cet amateur de petits jeux et de grandes tristesses auquel on peut donner, parmi d'autres, le nom d'uchroniste : celui qui ne veut pas du temps, ni de son travail; celui qui voudrait que tout reste virtuel et que rien ne s'accomplisse; celui, et c'est sa grandeur, qui dit non.

Emmanuel Carrère

À mes parents, sans lesquels toutes mes uchronies personnelles n'auraient aucun intérêt, avec tout mon respect et toute ma gratitude.

1 *D'où vient le mot « uchronie » ?*

Le terme « uchronie » est un néologisme fondé au XIXe siècle par le philosophe Charles Renouvier s'inspirant dans sa construction du mot « utopie » (lui-même créé par Thomas More en 1516) et juxtaposant cette fois au préfixe de négation le terme désignant le temps (chronos) à la place de celui du lieu (topos). Il s'agit pour Renouvier d'une « utopie dans l'Histoire [...], histoire [...] telle qu'elle aurait pu être » (Renouvier, 1876 : I) définition que reprendra le grand Larousse du XIXe siècle. Il s'agit donc d'imaginer, de manière cohérente, une « autre » trame historique dérivant de celle de notre Histoire par un événement qui, dans la réalité, ne s'est pas produit et de développer ensuite ce qui aurait pu se passer si…

Renouvier, né à Montpellier en 1815 dans une famille de députés, réussit le concours d'entrée de l'École polytechnique en 1834. En 1842, il publie le *Manuel de philosophie moderne*. Éric Vial nous apprend qu'il fut le chef de file du néocriticisme, ou néokantisme français. Il est probable que Renouvier a été desservi, *post mortem*, par l'abondance de ses publications (25 000 pages environ) et, souligne Vial, « par un style plus précis qu'agréable, par les évolutions ultérieures de la pensée et des modes intellectuelles. Cependant, jamais tout à fait oublié de sa corporation, il semble redevenu d'actualité, entre rééditions et relectures, du fait du centenaire de sa mort, mais aussi de l'activité en particulier de Laurent Fedi et surtout comme penseur d'un socialisme libéral et de l'esprit républicain ». En effet, Renouvier fut l'auteur, en 1848, d'un *Manuel républicain de l'homme et du citoyen* qui « coûta à Hippolyte Carnot son portefeuille de ministre de l'Instruction publique. Mais Renouvier est aussi l'auteur d'un livre réputé "très curieux" » (Vial, 2007 : 221-222). Il est mort en 1903.

Le livre « très curieux » en question, selon Gabriel Séailles, est celui qui nous intéresse ici. Publié une première fois anonymement, en 1857, dans trois articles de la *Revue philosophique et religieuse* (7ᵉ et 8ᵉ volumes) sous le titre de *Uchronie, tableau historique apocryphe des révolutions de l'empire romain et de la formation d'une fédération européenne*, il est réédité intégralement, en 1876, avec trois tableaux, deux appendices et une postface (signée Renouvier) supplémentaires sous le titre de *Uchronie (l'utopie dans l'Histoire), esquisse historique apocryphe du développement de la civilisation européenne tel qu'il n'a pas été, tel qu'il aurait pu être*. Au total, le lecteur a donc le droit à cinq tableaux plus du matériel additionnel ce qui peut en rendre la lecture complexe. Essayons d'en résumer brièvement le propos. Dans le premier tableau, Renouvier rappelle l'histoire de « l'invasion de l'Occident par les doctrines orientales » et de l'apparition du christianisme telle que nous la connaissons, insistant en Occident sur « la décadence des vertus civiques » (Renouvier, 1876 : 21). Le second tableau est dans le prolongement direct du premier. Renouvier y traite du cas de Marc Aurèle, ce philosophe-roi qui, selon lui, ne mena pas à l'encontre des chrétiens une politique assez énergique pour contenir leur doctrine. Or pour l'auteur, et comme le note très justement Fernand Turlot au chapitre « Un livre étrange : Uchronie » (Turlot, 2003 : 169) de son remarquable essai sur Renouvier, Rome ne peut sauver sa civilisation qu'en reprenant son principe de liberté. Dans ce tableau, « l'Histoire fait place soudain à l'uchronie » avec une lettre certainement apocryphe du général Avidius Cassius, chef des légions d'Orient, à Marc Aurèle ; une note met alors en garde le lecteur que « nous entrons dans le roman » (Renouvier, 1876 : 84). Le stoïcien Cassius engage de nombreuses réformes (dans notre Histoire, il fut assassiné) ; Marc Aurèle se suicide peu après. Cassius est ensuite assassiné et c'est Pertinax qui lui succède. Au troisième tableau, Commode écarte Pertinax. Comme le notent Vial et Turlot, à cet instant on retrouve presque notre Histoire puisque dans la réalité c'est Commode qui succéda à Marc Aurèle. Mais Renouvier est têtu et il souhaite du changement : Pertinax reconquiert le pouvoir et chasse les chrétiens d'Occident. Il supprime l'armée de métier mais conserve la conscription. Il perfectionne le système judiciaire, permet à la philosophie stoïcienne de se maintenir dans l'Empire et instaure un culte républicain voué aux grands hommes. Son successeur, Albinus, fait de la trilogie « Amour, Justice et Liberté », « les seuls dieux [désormais] obligatoires » (*ibid.* : 130). Le tableau 4 est le pendant oriental du précédent : l'Orient devient une dictature chrétienne puis catholique. Les sectes et autres hérésies s'y multiplient et on y palabre dans de nombreux conciles. L'Orient subit également l'assaut des invasions barbares (alors que l'Occident éclairé les repousse). Le dernier tableau, de loin le plus long, décrit la création et l'évolution uchronique des différentes nations indépendantes en Occident. La tolérance y règne. L'Occident doit faire face à des « croisades » à l'envers de l'Orient pour reconquérir Rome ! Une sorte de « christianisme épuré » (Turlot, 2003 : 173) y apparaît avec un protestantisme germanique. Au final, l'Europe occidentale connaît un début d'ère moderne avec des progrès fulgurants dans les techniques et les arts, de nouvelles découvertes révolutionnaires et le début de l'exploration des *terrae incognitae*. L'histoire imaginée par Renouvier se termine au XVIe siècle de ses Olympiades qui correspond à notre VIIIe siècle mais qui ressemble à notre XVIe siècle.

Ajoutons, avec Éric Vial, que ces cinq tableaux se donnent pour la traduction du manuscrit latin d'un religieux, brûlé en 1601 à Rome par l'inquisition, qui aurait été transmis par son confesseur converti à ses vues et ayant fui en Hollande, dont le fils rapporte le témoignage en y ajoutant le sien, avant que le petit-fils prenne à son tour la plume en 1709 et 1715 : « Ces "appendices" copieux, plus du tiers du livre, forment une fiction suivant l'évolution de trois générations face au manuscrit dont elles s'éloignent, et face à l'histoire. [...] Le caractère fictif de l'ensemble est souligné *in fine*, dans une postface "de l'éditeur", où Renouvier se présente comme auteur, évoque les difficultés de construction de l'ouvrage, précise le fond de son propos entre affirmation de la multiplicité des possibles et rejet du fatalisme au nom de la liberté » (Vial, 2003 : 160). Pour Hubert Grenier, ces appendices « assurent à son écrit une vie posthume en enchâssant une histoire imaginaire dans l'histoire réelle » (Grenier, 1988 : 172).

Turlot s'interroge légitimement : « pourquoi un pareil livre ? Pourquoi "s'amuser" à une construction uchronique ? » Et il entrevoit des éléments de réponse : « Pour dénoncer une illusion grâce à une fiction. L'illusion, c'est le fatalisme historique ; la fiction, c'est l'introduction, dans l'histoire, d'un fait différent de celui qui s'est effectivement produit. [...] "Cela devait arriver", que l'on pense à un déterminisme absolu, ou à un destin, ou à une Providence, ou à une Prédestination, voilà la formule à combattre. [...] Marc Aurèle aurait pu chasser les chrétiens. [...] Être libre, soutient Renouvier, c'est, d'une part, disposer d'un libre-arbitre, d'autre part, pouvoir l'exercer dans ses choix » (Turlot, 2003 : 175). Et Vial abonde dans son sens : « Ce livre pose explicitement le problème de la liberté, réfléchit sur lui-même, sur ses mécanismes, ses possibilités de production, son sens » (Vial, 2003 : 165). La notion de liberté est très importante chez Renouvier. Pierre Versins le soulignait déjà dans son *Encyclopédie* en reprenant la « phrase particulièrement remarquable » de l'auteur lui-même dans son avant-propos : « Si les hommes avaient cru fermement et dogmatiquement en leur liberté à une époque quelconque, au lieu de s'approcher et d'y croire très lentement et imperceptiblement, par un progrès qui est peut-être l'essence du progrès même, dès cette époque la face du monde aurait été brusquement changée » (Versins, 1984 : 736). Quant à Compayré, l'un des premiers à avoir critiqué l'ouvrage en 1876, il précise : « si l'Uchronie n'est pas une preuve du libre arbitre humain, elle en est du moins une affirmation éclatante. C'est la protestation la plus vive que je connaisse contre le fatalisme historique sous ses diverses formes » (Compayré, 1876 : 302).

Mais *Uchronie* soutient une deuxième thèse qui va de pair chez Renouvier avec l'aspiration à plus de liberté : l'anticléricalisme. Pour Renouvier, la religion chrétienne bride la civilisation occidentale. Au contraire, son uchronie privilégiant le développement et l'enseignement à travers des réformes et une grande tolérance, fait presque gagner mille ans à l'Histoire. À ce propos, Ugo Bellagamba note que l'œuvre de Renouvier est bel et bien un procès à charge contre le christianisme, d'une part, et, d'autre part, l'apologie de la révolution de 1848 et de la République démocratique qui en est issue : « L'*Uchronie* a une dimension pédagogique puisque, dans une sorte de mise en abyme, elle postule la stabilisation des acquis de la République romaine par la mise en place d'un système éducatif obligatoire [...]. Charles Renouvier donne, par ailleurs, une priorité explicite à l'éducation. [...] Pour Renouvier, le rôle-clef de l'instituteur est d'enseigner le catéchisme républicain, en remplaçant le sacré religieux par la sacralisation des vertus républicaine » (Bellagamba, 2006 : 427-428). Il nous faut nuancer car la position de Renouvier face aux religions a plusieurs fois évolué durant sa vie. Éric Vial étudie les différences entre la première version inachevée de 1857 et la publication plus tardive en volume et souligne : « Au bout du compte, entre les articles de 1857 et le livre de 1876, "la religion qu('il a) quittée" change, sans d'ailleurs passage de la critique d'une religion à la critique des religions : ce pourrait même être presque le contraire. Dans ses critiques et ses refus, il passe du christianisme au seul catholicisme, et on peut considérer l'*Uchronie* comme une étape dans un éloignement d'avec le paganisme : celui-ci semble avoir d'ailleurs toujours relevé plus de la méthode que de la foi » (Vial, 2007 : 239). Ce n'est que plus tard, vers 1882 ou 1885, que Renouvier reviendra au monothéisme.

Le livre étrange de Renouvier a sombré dans l'oubli. Il a été plusieurs fois critiqué pour son style ou son approche. Ainsi le grand critique belge, Jacques Van Herp, écrivait à son propos : « L'œuvre de Renouvier est de celle dont on souhaite la lecture à ses ennemis. » Il lui trouve un caractère factice : « Renouvier est effroyable : sa logique est sans faille et n'est pas pour peu dans le profond ennui qui naît de sa lecture, l'Histoire y étant ramenée au rang de théorème de géométrie » (Van Herp, 1973 : 71). Van Herp, que nous avons très bien connu, affectionnait les uchronies mais il n'avait pas de mots assez durs pour l'inventeur du terme : « C'est qu'il est difficile d'imaginer plus soporifique ouvrage que cette évolution à rebours de notre histoire [...]. Je suppose qu'en Enfer les damnés sont condamnés à le lire, et encore seulement les plus coupables » (Van Herp, 2003 : 44). Le prospectiviste Bernard Cazes ne l'apprécie guère plus. Pour lui, cette œuvre reposant sur l'hypothèse du « et si Marc Aurèle avait lancé un *new deal* », se borne à être une « reconstruction historique méticuleuse, compliquée et bavarde, [et] à peu près impossible à résumer » (Cazes, 1986 : 143). Il semble bien que Renouvier lui-même ait contribué à la mauvaise réputation de son livre, comme le soulignent Grenier et

Vial en rapportant des extraits de lettres de l'auteur où par exemple il mentionnait : « une drôle de composition [...] un travail informe et mal écrit » (Grenier, 1988 : 171) ou encore « on a dit de moi que je ne savais pas écrire ma langue. Ce n'est pas tout à fait exact » (Vial, 2003 : 159). Seul Versins semble enthousiaste à sa lecture ! Éric Vial, néanmoins, nuance en relevant un point qui nous semble important : « Le contenu du livre de Renouvier a été oublié. On le juge souvent sur des on-dit, à commencer par ceux concernant son style. [...] Les on-dit continuent pour le contenu. On cite titre, sous-titre, point de départ. On semble croire qu'après la décision de Marc Aurèle, tout est joué et s'enchaîne mécaniquement. » Or, il n'en est rien comme on l'a vu dans le résumé : Commode est à deux doigts de remettre l'Histoire dans le droit chemin. En outre, la lecture d'*Uchronie*, par comparaison avec celle de la plupart des uchronies écrites ensuite (et même de celle de Geoffroy – question 2), est sans doute rendue difficile par l'approche philosophique et la période historique choisies par l'auteur. Vial ouvre des voies à ce sujet : « Il faudrait envisager le problème des connaissances des lecteurs potentiels, qui réduit sans doute l'audience de Renouvier, problème auquel se heurte tout auteur d'uchronies, qu'il peut résoudre par l'utilisation d'événements appartenant à la culture commune » (Vial, 2003 : 167). Cela explique sans doute pourquoi ce livre n'a pas fait l'objet de traductions à l'étranger. Ses attaques contre la religion y ont certainement contribué également. Pourtant, son existence n'y est pas ignorée, en particulier des critiques et chercheurs sur l'uchronie. Ainsi, l'Allemand Steinmüller le détaille longuement dans son essai.

Au final, cet ouvrage pose plus de questions qu'il n'apporte de réponses. L'uchronie se borne-t-elle à n'être qu'une « utopie des temps passés » (Renouvier, 1876 : II) comme le définit son inventeur ? Versins rejette ce point et Grenier argumente dans son sens en remarquant que l'ouvrage renverse les rapports habituels de l'utopie et de l'Histoire : « D'ordinaire, les utopistes, tout comme ils tournent systématiquement le dos au passé [...], se désintéressent du présent. Ils l'enjambent sans façon. D'emblée, ils logent leurs cités idéales dans un avenir où ils ont sauté les pieds joints. Telle est la faille de leurs beaux édifices. » Ajoutant que si « l'utopie n'a pas de sites dans l'espace [...] elle n'en a pas non plus dans le temps » et qu'en ce sens « toute utopie se désigne comme une uchronie », il souligne que l'*Uchronie* de Renouvier fait exception à cette règle : « C'est une uchronie qui offre le paradoxe de ne pas être uchronique. [...] Elle ne déserte pas l'historique, elle n'est pas rebutée par ses contraintes chronologiques, elle s'y glisse, elle s'y incorpore » (Grenier, 1988 : 176). Cette analyse explique pourquoi, aujourd'hui, nombre de chercheurs continuent d'employer le terme « uchronie » pour qualifier des utopies se situant dans un futur daté. Cette confusion des genres est entretenue par la définition qu'en a donné Renouvier même si, et Grenier le souligne fort bien, c'est un tout autre genre dont il a dessiné les contours. Le canadien Angenot estime même : « Il ne s'agit pas du tout d'une œuvre écrite par un littéraire ou un paralittéraire, mais de la tentative de donner à l'historiographie fictionnelle le statut d'une méditation philosophique. À ce point de vue-là, il est sans prédécesseur et sans postérité » (Angenot, 1982 : 28).

Pour la postérité, nous verrons dans le présent ouvrage que d'autres approches s'apparentent à celle de Renouvier. Pour l'antériorité, si Renouvier a donné un nom au genre de « l'Histoire refaite logiquement telle qu'elle aurait pu être », il n'est pas le premier à l'avoir pratiqué comme nous allons le voir dans les deux prochaines questions. Mais le mérite lui revient d'avoir inventé l'*uchronie* et par extension les termes anglais d'*uchronia* et d'*uchronic* et cet accouchement ne s'est pas fait sans mal : « que ce philosophe un peu oublié [...] ait lutté contre l'Histoire avec une énergie si désespérée [...] assure que l'uchronie, jeu de société plaisant, ne saurait exister sans une douleur profonde » (Carrère, 1986 : 61).

2 *Quelle est l'œuvre fondatrice du genre ?*

Renouvier a inventé le terme *uchronie*. Avant lui (questions 3 et 4), certains auteurs ont imaginé en quelques phrases une hypothèse du type « et si » au passé mais le premier a en avoir fait l'objet d'un ouvrage entier s'appelle Louis Geoffroy. On sait peu de choses à son propos si ce n'est que Louis-Napoléon Geoffroy-Château est né en 1803 et mort en 1858 et qu'il était le fils d'un officier mort à Austerlitz. En outre, selon Versins, « [i]l a été juge au tribunal civil de Paris et il est mort en 1858. La Bibliothèque nationale de Paris ne connaît de lui que deux autres ouvrages, un discours de circonstances et une édition de *La Farce de Maître Pierre Pathelin*, à quoi Max Nettlau, dans son étude sur l'utopie, ajoute *Le Brahme voyageur* (Bruxelles, 1843), que nous n'avons jamais vu. Mais c'est son œuvre maîtresse qui devait l'extraire de l'oubli » (Versins, 1984 : 361). En 1836, il fait paraître *Napoléon ou la Conquête du monde (1812-1832)* qui se lit comme un roman, même si un critique comme Saint-Gelais se refuse à le considérer comme tel. Il préfère qualifier ce type d'œuvres, auquel appartient également l'*Uchronie* de Renouvier, d'uchronies historiographiques « puisqu'elles relatent, à l'instar d'un manuel ou d'un livre d'Histoire, les événements qui ont fait bifurquer le passé que nous connaissons vers une histoire parallèle » (Saint-Gelais, 1999 : 46). Le propos de Geoffroy est plus facile à résumer que celui de Renouvier et bien plus plaisant à lire car il faut reconnaître que l'épopée napoléonienne est plus abordable au lecteur moyen que l'histoire de Marc Aurèle ou d'Avidius Cassius.

L'histoire débute en 1812 devant Moscou en flammes. Napoléon et son armée ne s'y attardent pas et, au lieu de revenir sur leurs pas et de sombrer dans la Berezina, ils obliquent vers Saint-Pétersbourg et capturent le tsar Alexandre, ainsi que Bernadotte. La Russie et la Scandinavie soumises, Napoléon rétablit l'ancien royaume de Pologne qu'il donne à Poniatowski « afin aussi peut-être de mieux faire comprendre aux nations russes qu'au-dessus de leur czar il y avait encore une toute-puissance plus formidable, et Napoléon entre Alexandre et Dieu » (Geoffroy, 1983 : 17). Tout s'enchaîne ensuite. En juin 1814, il envahit l'Angleterre. Il nomme son oncle pape. Son épouse Marie-Louise est à peine décédée lors de sa quatrième couche qu'il rappelle et épouse Joséphine ! En juin 1821, l'Empereur décide de s'attaquer au reste du monde et il reprend là où il avait échoué quelques décennies plus tôt : en Égypte. Puis c'est l'Asie où il est battu une seconde fois devant Saint-Jean-d'Acre, mais ce sera sa dernière défaite, le petit homme sachant tirer les leçons. Bientôt, la Perse, la Chine, l'Inde et même le Japon tombent sous son joug. Il aborde l'Australie dont il explore l'intérieur et revient en Europe *via* l'Afrique qu'il domine également intégralement, après en avoir terminé l'exploration en 1827. Devant une telle puissance, l'Amérique se soumet par décision du congrès en mars 1827. Napoléon possède alors la Terre entière. Il impose la Monarchie universelle et la langue française partout. Les différentes religions le reconnaissent : « la langue française fut désormais la langue de Dieu, comme elle l'était du monde » (*ibid.* : 336) ! Mais le livre ne se limite pas à une succession de conquêtes militaires et politiques. Napoléon et ses savants retrouvent les ruines de l'ancienne Babylone. L'empereur fait creuser le canal de Suez puis, plus tard, celui de Panama. Cambronne est le premier à atteindre le pôle Nord pour y prononcer son mot historique ! L'auteur nous offre aussi un tableau (uchronique) de la littérature entre 1820-1830 dont le *Richelieu* de Walter Scott écrit en français. On apprend que Stendhal, irritant le Petit Caporal avec sa *Théorie de l'Esprit*, doit s'exiler à Rome où il écrira une *Histoire de la peinture italienne*. Dans un autre chapitre, c'est la liste des avancées et découvertes techniques qui nous est offerte. Enfin il y a le fameux épisode de Sainte-Hélène et le chapitre « Une prétendue histoire » sur lesquels nous reviendrons aux questions 8 et 9. On s'amuse follement à la lecture de cet ouvrage qui ne manque pas d'audace : le jour du sacre de Napoléon par son oncle Clément XV, deux étoiles de la constellation d'Orion s'éteignent à jamais, ce qui fait écrire à Versins : « Même pour Jésus, il n'y avait eu qu'une nova, et quant à De Gaulle, il n'y a même pas eu droit… » (Versins, 1984 : 365). Napoléon meurt finalement le 23 juillet 1832, n'ayant plus rien à accomplir.

Selon Van Herp, le *Napoléon apocryphe* (titre de l'ouvrage dans sa réédition de 1841) « fonde réellement la littérature uchronique » (Van Herp, 1993 : 42). Van Herp rappelle que Balzac, en 1830, dans *Une ténébreuse affaire*, imaginait en quelques lignes une trame historique fictive si la défense de Paris eût été réelle en 1814 et qu'il concluait « Qu'aurait fait Napoléon ? ». Il ajoute : « Ce qu'a rêvé Balzac, Geoffroy l'a réalisé » (*ibid.* : 42-43). Bien que jamais traduit, l'américain Silverberg en donne un court résumé (ainsi que du Renouvier) dans son introduction à *The Way It Wasn't*. L'historien Jonathan North, dans une anthologie récente entièrement composée de textes uchroniques sur le Premier Empire souligne que le roman de Geoffroy est un des pionniers du genre : « Ce livre fascinant » écrit-il « crée un monde fantastique dans lequel Napoléon, après avoir défait les Russes en 1812, conquiert le monde et impose un ordre universel et inévitablement le progrès.

Geoffroy-Château inverse intelligemment la réalité de sorte que des faits historiques y deviennent des fictions alors que sa version uchronique est, elle, présentée et acceptée comme un fait avéré. Bien que ce ne soit pas la première uchronie, c'est certainement la première de taille » (North, 2000 : 9). Si à l'étranger, on n'ignore donc pas l'importance du livre de Geoffroy pour l'histoire du genre uchronique, on se trompe souvent sur l'orthographe du nom de l'auteur ou du titre. Ainsi, l'américain Tsouras précise « Le champ de l'uchronie pourrait avoir son origine dans le livre *Napoléon et la Conquête de la monde* [*sic*] 1812-1823 de Geoffrey [*re-sic !*] Château en 1836 écrit sous le nom de Louis Napoléon [*re-re-sic !*] » (Tsouras, 2006 : 13). Hellekson ne méconnaît ni Geoffroy ni Renouvier. Dans sa thèse, elle indique que les termes *uchronia* et *uchronic* sont dus au philosophe, cependant il est clair qu'elle n'a lu (ou pu lire) ni l'un ni l'autre puisqu'elle ajoute : « Bien que le genre de l'histoire alternative débuta par la voie littéraire et celle du commentaire social, tels que les textes de Geoffroy-Château et de Renouvier, le genre s'est ensuite vite combiné avec celui de l'*historian's counterfactuals* [NdA : scénario uchronique écrit par un historien] » (Hellekson, 2001 : 18). C'est ignorer que Renouvier et Geoffroy ont de solides bases en Histoire comme le rappelle Saint-Gelais. On pardonnera volontiers à Hellekson, dont l'étude est passionnante, cet à-peu-près certainement dû à sa méconnaissance du français. En revanche, on ne pardonnera pas du tout à Chamberlain, pourtant auteur d'une des toutes premières tentatives bibliographiques du genre, d'écrire : « *The very first book-length uchronia is L.-N. Geoffroy-Château's chauvinist pipe dream of Napoleon as world-conqueror (1836), which works the great-man theory beyond even Bonapartist credulity* » (la toute première uchronie de la taille d'un livre est la chimère chauviniste d'un Napoléon, conquérant du monde, qui utilise la théorie du « grand homme » au-delà même de la crédulité d'un bonapartiste) (Chamberlain, 1986 : 285). McKnight est bien mieux informé que Chamberlain et nuance ses propos outranciers et non fondés par ceux d'Alkon dans *Origins of Futuristic Fiction* ou ceux d'Angenot : « Le *Napoléon apocryphe* [...] est un récit satirique qui prend occasionnellement la forme d'une histoire alternative du règne de Napoléon, mais il entre assez facilement dans une tradition du pamphlet anti-napoléonien, dont il est simplement une variante » (Angenot, 1982 : 29).

En Belgique, Van Herp, pour qui « le chef-d'œuvre, la véri-table naissance de l'uchronie fut le *Napoléon apocryphe* de Geoffroy » (Van Herp, 2003 : 44), écrivait trente ans plus tôt : « L'ouvrage est assez ennuyeux, ainsi qu'un livre d'histoire nor-mal, guère plus. Mais l'auteur a réellement l'idée des inventions de toutes sortes […] sous les dehors mesurés de l'époque, ce que peint Geoffroy, c'est un monde aussi sombre et désolé que 1984 de Orwell » (Van Herp, 1973 : 70). On est donc loin du jugement de Chamberlain dont on peut se demander s'il a réellement lu le livre. Pour étayer son propos, Van Herp rappelle la conclusion du roman : « Sur sa tombe encore fraîche, cinq hommes se suicidèrent […] c'était le reste de la phalange des hommes libres, et il n'y eut plus sur la Terre ni homme ni mot pour exprimer l'idée de la liberté. » Ainsi pour le critique belge « ceci peut difficilement pas-ser pour un éloge. Finalement cet ouvrage étonnant […] annonce également les visions les plus sombres de notre temps. […] Geoffroy eut presque du génie. Il épuisa pour longtemps la réserve des pos-sibles. C'est la Terre entière qu'il offre à Napoléon » (Van Herp, 1993 : 47). Plus loin, il ajoute : « Une chose demeure certaine : le roman uchronique, l'histoire non euclidienne, naissent de Napoléon. Jusqu'à lui il semblait que l'Histoire ne pût se dérouler autrement. […] Il y eut, il y a encore, un mythe Napoléon […]. L'Empereur ne cousinait plus avec César ou Hannibal mais Prométhée. "Cet homme gênait Dieu". Il fallait être Hugo pour oser l'écrire, mais on l'approuva. La lutte contre le destin s'incarna dans un personnage historique, et c'est la vie, les actes, les événe-ments vécus qui firent rêver à d'autres possibles. Et avant que naquit la science-fiction, l'Empereur lui avait trouvé son mode : l'hypothétique, le conditionnel, le roman du "si", et il fit naître un genre nouveau, l'uchronie » (*ibid.* : 59). Il n'y aurait donc pas de hasard. L'uchronie avait besoin de Napoléon pour éclore totale-ment tout comme Napoléon aurait bien eu besoin d'elle pour triompher. Marthe Robert va plus loin, comme le souligne très justement Éric Vial qui cite le long passage de son essai où elle affirme que, de même que l'apparition de Don Quichotte et de Robinson dans la littérature occidentale est en rapport étroit avec une situation historique définie, la fortune du « bâtard » au XIXᵉ siècle s'explique par la montée de Napoléon : « L'aventurier sans naissance ni fortune, qui, en rien de temps, se couronne lui-même, installe ses frères sur tous les trônes d'Europe qu'il a rendus vacants, et se taille un empire dans une république toute neuve dont il est à peine citoyen, appartient au roman par toutes les fibres de sa personnalité. » Le petit homme insignifiant qui se révèle capable de changer son « roman familial » en instrument de puissance historique peut légitimement s'écrier : « Quel roman que ma vie ! », affirme Marthe Robert qui ajoute que Napoléon « fortifie le romancier virtuel dans l'idée que tout est possible : que l'Histoire elle-même s'incline devant le mythe de toute-puissance infantile pour peu que le mythe soit pris vraiment au sérieux [...]. Fort de cet exemple et de cet enseignement, le roman peut s'évader du cercle étroit des chambres conjugales où l'élémentaire curiosité œdipienne tend toujours à le fixer, et commencer d'écrire l'histoire mondiale de ses conquêtes » (Robert, 1972 : 237-238).

Geoffroy fut-il pour autant le premier ? Notre honnêteté intellectuelle (et au passage nous éviterons de nous faire traiter de chauvin par un Chamberlain remonté) nous pousse à signaler que récemment, le site de l'américain Schmunk a signalé l'existence d'un roman datant de 1833, *Alroy : or, The Prince of the Captivity* également publié sous le titre *The Wondrous Tale of Alroy* par Benjamin Disraeli. Ce récit serait une uchronie relatant la création, au XIIᵉ siècle, d'un immense empire ayant Bagdad pour capitale par un faux messie juif qui, dans notre Histoire, n'a conquis que quelques provinces avant d'être arrêté. Ce texte a été ensuite adapté pour la scène, en 1907, par Grunfeld sur une musique de Bernard de Lisle. Nous n'avons pas pu nous procurer le livre en question mais si cette information s'avère, nous aurions là la première uchronie complète (un roman entier) jamais écrite. Néanmoins, cela ne diminue en rien ce que nous avons écrit sur l'importance du Geoffroy. Même si celui-ci n'a pas été, à notre connaissance, traduit à l'étranger, il y a été lu et critiqué, voire mentionné dans des dictionnaires et encyclopédies hors de nos frontières. De fait, il a certainement pu influencer des textes postérieurs, ce qui semble nullement être le cas d'Alroy. En outre, le propos de Disraeli semble obscur par contraste avec le sujet choisi par Geoffroy, ce qui a certainement nui à sa visibilité.

Terminons en déplorant, avec Carrère, que Geoffroy n'ait pas vécu et écrit plus et laissons conclure ce dernier avec ce texte extrait de sa préface : « C'est une des lois fatales de l'humanité que rien n'y atteigne le but […]. Loi terrible ! qui tue Alexandre, Raphaël, Pascal, Mozart, et Byron, avant l'âge de trente-neuf ans. […] Combien ont soupiré après ces songes interrompus, en suppliant le ciel de les finir ! […] Or voici ce que j'ai fait : j'ai écrit l'histoire de Napoléon depuis 1812 jusqu'en 1832 […]. J'ai fini par croire à ce livre après l'avoir achevé. Ainsi, le sculpteur qui vient de terminer son marbre y voit un dieu, s'agenouille et adore » (Geoffroy, 1983 : VI).

3 Y a-t-il une préhistoire du genre avant Geoffroy et Renouvier ?

Si Louis Geoffroy a été sans conteste le premier à écrire un texte volontairement et intégralement uchronique, nous trouvons des traces plus anciennes de la démarche uchronique. Les spécialistes s'accordent pour voir en l'*Histoire romaine* de Tite-Live la plus ancienne occurrence uchronique. En effet, Tite-Live imagine, sur plusieurs chapitres intitulés « digression sur Alexandre de Macédoine », ce qui aurait pu arriver si Alexandre avait eu à affronter des généraux romains de la trempe des contemporains de Tite-Live. Cette hypothèse plus anachronique qu'uchronique de l'auteur lui permet de vanter les mérites de la légion romaine : « J'aimerais traiter cette question : quel aurait été le sort de l'État romain s'il avait été en guerre contre Alexandre ? Le nombre et la bravoure des soldats, le talent des généraux et le hasard dont le rôle, si important dans toutes les affaires humaines, et ici prépondérant, sont essentiels dans la conduite de la guerre. Ces différents facteurs, qu'on les prenne ensemble ou séparément, montrent que la puissance romaine aurait résisté devant Alexandre comme devant d'autres rois ou d'autres peuples. » Et le penseur romain ne manque pas de dénigrer également la popularité, selon lui injustifiée, dont jouit Alexandre : « Comme l'Italie lui aurait paru différente de l'Inde qu'il traversa au milieu d'un joyeux cortège, avec son armée ivre » (Tite-Live, 1996 : 307). En toute mauvaise foi, Tite-Live met en avant les travers d'Alexandre, le dote de son armée de l'époque avec sa technologie désormais obsolète et le met en scène face aux meilleurs généraux du moment, avantagés par un arsenal « moderne » et quelques siècles de progrès tactiques. Néanmoins, Tite-Live, le premier, s'amuse au jeu du « et si… ».

Après Tite-Live, nous faisons un grand saut dans le temps pour nous retrouver en 1585, date à laquelle un certain Duplessis-Mornay publie un ouvrage intitulé *De la vérité chrétienne contre les athéistes* où nous trouvons cette citation rapportée par Jacqueline Duvernay-Bolens : « ce qu'il y a de plus barbare, de plus ignorant, de plus bestial au monde entre les Caribes et les Cannibales […], nous trouvons cette créance reçue et embrassée de nous [que] l'âme de l'homme créé est inspirée de Dieu et par conséquent incorruptible. […] C'est en somme comme si les Indiens occidentaux conquérant sur nous, comme nous sur eux, eussent abordé premièrement en Irlande ou en France ou au Groenland où ils eussent pu dire de nous ce que nous d'eux » (Duvernay, 1995 : 133). Ce livre a fait l'objet d'une traduction en anglais. Duplessis-Mornay n'est pas le seul à réfléchir sur la relativité du concept du « sauvage ». Ainsi paraissent, en 1732, à Paris, *Les Aventures du Monsieur Robert Chevalier, dit de Beauchêne, capitaine des flibustiers dans la Nouvelle France*, récits de voyages d'Alain-René Lesage. Lors de ses multiples aventures dans le Nouveau Monde, le chevalier de Beauchêne rencontre chez les indiens une certaine demoiselle Duclos. Celle-ci, installée chez les Iroquois et considérée comme une reine, tente de le convaincre que les Indiens ne sont pas de simples sauvages sans âme. Elle lui tient ce discours : « Si les peuples de ce nouveau monde, nous prévenant dans l'art de la navigation, étaient venus les premiers à la découverte de nos côtes, que n'auraient-ils pas eu à raconter de la France à leur retour chez eux ? […] Ils [les Européens] n'ont pas l'esprit de cacher la couleur blanche et livide en la couvrant de diverses peintures que nous savons si bien mettre en œuvre. Nous leur présentâmes le calumet de la paix et nos plus belles peaux, après quoi ils nous abordèrent en nous parlant dans une langue bizarre. […] Nous remarquâmes, pendant les quelques jours que nous mîmes à faire nos provisions, que ces sauvages n'avaient point de dieux ; du moins nous ne leur en vîmes pas porter à qui ils rendissent hommage. Ils ont cependant une vénération superstitieuse pour les sauterelles, les chauves-souris et les lézards, parce qu'ils nous empêchaient d'en manger » (Lesage, 1969, volume 2 : 55-57). Et Lesage développe sur près de

trois pages l'idée d'un débarquement indien sur nos côtes européennes, du choc des cultures à l'envers, en particulier dans le
domaine religieux, et de la manière peu civilisée avec laquelle les
prêtres indiens sont reçus par les autochtones !

Entre Duplessis-Mornay et Lesage, le monde a eu le plaisir de
découvrir *Les Pensées* de Pascal. Deux d'entre elles sont explicitement uchroniques et, mais est-ce un hasard, très célèbres. « Le nez
de Cléopâtre : s'il eût été plus court, toute la face du monde aurait
changé » et « Cromwell allait ravager toute la chrétienté, la famille
royale était perdue et la sienne à jamais puissante, sans un petit
grain de sable qui se mit dans son urètre, Rome même allait trembler pour lui. Mais ce petit gravier, qui n'était rien ailleurs, mis en
cet endroit, le voilà mort, sa famille abaissée, et le roi rétabli ». Ce
« petit » grain de sable ou encore « petit » gravier qui sauve tout
de même l'Empire britannique renvoie, comme souvent chez
Pascal, au fait que l'homme est bien peu de chose face à la puissance de Dieu. Ainsi, et nous y reviendrons, l'Histoire du monde
tiendrait à de petits détails ou aléas.

C'est ce que semble croire également Jean-Baptiste Isoard, dit
Delisle de Sales, qui écrit, en 1791, *Ma République* dont un bref
passage, au chapitre XXI « D'une nouvelle séance royale », propose une version uchronique de la Révolution française : Louis XVI
fait preuve de fermeté et rend inutile le serment du Jeu de Paume.
Delisle de Sales imagine également une autre variante possible : la
garde du palais désobéit au roi et ouvre le feu sur les femmes
venues à Versailles.

Pour en terminer avec les occurrences uchroniques en France
antérieures au *Napoléon* de Geoffroy, il nous faut mentionner
Jeanne d'Arc, ou la Pucelle d'Orléans, tragédie en 5 actes de
Schiller qui fait mourir Jeanne au combat et Napoléon Bonaparte
lui-même qui, dans son *Mémorial du 26 août 1816 de Sainte-
Hélène*, soupire sur des « Si le Maréchal Grouchy [...]. Si le temps
eût permis [...] » (Van Herp, 1993 : 26). L'Empereur semble avoir
intégré la pensée uchronique à plusieurs reprises puisque le général
Bertrand rapporte dans ses *Mémoires pour servir l'histoire de
Napoléon, dictés par lui-même à Sainte-Hélène* ce qu'aurait pu
devenir l'Égypte en restant sous domination française : « Mille
écluses maîtriseraient et distribueraient l'inondation sur toutes les
parties du territoire ; les huit ou dix milliards de toises cubes d'eau

qui se perdent chaque année dans la mer seraient réparties dans toutes les parties basses du désert, dans le lac Moeris, le lac Maréotis et le Fleuve sans eau ; jusqu'aux oasis et beaucoup plus loin du côté de l'ouest » (*ibid.* : 7).

Enfin, il existe une uchronie française peu connue entre Geoffroy et Renouvier qui date de 1854 et s'intitule *Histoire de ce qui n'est pas arrivé*. Ce texte de Joseph Méry est d'autant plus important qu'à l'instar de Geoffroy il ne se borne pas à quelques réflexions ou pensées uchroniques, mais est une uchronie en soi. Son auteur s'explique dans l'introduction : « Un jour, je vis défiler, sur le boulevard du Temple, un régiment d'artillerie, qui rentrait à Vincennes avec ses canons. Les artilleurs étaient jeunes, vigoureux, bien équipés. Les canons luisaient au soleil comme de l'or. Je ne sais pas pourquoi je dis à M. Féraud cette phrase : – Si Bonaparte avait eu ces hommes et ces canons à Saint-Jean-d'Acre, ah ! » (Méry, 1854 : 4). Et l'auteur de rentrer chez lui et d'imaginer qu'en 1799, l'Histoire diverge et Napoléon prend Saint-Jean-d'Acre grâce aux informations sur ses défenses obtenues auprès d'un prisonnier échappé. Il suit ensuite la route d'Alexandre.

4. En dehors de France, quand apparaissent les premières uchronies ?

L'écrivain et critique britannique Brian W. Aldiss (*Alternate Worlds*) voit dans le pamphlet *Historic Doubts Respecting Napoleon Buonaparte* de l'archevêque de Dublin, Richard Whately, l'origine de l'uchronie dans les pays anglo-saxons. Son texte est clairement influencé par les idées du philosophe écossais David Hume (1711-1776), qui dans son essai *Of Miracles* discute autour de l'idée que plus une chose se produit souvent, plus on est enclin à croire qu'elle peut se reproduire et que, par opposition, ce qu'on qualifie de miraculeux n'est qu'un événement à la probabilité rare. Notons au passage que Renouvier a lu et traduit Hume. Après Hume, nombreux vont être les auteurs qui remettent en cause les croyances communément partagées comme l'existence de Jésus-Christ, ou dans le cas de Whately, celle de Napoléon qui, à ce moment-là, est censé être prisonnier à Sainte-Hélène. Whately par un processus logique et itératif démontre qu'en fait il est vraisemblable qu'il n'ait jamais existé. Cette idée sera reprise en France, en 1827, par Pérès dans *Comme quoi Napoléon n'a jamais existé* et très récemment encore dans le magnifique essai de Bouthillon, *Comme quoi Napoléon n'a jamais existé ou le révisionnisme en histoire*. Selon Van Herp, Pérès « s'en prenait à la théorie de Dupuis, *De l'origine de tous les cultes*, dont le plus clair était de voir partout des mythes solaires. [...] Pérès attaqua la méthode jusqu'à l'absurde » (Van Herp, 1984 : 27).

Cela étant, nous ne partageons pas l'avis d'Aldiss. Ces livres s'apparentent plus au révisionnisme ou au canular qu'à une approche uchronique à la manière d'un Geoffroy ou d'un Renouvier. Pour notre part, l'essai d'Isaac d'Israeli, *Of a History of Events Which Have Not Happened*, est la première approche anglo-saxonne de la réflexion uchronique. Si le terme d'uchronie n'existe pas encore en 1849, d'Israeli proclame les vertus d'un jeu d'historiens de type « et si ». Sans développer dans le détail comme Geoffroy, il propose de nombreuses divergences de l'Histoire telles que Charles Martel qui est vaincu à Tours, Charles V qui permet à Martin Luther d'apparaître devant le conseil à Worms, Henri VIII qui épouse Jane Seymour à temps pour recevoir l'offre de réconciliation de Rome et enfin Cromwell qui abandonne les huguenots français. D'Israeli cite également les œuvres de Pignotti (voir plus loin) et de Roscoe qui, comme Pignotti, a imaginé dans *Illustrations, Historical and Critical, of the Life of Lorenzo de Medici* une vie plus longue et prospère à Laurent de Médicis. D'Israeli mentionne enfin un texte d'un certain Whitaker, datant de 1787, *Mary Queen of Scots Vindicated*, où l'auteur s'interroge au détour d'une phrase sur la possibilité qu'aurait eue Mary Stuart à succéder à Élisabeth Ire.

En 1845, paraît *La Correspondance de P.* de Nathaniel Hawthorne. Il s'agit d'une succession de lettres provenant de Londres et un certain nombre d'entre elles correspondent à des biographies alternées de personnages illustres tels que Lord Byron, Robert Burns, Walter Scott, Mary Shelley, John Keats et même Napoléon Bonaparte.

C'est essentiellement le conte philosophique *Hands Off* d'Edward Everett Hale qui va faire connaître l'uchronie dans les pays anglophones. McKnight nous apprend qu'en 1842, Hale avait

L'uchronie

rédigé une critique du roman de Geoffroy *The Apocryphal Napoleon* qui lui a certainement ensuite inspiré sa nouvelle. Dans ce conte, Joseph le fils de Jacob n'est pas vendu comme esclave aux Égyptiens ; il s'échappe et rejoint le camp de son père dans le désert. L'Égypte, privée de l'esprit brillant de Joseph pour la guider, est conquise par les barbares cananéens. Ainsi, le judaïsme s'éteint puis la Grèce n'émerge pas et Rome n'a pas sa chance. Il s'ensuit une ère de ténèbres et toute forme de civilisation s'effondre.

Dans les autres pays, seules l'Italie et l'Espagne semblent avoir découvert l'uchronie au XIXe siècle. *Storia Della Toscana*, de Lorenzo Pignotti, comporte des passages où Laurent de Médicis ne meurt pas en 1492 et préserve l'Italie des invasions étrangères et, par conséquence, l'Europe de l'avènement du protestantisme. Nilo Maria Fabra, avec *Cuatro siglos de buen gobierno*, montre une Espagne restée une puissance mondiale majeure en fin de XIXe siècle et sur le point de partir à la colonisation de la planète Mars, parce qu'en 1500, Miguel le fils de la reine Isabelle du Portugal a survécu pour devenir le roi d'Espagne à la place de son cousin Carlos (Charles V).

Pour les autres cultures, il faudra souvent attendre après la seconde guerre mondiale, encore qu'il ne soit jamais exclu d'exhumer un texte inconnu à ce jour.

5 *L'uchronie est-elle une fin en soi ?*

Pour Roger Caillois, la réponse est certainement oui. Dans son *Ponce Pilate*, Caillois relate les derniers jours du Christ et les hésitations de Pilate, sollicité par les uns pour sacrifier le Christ et par les autres pour le gracier. Après une entrevue avec Jésus, Pilate conclut qu'il a affaire à un illuminé et répond aux principaux du Sanhédrin : « Je ne trouve aucune culpabilité dans cet homme. Ni Hérode non plus, puisqu'il l'a renvoyé » (Caillois, 1961 : 70). De fait, Ponce Pilate prononce la grâce, et l'auteur termine son récit sur cette dernière phrase sans détailler plus avant les conséquences sur le futur : « À cause d'un homme qui réussit, contre toute attente, à être courageux, il n'y eut pas de christianisme. À l'exception de l'exil et du suicide de Pilate, aucun des événements présumés par Mardouk (ceux de notre Histoire, cf. question 8) ne se produisit. L'histoire, sauf sur ce point, se déroula autrement » (*ibid.* : 150).

Si on met de côté l'exemple du roman de Caillois, dont tout le développement tend à conclure à la création d'un point de divergence, l'uchronie n'est pas nécessairement une fin en soi. On peut même dire d'ailleurs que statistiquement c'est rarement le cas. Il arrive fréquemment que l'uchronie apparaisse là où on ne l'attend pas, sous forme de courte réflexion ou d'un chapitre de développement dans un essai historique par exemple, un article diplomatique, une réflexion politique... Par exemple, le célèbre historien Ian Kershaw s'interroge en une phrase, dans la note 2 de la préface à sa biographie d'Hitler, sur les conséquences qu'aurait pu avoir l'accident de voiture dont a été victime Adolf Hitler, en 1930, si celui-ci avait subi des blessures graves, voire mortelles. Un peu plus prolixe, Henri d'Almeras s'amuse dans le troisième tome de sa série *La Vie parisienne dans l'histoire*, à imaginer qu'« au début d'octobre (soir du 3 octobre), on apprit [...] que Napoléon III, évadé de Wilhelmshoe, avait rejoint à marches forcées les troupes françaises, à Sedan, et, à leur tête était entré triomphalement à Berlin, et y avait proclamé la République » (Almeras, 1927 : 69). Et Van Herp de le prendre au mot : « débarrassé d'Eugénie, Napoléon III se fait opérer de la vessie, retrouve la santé, l'allant, l'intelligence. Napoléon IV ne meurt pas en Afrique » (Lettre à l'auteur). C'est plus de deux pages que Thierry Ardisson consacre à l'uchronie dans son livre *Louis XX contre-enquête sur la monarchie* : Henri V a régné après la régence de Louis-Philippe et, de fil en aiguille, Ardisson retrace les successions jusqu'au règne de Louis XX, dit le « bien-aimé » qui a comme Premier ministre Charles De Gaulle ! Et ils sont nombreux les historiens à avoir eu leur moment uchronique : dans *Les Conséquences politiques de la paix*, Bainville brode quelques lignes sur le thème d'un renversement des Hohenzollern, dans les années 1866-1871. Signalons au passage que Dominique Decherf consacre dans son livre sur Bainville de longs développements à sa vision de l'uchronie. Tout récemment, Jacques Belle propose de très nombreuses ouvertures uchroniques dans son remarquable essai, *La Défaite française. Un désastre évitable*. Plusieurs décennies et des centaines d'exemples du même acabit séparent Bainville de Belle.

Bonaparte lui-même s'est laissé aller à des réflexions uchroniques sur son destin, comme le relate le général Bertrand dans ses *Mémoires*. Des historiens comme René Grousset ou encore Thierry Lentz se sont engouffrés dans cette voie, le premier lui donnant sur trois pages un destin triomphal dans la foulée d'une victoire à Saint-Jean-d'Acre et le deuxième s'interrogeant plus classiquement dans deux chapitres : « Sans la défaite de Trafalgar, l'Angleterre aurait été envahie » et « S'il avait gagné à Waterloo, Napoléon aurait conquis le monde ».

Certes, il y a des sujets prêtant facilement au jeu de l'uchronie comme ces innombrables essais anglo-saxons retraçant les plans d'invasion de l'Angleterre par les nazis en 1940 (opération « Lion de mer »), ou encore cette série récente de livres dont le titre commence par « *Les Erreurs stratégiques de* » chez Economica, et on est surpris de trouver à la lecture d'une étude comme celle de Delpech, *L'Ensauvagement. Le retour de la barbarie au XXIᵉ siècle*, une réflexion sur les conséquences des amours d'Henry VIII : « S'il n'était pas tombé amoureux d'Ann Boleyn, l'Angleterre n'aurait pas rompu avec la papauté et n'aurait pas remis en cause le don que le pape fit des Amériques à l'Espagne et au Portugal » (Delpech, 2005 : 37). C'est également avec plaisir que nous découvrons de nombreuses cartes de France uchroniques « qui eussent pu être, si Louis XVI, ou François Iᵉʳ, ou Gustave Adolphe... » dans l'essai de Régine Pernoud, *L'Unité française* ou encore dans un recueil d'annales de classes préparatoires de Segard et Vial où les auteurs présentent des cartes résultant de projets avortés.

Loin de nous l'envie d'être ici exhaustif et nous nous sommes contentés de quelques exemples issus du domaine francophone, mais citons, pour en terminer avec les historiens, le grand Toynbee qui dans son étude monumentale, *L'Histoire, un essai d'interprétation*, consacre trois parties aux « et si... » traitant du développement de la Chrétienté en Asie, de la France devenue musulmane après la défaite de Martel et de la découverte par les Vikings de l'Amérique du Nord.

Les essais historiques ne sont pas les seuls à avoir leurs récréations uchroniques. Ainsi, et là encore sans souci d'exhaustivité, McKercher fait de la diplomatie parallèle dans *Paths Not Taken : Speculations on American Foreign Policy and Diplomatic History, Interests, Ideals, and Power*, un recueil qui contient de très nombreux articles du même type. Blanqui vers la fin de son traité d'astronomie, *L'Éternité par les astres*, imagine des Terres jumelles à l'autre bout de l'univers sur lesquelles l'Histoire aurait suivi un cours différent, et Stephen Jay Gould, « l'un des maîtres de la théorie moderne de l'évolution », analyse les implications de la survivance d'espèces disparues lors de la grande extinction du Cambrien, il y a 500 millions d'années. L'évolution des espèces est un sujet très moderne de réflexion uchronique car les alternatives contingentes y sont nombreuses mais, dès 1920, dans un texte récemment traduit en français, l'humoriste Clarence Day s'y intéressait.

La réflexion uchronique n'apparaît pas qu'en littérature. Fréquemment on observe de la part d'intervenants dans les médias audiovisuels une phrase ou une interrogation uchronique. Entendue par exemple dans l'émission d'Alain Finkielkraut sur France Culture en décembre 2007, cette réflexion d'un des intervenants à propos de la libéralisation des mœurs : « Si mai 68 n'avait pas existé, pensez-vous vraiment que la société française aurait subi la même évolution ? » Une autre fois sur France 5, en novembre 2006, on a pu entendre l'ancien président de la République, Valéry Giscard d'Estaing, interrogé par un animateur télé sur « est-ce que les hommes politiques changent le cours de l'histoire ? » lui répondre : « Si Roosevelt n'avait pas pris l'engagement de rentrer dans la guerre [contre son opinion publique], l'Europe serait aujourd'hui nazie. » Et Clovis aurait dit peu de temps après sa conversion et à propos de la crucifixion du Christ : « si j'avais été là avec mes Francs, j'aurais vengé son injure » (relaté dans la chronique de Frédégaire, vers 643). Toutes les citations uchroniques ne sont pas forcément sérieuses. Ainsi a-t-on pu lire en 2007 sur un forum Internet et à propos d'un article de journal allemand traduit par le logiciel *Babel Fish* : « Vous pouvez être sûr que si les personnes en charge de *Babel Fish* avaient eu à traduire le code Enigma, nous parlerions tous allemand aujourd'hui ! »

La réflexion uchronique ne date pas d'aujourd'hui et a encore de beaux jours devant elle car qui n'en a jamais fait à propos de sa vie personnelle, à l'instar du P'tit Gibus de Louis Pergaud : « Si j'aurais su qu'ça soye ça, j'aurais pas venu. » Si nous consacrons l'essentiel des questions de ce livre aux romans, nouvelles, films, bandes dessinées se situant intégralement dans un univers uchronique, il était bon dans cette question de rappeler que l'uchronie s'immisce partout, comme un processus mental de réflexion sur l'histoire (du monde ou personnelle) ou d'expression bien souvent de regrets.

6   *Qu'appelle-t-on « point de divergence » et « événement fondateur » de l'uchronie ?*

Pour qu'il y ait uchronie, nous l'avons vu avec Renouvier, il faut qu'il y ait un événement qui se passe différemment de ce que l'Histoire rapporte et qui, à partir de ce point, la fasse diverger de la version communément enseignée. C'est cet événement choisi par l'auteur que nous nommons *événement fondateur* de l'uchronie. Et la date qui lui correspond constitue le *point de divergence* de l'Histoire. Ainsi dans *Uchronie*, l'événement fondateur est la succession de Marc Aurèle et le point de divergence se situe vers 165 après Jésus-Christ. Dans le cas du roman de Geoffroy, c'est à Moscou que l'Histoire diverge en 1812.

Une uchronie peut donc être caractérisée dans un premier temps par son point de divergence. Ainsi parlera-t-on d'uchronies napoléoniennes pour qualifier celles où l'Histoire diverge à l'époque du Premier Empire ou à l'extrême limite, celles qui se passent de Napoléon, d'uchronies de l'Invincible Armada pour regrouper les récits dans lesquels l'Invincible Armada réussit en 1588 à envahir l'Angleterre, etc. Les Anglo-Saxons toujours friands de taxinomie et d'abréviations font régulièrement référence dans leurs articles ou études au *PoD* ou « *point of divergence* » pour classer les uchronies. Il y a même un site Internet, *Uchronia The Alternate History List* qui propose une liste par ordre chronologique (de *PoD*) de plusieurs centaines de récits d'Histoire alternée.

Néanmoins, et comme nous l'avons vu dans la question précédente, toutes les uchronies ne présentent pas nécessairement d'événement fondateur daté. De très nombreux textes offrent un monde qui apparaît clairement au lecteur comme alterné sans pour autant en fournir la clef, à savoir la date et l'événement précis de la divergence de l'Histoire. D'autres donnent des indications sur la période de la divergence sans être plus précis, comme ces univers résultant clairement d'une victoire de l'Axe pendant la seconde guerre mondiale, sans pour autant que le lecteur soit en mesure de situer s'il s'agit, par exemple, d'une victoire résultant d'une invasion du Royaume-Uni en 1940 ou de la mise au point de l'arme nucléaire avant les Alliés. Quelques rares textes, enfin, brouillent les pistes : dans *A Transatlantic Tunnel, Hurrah* d'Harrison, un tunnel entre l'Angleterre et ses colonies américaines est construit, en 1973, par le capitaine Gus Washington, descendant du « célèbre traître et rebelle [*sic*] » George Washington qui a été exécuté par les Anglais. Pourtant le lecteur attentif notera que le texte d'Harrison comporte la particularité d'offrir un second événement fondateur qui n'est révélé au lecteur que vers la fin du récit et ce à travers la vision qu'a un des personnages, la voyante Mme Clotilda. Elle déclare à ses invités : « Je vois parmi nous autant de visages familiers que d'autres que je ne connais pas, aussi me permettrai-je d'expliquer quelques-unes des choses que nous avons découvertes au cours de nos recherches approfondies. Il y a un nœud-alpha singulier dont le poids a tellement d'importance qu'il écrase tous les autres reliés au monde tel que nous le connaissons et à l'autre monde que nous avons essayé d'explorer, lequel est notre monde, pourrait-on dire, puisque nous l'ignorons. Ce nœud-alpha est le misérable berger Martin Alhaja Gontran, tué en 1212. Dans cet autre monde que nous examinons, que j'appellerai Alpha Deux, le nôtre étant bien sûr Alpha Un, vit le berger et les Maures n'y ont pas gagné la bataille de Navas de Tolosa. Un pays chrétien du nom d'Espagne prit naissance dans cette partie de la Péninsule Ibérique que nous connaissons sous le nom de Califat Ibérique, en même temps qu'un pays chrétien voisin plus petit appelé Portugal » (Harrison, 1972 : 161-162).

Cette approche du genre par date de la divergence permet de se faire une idée des grands thèmes à la mode chez les uchronistes. Il y a quelques années, en août 2004, lors d'une conférence donnée à l'Isle-sur-la-Sorgue, nous nous sommes livrés à une tentative de recensement statistique des uchronies par point de divergence. À l'époque, nous disposions dans notre base de données de près de 5 000 textes ou objets divers à caractère uchronique. L'ensemble de ce corpus provenait de presque cinquante pays (et vingt-cinq langues) différents. En retirant de ce total toutes les entrées concernant des études, préfaces, postfaces, articles, critiques... il ne restait pas moins de 4 300 items. Seuls 53 % présentaient un point de divergence daté. Dans un deuxième temps, quand on regroupe ces textes par points de divergence communs ou de même époque (le Premier Empire par exemple ou l'assassinat de JFK), on constate que 80 % des uchronies se répartissent en une dizaine de groupes. Cela peut paraître énorme mais au regard de plusieurs milliers d'années d'Histoire humaine et pré-humaine, cela fait somme toute peu. Ainsi et en analysant plus finement, 31 % des entrées partaient d'un point de divergence lors de la seconde guerre mondiale soit presque un tiers de l'existant ! Venaient ensuite la guerre de Sécession (8 %), les uchronies antiques (Rome/Carthage, Grèce) avec 7 %, la période moderne (JFK, crise des missiles de Cuba, Guerre froide…) pour 5 %, les uchronies portant sur l'avènement (ou plutôt le non-avènement) du Christianisme ou de l'Islam (5 %) à égalité avec la Révolution américaine ou encore la première guerre mondiale (et la Révolution russe).

À ce stade, on a déjà balayé 66 % des occurrences, soit les deux tiers ! Et si on y ajoute les uchronies napoléoniennes (4 %), celles portant sur l'histoire du Royaume Uni (4 %), la découverte du Nouveau Monde (3,5 %) et l'évolution des espèces (3 %), c'est 80 % des uchronies jamais imaginées qui se répartissent en seulement 11 grands thèmes ou périodes. Autrement dit, il y a encore beaucoup à imaginer. Terminons en signalant le travail d'un fan français qui présente sur son site Internet, *La Porte des Mondes*, plusieurs uchronies avec leur résumé.

7 *Quels sont les deux temps importants de l'uchronie ?*

Nous venons de voir, avec la question précédente, qu'un auteur désireux de bâtir une uchronie se devait, avant toute chose, de définir un événement historique et donc une date à partir de laquelle l'Histoire du monde dans lequel évoluent ses personnages diffère de la nôtre. Mais ce n'est que la première partie du problème. Il lui faut ensuite choisir une ou plusieurs dates postérieures où situer l'action de son récit. Le temps de la divergence et le(s) temps de l'action sont deux caractéristiques importantes de l'uchronie et la différence entre les deux conditionne bien souvent l'intérêt et l'orientation du texte. Aux deux extrêmes, on trouve des uchronies où cette différence est nulle, l'auteur décrivant l'évolution de son univers immédiatement après avoir mis en scène la divergence, et des uchronies au contraire où, entre la divergence et l'action, plusieurs millions, voire milliards d'années se sont écoulées.

Les partisans de l'uchronie historique, c'est-à-dire les lecteurs d'uchronies qui aiment à trouver dans les développements proposés par l'auteur une cohérence et une logique historiques, sont enclins à défendre la thèse selon laquelle il n'y a de bonne uchronie que celle où cette différence est faible. Iss et Nicot vont jusqu'à proposer un maximum de vingt-trente ans entre le point de divergence et le temps du récit. L'amateur d'uchronie et d'Histoire exige de l'auteur un minimum de tenue. Pour ce type de lecteur, l'auteur doit pouvoir justifier certaines des descriptions de son monde et ne peut pas se permettre n'importe quoi. Ainsi, proposer un univers où la civilisation romaine ne s'est pas écroulée et, longtemps après cette divergence, en 2693 après la fondation de Rome (1940 dans notre datation), y mettre en scène un certain colonel Carolus de Gallia repoussant, à la tête de ses chars, une invasion germaine a généralement pour effet d'irriter ce type de fans. C'est la même chose pour les uchronies qui imaginent une divergence géologique ou préhistorique très ancienne et qui, néanmoins, décrivent un monde moderne peu différent du nôtre à ceci près qu'il manque un continent (Farmer, *La Porte du temps*) ou que, toute chose étant égale par ailleurs, les États-Unis des années 1950 sont dirigés par un dictateur antilibéral (Bradbury). Les uchronies « fantastiques » comme le remplacement inexpliqué de l'Europe par un continent vierge en 1912 (Wilson, *Darwinia*) n'ont bien sûr pas non plus de crédibilité historique.

Même si de telles uchronies prêtent à sourire et n'ont pour seule vocation souvent que de faire passer du bon temps aux lecteurs, les amateurs d'uchronies, comme ceux du polar, sont des détectives en herbe et préfèrent s'adonner au jeu de piste qui consiste à reconstituer logiquement l'Histoire, un événement différent devant en entraîner un autre et ainsi de suite, du point de divergence (parfois lui-même à deviner) au temps du récit. Et la logique derrière l'enchaînement des événements doit être acceptable et acceptée.

Pour satisfaire les exigences de ce type de lectorat, l'auteur peut développer linéairement l'Histoire à partir du point de divergence ou procéder de manière plus sinueuse, en semant ici ou là dans le récit des indices ou en procédant par tableaux. Le développement linéaire, c'est typiquement ce que propose Geoffroy dans son *Napoléon* en retraçant chronologiquement l'épopée de l'Empereur depuis sa prise de Moscou jusqu'à sa conquête de la Terre entière. L'enchaînement « logique » des événements est pleinement développé.

Une manière plus sinueuse consiste à faire démarrer le roman postérieurement à la divergence et à travers les dialogues, les décors ou l'action, à laisser entrevoir aux lecteurs quelques perspectives sur ce qui a pu advenir entre-temps. Ainsi la description d'une peinture sur un mur, l'évocation d'un personnage historique dans un rôle différent, voire, à l'inverse, son absence permettent à tout un chacun de mesurer comment l'univers alterné a pu évoluer. Il existe même un auteur, Whitbourn, qui a trouvé un procédé astucieux pour délivrer les indices, à savoir proposer un énoncé d'examen d'Histoire à l'entrée de l'université d'Oxford avec moult questions, certaines correspondant parfaitement à l'Histoire telle que nous la connaissons, d'autres clairement uchroniques. Le lecteur doit faire preuve d'imagination pour « boucher les trous » et découvrir le véritable point de divergence.

Enfin, la dernière méthode consiste à procéder par tableaux en proposant au lecteur plusieurs « vues » du futur. Renouvier mais également Kim Stanley Robinson (*Chroniques des années noires*) ou encore Keith Roberts (*Pavane*) y ont recours. Robinson propose une Terre dans laquelle la grande peste a décimé cette fois 99 % de la population européenne en deux vagues (1348 et 1400). Les civilisations européennes s'effondrent. Peu à peu, émerge la Chine qui découvre le Nouveau Monde et l'Inde qui réalise la Révolution industrielle. Si cet auteur, comme Renouvier, propose plusieurs vues de son univers, à des moments progressivement plus éloignés dans le temps de la divergence initiale, Roberts choisit lui dans ses tableaux/nouvelles de varier le point de vue social en proposant de parler de l'Histoire avec un grand « H » mais surtout de la petite histoire de personnages aussi insignifiants qu'un conducteur de locomotive, un moine ou un adolescent.

En conclusion, s'il existe bien des manières de combler la boulimie de détails et l'exigence historique de l'amateur d'uchronie, nous sommes d'accord pour dire qu'il faut conserver un éloignement raisonnable entre la divergence historique et le temps du récit sous peine, loi du chaos ou battement d'aile du papillon obligent, de perdre toute cohérence historique et *in fine* de décrire une planète si éloignée de notre Terre, ou si absurde dans sa construction, qu'on pourrait très bien l'appeler autrement, et cela, c'est de la science-fiction classique ou de la *fantasy* mais plus de l'uchronie.

8 *Qu'est-ce que le « clin d'œil au lecteur » ?*

Avec le clin d'œil au lecteur (expression vraisemblablement employée pour la première fois par Van Herp dans son *Napoléon et l'uchronie*), nous introduisons la première des deux figures de style classiquement utilisées par les uchronistes et, une fois de plus, nous en référons à Louis Geoffroy qui y a eu recours dans son uchronie fondatrice. L'Empereur, sur la fin de l'ouvrage et après avoir conquis l'Australie, décide de rentrer en France par la route du cap de Bonne-Espérance. En chemin, son escadre aborde la « petite île » de Sainte-Hélène (à ce propos, les spécialistes de la période napoléonienne savent que, dans un des cahiers d'école de Napoléon, on peut trouver en marge cette phrase énigmatique et prophétique, « Sainte-Hélène, petite île »). Geoffroy écrit : « L'amiral Duperré, commandant le vaisseau, vint prendre les ordres de l'empereur, et lui demanda quand il faudrait aborder. Jamais! répondit ou plutôt cria Napoléon. Tous étaient pétrifiés d'étonnement et presque de terreur. Que le vaisseau s'éloigne au plus tôt de l'île, sans y aborder » (Geoffroy, 1983 : 273-274). Et l'auteur de décrire ensuite un Empereur d'humeur sombre contemplant au télescope Sainte-Hélène, répondant énigmatiquement à Dolomieu puis, de retour en France, décidant d'envoyer une escadre pour miner et détruire à coup d'explosions fantastiques cette île jusqu'à la faire disparaître complètement sous les flots. « Quoi donc avait motivé cette condamnation à mort d'une île par un homme? Était-ce caprice, souvenir, horreur, crainte superstitieuse? Qui le sait? » ... si ce n'est le lecteur à qui Geoffroy fait un clin d'œil (*ibid.* : 275). En effet, les personnages qui accompagnent

Napoléon dans cette uchronie n'ont aucune raison de comprendre les raisons qui le poussent à vouloir rayer de la carte une île insignifiante, pas plus d'ailleurs que le Napoléon de Geoffroy ne devrait en avoir, lui qui n'a jamais connu ni ne connaîtra l'exil, l'Histoire ayant divergé à son avantage en 1812. Mais le lecteur lui savoure toute l'ironie de la scène.

Le « clin d'œil » au lecteur, on l'aura compris avec cet exemple, consiste donc à introduire dans le cœur du texte uchronique une situation, un élément, un personnage qui rappelle la situation du monde réel, généralement sur le mode risible ou ironique, mais dont le comique de situation reste, par contre et par essence même, complètement étranger aux personnages de la fiction. Chez Caillois (question 5), ce clin d'œil se fait sous la forme d'un rêve fait par un érudit chaldéen qui entrevoit l'histoire future du monde si d'aventure Pilate décidait de faire crucifier Jésus. Le rêve comme procédé d'introduction de notre monde réel dans l'uchronie est d'ailleurs très courant. Robinson, dans sa nouvelle *Le Lucky Strike*, fait disparaître prématurément à l'exercice le colonel Tibbets et c'est donc une deuxième équipe, commandée par un certain January, qui a la charge de larguer la bombe sur Hiroshima et qui échoue ! January sera accusé de trahison et condamné. Après guerre, il est exécuté et le prêtre chargé de sa confession fonde un mouvement pour le désarmement qui évite la Guerre froide.

Dans sa *Véritable Histoire de France*, Quilliet multiplie les clins d'œil. Ce livre est un pur OVNI uchronique puisqu'il se présente comme un manuel d'histoire pour étudiant, issu d'un univers où Louis XVI serait mort des suites d'une chute de cheval, mi-1789. Marie-Antoinette lui succéderait en parvenant à se débarrasser des députés du tiers état le 14 juillet 1789, à l'occasion de l'enterrement du roi ! Dans cette chronologie différente, Quilliet s'amuse et amuse son lecteur avec des situations aussi cocasses que Napoléon recevant les honneurs militaires au siège de Dublin, en 1805, ce qui lui vaut la promotion de général du roi, Robespierre béatifié en 1852, l'ÉNA fondée par Louis XVIII, en 1794, et bien plus tard, en 1981, Mitterrand élu à la présidence monarchique !

Quasiment toutes les uchronies ont leur clin d'œil. Par exemple, il n'est pas rare de retrouver des personnages illustres dans notre monde, dans des situations décalées, en particulier dans les uchronies dont la divergence leur enlève toute chance de connaître un destin illustre.

Hitler devient, par exemple, peintre après avoir réussi les Beaux-Arts de Vienne, en 1907, dans les uchronies où la première guerre mondiale est évitée. Tantôt miséreux comme chez Yulsman, ce peintre-là fait parfois carrière. Ainsi, dans *Le Temps suspendu*, Iss met en scène une Lotharingie indépendante qui est la réunion de l'Alsace, du Luxembourg et de la Moselle, rendue possible par l'absence d'attentat contre l'archiduc Ferdinand à Sarajevo. Les œuvres du peintre Hitler y font l'objet d'une exposition dans la capitale Strasbourg en présence de toutes les huiles européennes du moment ! Éric-Emmanuel Schmitt a écrit un roman complet opposant le monstre Hitler de notre réalité à son double peintre.

Napoléon est mis à toutes les sauces quand la Révolution française échoue : de *Feld-maréchal von Bonaparte* chez Dutourd à Napoléon « Bonnypart » qui a fait carrière dans la marine anglaise avant de terminer dans un asile de fous (Baring), en étant déchu au rôle de simple commerçant aigri chez Noël-Noël, ou encore remplacé par un sosie dans l'histoire secrète de Simon Leys.

Néanmoins, et c'est ce qui fait tout le charme du clin d'œil au lecteur, les doubles des personnages connus, même dans une situation décalée, conservent leurs traits principaux de caractère, en particulier les plus désagréables. On trouve par exemple un Faurisson, décidément incorrigible, qui « révisionne » le nombre des victimes juives du stalinisme dans *La République populaire de France* de Goldring. Béria et Himmler sont des inquisiteurs zélés au service de Dieu chez Kingsley Amis.

Le clin d'œil au lecteur est souvent évident, en particulier lorsqu'il fait intervenir des personnages comme De Gaulle ou de la symbolique, comme pour ces dinosaures évolués, les Yilanès, qui ont connu une sorte de Jésus-Christ, point de départ de leur datation (Harrison, *West of Eden*) ; toutefois cette connivence entre l'auteur et son lecteur peut se prolonger, en particulier dans des uchronies plus savantes où l'auteur s'adresse alors à un public plus restreint mais comme lui très cultivé dans un certain domaine et à l'attention duquel il multiplie les clins d'œil cachés. C'est le cas de la biographie et bibliographie alternée de Lovecraft par Wagner ou du très érudit *For Want a Nail : If Burgoyne Had Won at Saratoga* de Sobel qui, comme son titre l'indique, part d'une victoire de Burgoyne sur Gates, le 17 octobre 1777.

9 *Met-on facilement l'uchronie en abyme?*

Grâce à l'uchronie, on peut multiplier les Terres à l'infini et cette pluralité des mondes nous interpelle : y aurait-il des mondes plus parfaits que d'autres ? Et d'autres plus probables ? Et qu'en est-il finalement de *notre* monde ? Est-il l'univers alpha dont tous les autres dériveraient ou simplement un univers parmi une infinité d'autres avec ni plus ni moins de chances d'exister ? Peut-être existe-t-il réellement d'autres Terres uchroniques dans lesquelles la nôtre ferait l'objet d'un roman ?

Le fin du fin en matière de clin d'œil au lecteur, c'est d'inverser les rôles, de nous rendre, nous lecteurs, personnages d'une uchronie qu'imagineraient les habitants d'un autre monde. Dans *The Alteration*, Amis décrit un univers où la Réforme n'a pas eu lieu. Martin Luther est, en définitive, devenu pape et l'Église de Rome a conservé son omnipotence sur la société européenne dans son ensemble jusqu'au XXe siècle. L'auteur nous narre l'histoire d'un adolescent, merveilleux chanteur n'ayant pas encore mué, qui tente par tous les moyens d'éviter la castration que veut lui imposer l'Église. Au début du roman, dans leur dortoir, le héros et ses amis se cachent le soir pour lire des livres interdits, appartenant à des catégories notées TR, pour *Time Romance*, ou encore CW, pour *Counterfeit-World*, équivalents de nos récits de voyages dans le temps et de nos uchronies. Et dans cet univers-là, un des meilleurs écrivains du genre CW n'est autre que Philip K. Dick, le même qui dans notre *continuum* a produit une uchronie célèbre, *Le Maître du haut château*, que l'on peut sans aucun doute considérer comme le chef-d'œuvre de la mise en abyme.

Dans son roman, Dick fait mourir Roosevelt, par assassinat en 1933, et, quelques années plus tard, propose un monde dans lequel le Japon et l'Allemagne ont gagné la seconde guerre mondiale et occupent, l'un la côte ouest des États-Unis, l'autre la côte Atlantique. Entre les deux zones d'occupation existe une zone tampon où, dans un « haut château », un écrivain a écrit un roman, *La sauterelle pèse lourd,* uchronique puisqu'imaginant une victoire des Alliés sur l'Axe ! Mais là où Dick brouille les pistes et ne respecte pas tout à fait les canons du genre (et les familiers de cet auteur savent que c'est son habitude), c'est que la Terre décrite dans *La sauterelle pèse lourd* n'est pas tout à fait la nôtre : pour parvenir à une victoire alliée, l'Angleterre convainc l'Italie de trahir son allié hitlérien.

La mise en abyme de l'uchronie est relativement répandue. On la trouve, par exemple, dans *The Year Before Yesterday* d'Aldiss où l'Europe est tombée sous les assauts des nazis parce que Churchill a disparu précocement de l'Histoire (en 1935). Au détour du récit, le héros découvre, dans un sac à dos près du cadavre d'une jeune femme, un livre de « science-fiction » proposant une issue différente au conflit. Dans *Dreamericana*, Colin situe son action dans un futur proche, 2012, où le cinéaste Stanley Kubrick fait des repérages pour son prochain film. On est donc en uchronie puisque ce livre date de 2003. Le maître du septième art envisage de porter à l'écran le prochain livre d'un écrivain de renom, Hadès Shufflin, qui est l'auteur d'une immense fresque à succès consacrée à un XIXᵉ siècle alternatif. Uchronie dans l'uchronie donc et le lecteur attentif du roman déterminera sans difficulté que la date de la divergence est 1851. Dans la suite de *La lune seule le sait*, excellent roman d'Heliot, l'uchronie porte sur Napoléon III qui a triomphé à Sedan et son Empire est devenu le plus puissant de la Terre grâce à une technologie d'origine extraterrestre ! Et au détour de l'intrigue principale, on découvre une autre uchronie, écrite par Hanns Heinz Ewers qui, de plus, est un des maîtres du fantastique, auteur de *Dans l'épouvante*.

Pour conclure avec la mise en abyme de l'uchronie, remarquons qu'une fois de plus, on doit l'invention du procédé au génial Geoffroy. Dans son *Napoléon apocryphe*, au chapitre « Une prétendue Histoire », son narrateur s'indigne à propos d'une œuvre scandaleusement mensongère qui circulerait dessous le manteau dans l'Empire triomphant. Pourquoi reproche-t-on à ce livre « d'insulter à un grand homme, et d'avilir sa patrie » ? Et qu'a donc écrit un écrivain de si « ignoble et détestable » (Geoffroy, 1983 : 264) ? Tout simplement *notre* Histoire ! Ainsi, après sa prise de Moscou, Napoléon temporise trente-cinq jours avant de faire retraite et de s'abîmer avec ses troupes dans la terrible Berezina. Et la suite du roman mis à l'index décrit la trahison de la Prusse et l'occupation de la France par les alliés, en 1814. Et Geoffroy de s'insurger par la bouche de son narrateur : « Horribles impostures [...] Oh ! mon dieu ! mais tout ceci est aussi faux qu'absurde ! » (*ibid.* : 265). Évidemment, l'uchronie dans l'uchronie décrit ensuite l'emprisonnement à Elbe, la Restauration, le retour, au printemps 1815, du grand homme sur le sol de la mère patrie et, sacrilège suprême, l'anonyme auteur « invente je ne sais quel nom funeste de Waterloo, à qui il immole cent mille Français » ! Geoffroy pousse l'ironie jusqu'à dire que ce « coupable roman » est « accueilli avec un intérêt dont on ne peut guère se rendre compte ». Heureusement, après autant d'égarements, il conclut : « ce Napoléon n'est pas le vrai Napoléon » (*ibid.* : 266). Qui sait ?...

10 *Quelle est la recette pour écrire un « bon » roman uchronique ?*

Le roman uchronique est avant tout un roman et à ce titre, sa qualité dépend du style de l'auteur, de l'originalité et de l'intérêt des thèmes évoqués ainsi que de l'intrigue romanesque et nous allons revenir sur ce dernier point. Mais dans son cas particulier, le choix de l'uchronie et donc du couple point de divergence de l'Histoire/temps du récit importe beaucoup, comme nous l'avons vu dans les questions 6 et 7.

Le point de divergence se doit d'être crédible (c'est-à-dire *réaliste*) et intéressant dans ses conséquences et donc dans ses possibles développements littéraires. Sans Hitler à la tête de l'Allemagne, il est bien possible que le monde ait connu une seconde guerre mondiale sous une forme certainement différente, mais y aurait-il eu un holocauste juif ? Voilà bien une question qui peut amener moult développements. En revanche, rayer Einstein de la carte et imaginer un monde qui en découle, privé de la notion de relativité, n'est pas un choix crédible et pour cause : de nombreux scientifiques travaillaient dans la même direction qu'Einstein, Louis de Broglie et Henri Poincaré, pour ne citer qu'eux, dont on sait aujourd'hui l'importance des travaux dans le succès d'Einstein. Il apparaît alors évident, même au béotien en la matière, que les fondements de la relativité auraient finalement été posés par quelqu'un d'autre et à peu près dans la même période. C'est d'ailleurs à cet exercice peu banal que s'est livré avec brio Jean-Marc Lévy-Leblond, lors d'une conférence qu'il donna en 2005, pour le centenaire de la relativité. Ce professeur de physique théorique de l'université de Nice présente sa conférence ainsi : « Et si Einstein n'avait pas été là ? ... d'autres auraient inventé la relativité ! Mais pas nécessairement avec le même nom (fort mal choisi d'ailleurs), ni surtout avec les mêmes arguments. À la veille de 1905, diverses pistes de recherche, plus ou moins anciennes, et fort différentes de celle suivie par Einstein, auraient fini par mener au but. Il vaut la peine de retracer ces généalogies potentielles, qui éclairent et élargissent les interprétations et les conceptions relativistes de façon salutaire. » On l'aura compris, si le sujet vaut bien une conférence, il risque au mieux de donner un roman médiocre.

Une autre propriété importante de l'événement fondateur est qu'il doit faire l'objet d'un *large consensus* sous peine de tomber dans le récit partisan ou polémique. À cet égard, les uchronies sur la seconde guerre mondiale sont très recevables, du point de vue de l'éthique, puisqu'elles se contentent au pire de décrire le déroulement différent d'une bataille, au mieux de dénoncer le cauchemar et l'absurdité d'un monde dans lequel les nazis auraient triomphé. Évidemment plus la divergence est ancienne, moins l'auteur risque de créer une situation polémique et conflictuelle avec ses lecteurs. Qui aujourd'hui s'enflammerait à l'idée d'une victoire de l'Invincible Armada ou même de Napoléon ? En revanche, peu ou pas d'uchronies dans notre pays sur la Chouannerie, le régime de Vichy (si ce n'est la courageuse nouvelle de Barlow) ou encore la guerre d'Algérie. Néanmoins, les temps changent et il semble que certains écrivains de la jeune génération aient envie d'écrire sur ces thèmes. Reste à voir s'ils seront publiés. À l'opposé, il n'était pas rare de voir dans le passé des uchronies abordant l'histoire des religions (question 26) comme par exemple H. G. Wells qui écrivait : « En Utopie, Jésus-Christ naquit dans un Empire romain libéral et progressif, qui s'étendait de l'océan Arctique jusqu'au golfe de Bénin, et ne devait connaître ni décadence ni ruine, et Mahomet, au lieu d'incarner les épais préjugés de l'ignorance arabe, ouvrit ses yeux sur un horizon intellectuel presque aussi vaste déjà que le monde » (Wells, 1907 : 284); ou bien encore Bester dont un voyageur temporel tuait Mahomet avant qu'il ne prêche, pour une raison plus personnelle qu'idéologique d'ailleurs, et qui entravait ainsi l'avènement de l'islam. Mais depuis quelque temps et avec la montée d'un certain nombre de fondamentalismes, les auteurs semblent moins enclins à écrire ce genre d'uchronies à moins que ce ne soit les éditeurs à les publier.

Une des autres caractéristiques dont doit faire preuve un « bon » texte uchronique, c'est que la divergence doit être aisément reconnaissable du lecteur. Le triomphe de l'Invincible Armada est ainsi annoncé dès les premières lignes dans *Pavane* et même le lecteur dont les connaissances sont très moyennes en Histoire, et qui aurait ouvert ce roman par hasard, se doute vite qu'il y a *anguille sous roche*. Lorsqu'un adolescent découvre *La Porte des mondes* de Silverberg, même s'il ne perçoit pas immédiatement que l'événement fondateur est que la grande peste de 1348 a tué 75 % de la population européenne contre seulement (!) un quart dans notre réalité, il apprend vite à travers les yeux du jeune héros qu'il est en uchronie. Ce jeune Anglais découvre, en 1963, les richesses de l'empire aztèque qui domine les Amériques car chez Silverberg, l'Europe affaiblie, a été conquise par les Turcs et ces derniers, très autarciques et peu entreprenants, n'ont pas découvert le Nouveau Monde. Les points de divergence trop savants ou trop spécifiques sont donc à proscrire dans le roman uchronique et à réserver aux essais/scénarios faits par les historiens pour leurs pairs.

Le dernier point essentiel est que l'événement fondateur choisi doit permettre des développements romanesques intéressants : découverte d'un monde florissant et moderne mais néanmoins de culture radicalement différente (Silverberg), réflexion sur les conséquences possibles de points apparemment plus obscurs de l'Histoire (Renouvier), mises en garde sur ce à quoi nous avons échappé (Et si les nazis avaient vaincu ?), etc. Un des écueils classiques consiste malheureusement à transposer l'Histoire « officielle » dans le nouvel univers. C'est le cas, par exemple, du canadien Hertel qui, animé essentiellement par un esprit de revanche ou la nostalgie, « francise » l'Amérique du Nord par une victoire aux plaines d'Abraham. Chez lui, comme le note justement Gouanvic, « l'imaginaire (est) inexistant. Monroe se nomme Monrouge, Wilson a nom Guillaume, et cette équation est délibérée chez

Hertel. L'histoire suit son cours, ou peu s'en faut » (Gouanvic, 1982 : 27). Ce côté factice de la construction de certaines uchronies, Van Herp le reprochait déjà à Renouvier (question 1).

S'il existe un nombre infini de mondes alternatifs possibles, peu présentent un intérêt littéraire. Un univers dans lequel votre serviteur s'est cassé la cheville gauche au lieu de la droite est certes uchronique mais risque de n'intéresser personne. Mais une fois les prémisses de l'uchronie choisies avec soin, il faut que le romancier effectue son travail, c'est-à-dire développe une intrigue romanesque avec des personnages intéressants qui peuvent être ou non historiques. Et le roman uchronique de devenir polar, chronique, roman sentimental, roman d'espionnage, thriller ou toute autre forme qui a vocation à se lire et à se vendre.

La divergence de l'Histoire retenue par un uchroniste doit donc être reconnue, crédible, consensuelle et provoquer suffisamment de bouleversements pour que le lecteur l'accepte. Cependant, lorsque nous écrivons qu'il doit l'accepter, ce n'est pas nécessairement au sens historique. Le lecteur d'uchronie n'a pas besoin d'être un érudit en Histoire pour apprécier la lecture du roman uchronique, pas plus qu'il n'a besoin de l'être pour le roman historique sinon il ne se vendrait pas de telles œuvres faute d'un lectorat suffisant. Non, il doit y trouver son compte soit en tant qu'amateur d'Histoire qui aime à s'interroger sur les conséquences de telle ou telle action, soit parce qu'il aspire à l'exotisme ou à ressentir des émotions. À cet égard, l'uchronie octroie sans doute au lecteur d'aujourd'hui le même plaisir que le roman de pirates ou d'aviateurs procurait à nos arrières grands-parents quand il restait encore tant d'endroits à explorer sur Terre. Par exemple, la série *Worldwar/Colonization* d'Harry Turtledove, véritable *bestseller* depuis quelques années de l'autre côté de l'Atlantique, est une sorte d'*Independance Day* uchronique : les extraterrestres débarquent sur Terre en pleine seconde guerre mondiale et ils sont agressifs, ce qui force les nations belligérantes à s'allier pour le meilleur et pour le pire. Le succès de ces romans tient certainement dans le fait que Turtledove a su développer en parallèle les vies et les aventures de personnages ordinaires de différentes nationalités, de l'amateur de base-ball au simple soldat, et celles de personnages illustres tels que Churchill, Fermi, Hitler, Molotov, Patton ou encore Ribbentrop.

Turtledove est d'ailleurs un cas à part puisqu'il n'écrit quasiment que des textes uchroniques dont de très nombreux titres à succès. Né le 14 juin 1949, à Los Angeles, Harry Norman Turtledove se destine initialement à l'Histoire et présente, en 1977, à l'UCLA, une thèse sur Byzance. Dès 1979, il commence à publier des romans de *fantasy*. Mais c'est surtout *The Guns of the South* en 1992, qui va le faire découvrir du grand public et donner un essor à sa carrière. Dans ce roman au rythme haletant, il imagine que des afrikaners aigris utilisent, en 2014, une machine à remonter le temps et se rendent, en janvier 1864, au camp du général Lee pour fournir aux Confédérés des caisses d'AK-47, fusils d'assaut de haute technologie. Et naturellement, le cours de l'Histoire dévie. Depuis, Turtledove a multiplié les succès avec ses séries *Worldwar* ou encore *The Great War Multi-Series*, qui réécrit complètement l'Histoire depuis une victoire confédérée à Antietam en 1862 (*How Few Remain*), jusqu'au dernier volume en date (*Settling Accounts : In at the Death*) mettant en scène une seconde guerre mondiale très différente de la nôtre, en passant inévitablement par une première guerre mondiale (séries *The Great War* & *The American Empire*) qui voit s'affronter les États-Unis alliés à l'Allemagne contre la France, l'Angleterre et les CSA (États Confédérés d'Amérique). Et c'est sans compter ses innombrables nouvelles en recueils ou dans des anthologies uchroniques thématiques et de multiples interventions sur le domaine.

Si, avec le temps, les productions de Turtledove sont devenues de plus en plus commerciales au détriment de la qualité ou de l'historicité, il ne faut pas oublier qu'il est l'auteur de vrais chefs-d'œuvre. Son recueil *Agent of Byzantium* publié avant qu'il ne soit écrivain professionnel envisage que Byzance a tenu bon face à la menace des Perses et que Mahomet s'est, en fin de compte, converti au christianisme. Turtledove nous raconte les enquêtes de Basil Agyros, agent secret pour le compte de Byzance qui agit sur les satellites et voisins de l'empire pour préserver la stabilité des frontières. Non seulement on se régale à la lecture de ces aventures uchroniques mais, en outre, on peut mesurer à maintes reprises combien l'auteur est compétent en histoire byzantine, sa formation initiale. De même, dans un autre recueil, *A Different Flesh*, il traite de sujets graves : l'intolérance, le racisme et la notion d'être supérieur. Dans un univers où il n'y a pas eu de glaciation et donc de peuplement de l'Amérique *via* le détroit de Béring, Christophe Colomb découvre un Nouveau Monde peuplé de créatures, les Sims, correspondant à ce qu'aurait pu être l'*Homo erectus* s'il avait eu l'occasion d'évoluer. En sept nouvelles, Turtledove évoque toute la violence et la ségrégation pendant la conquête de l'Amérique par les Européens. Les Sims sont encore moins bien traités que les Peaux Rouges puisque, dans une première période, ils sont massacrés comme eux, avant de devenir, pour les survivants, esclaves à l'instar des Noirs importés d'Afrique, puis finalement cobayes utilisés dans la recherche contre le virus du SIDA, dans les années 1980-1990. Une pure merveille ! Enfin et selon nous, le chef-d'œuvre ultime de cet auteur a été écrit à quatre mains avec l'écrivain et acteur Richard Dreyfuss. Dans *The Two Georges*, les « deux Georges » en question sont George Washington et George III qui ont conclu un accord en 1760 et ainsi évité la révolution américaine. L'action se passe en fin de XXᵉ siècle, dans une Amérique royale et fidèle à la couronne. « *Les Deux Georges* » c'est également le nom d'un tableau célèbre de Gainsborough dérobé par des terroristes séparatistes. Le colonel Bushell de la Police montée royale américaine doit retrouver ce tableau. À partir de ces données, les deux auteurs nous proposent un thriller très original, à un rythme frénétique (et ce bien que les voyages à longue distance s'effectuent en dirigeables et non en avions), où l'on découvre la richesse de cet univers, à travers les yeux des enquêteurs et où d'une simple enquête pour vol au départ, on aboutit à un complot d'une envergure telle qu'il risque de mettre définitivement en péril les institutions de l'Empire britannique ! Curieusement, Turtledove n'est quasiment pas traduit dans notre langue et c'est bien dommage.

11   *Pourquoi les historiens ont-ils recours à l'uchronie ?*

« Il n'existe en fait aucun autre moyen de discuter des causes et des effets que de comparer ce qui a été observé avec ce qui est hypothétique. » Cette citation de Lance B. David, extraite de son essai, résume un problème fondamental qui se pose à l'Histoire en tant que science. Si le chimiste ou le physicien peut pratiquement confronter ses hypothèses aux résultats d'expériences « à la paillasse », ce n'est pas le cas de l'historien. Celui-ci, comme l'écrit Daniel Milo, « ne dispose pas de son matériau comme le biologiste des bactéries, l'écrivain des mots. Jamais il ne pourra ajouter Frédéric II au XVIIe siècle, pour vérifier l'applicabilité du modèle Elias au livre de Kantorowicz, jamais il ne pourra arracher les chemins de fer de l'histoire américaine du XIXe siècle, jamais il n'aura entre ses mains une étude d'urbanisme du Paris de 1987 écrite par le baron Haussman » (Milo, 2004 : 21). L'approche uchronique, même si elle se réduit à une expérience de pensée, est donc l'un des seuls moyens de procéder à une expérience contradictoire en Histoire.

L'historien Hearnshaw a été invité, à l'été 1929, par le rédacteur en chef du *John o' London's Weekly* et de l'*Outline*, à écrire une série d'articles sur les « Si » de l'Histoire. Ces dix articles furent ensuite réunis avec dix autres inédits en volume et, dans sa longue introduction extrêmement intéressante pour l'uchronologue, Hearnshaw débute ainsi « "Rien n'est plus futile", dit un écrivain célèbre, "que la spéculation concernant ce qui aurait pu arriver." Il s'exprime sous l'angle de l'homme pratique et de ce point de vue-là il est dans le vrai. Car le but de l'homme pratique est de faire au mieux avec ce qui est ; et toute spéculation concernant ce qui aurait pu être tend à distraire son attention, dissiper son énergie et affaiblir son action. Pour le philosophe toutefois, l'investigation des possibles non réalisés n'est en aucun cas une entreprise non rentable » (Hearnshaw, 1929 : 9-10). Soulignant à quel point, pour le philosophe, le futur importe autant que le présent et l'éternel autant que le temporel, il est important et même impératif qu'il se pose la question : Quel aurait pu être le cours des événements si telle ou telle chose s'était produite ? En effet, si le passé peut nous sembler figé, un peu comme pour la situation du chat de Schrödinger dont on aurait ouvert la boîte, c'est oublier qu'il y a eu un temps où la situation était toute autre, probabiliste (ou quantique) et en tout cas ouverte. Raymond Aron, dans ses *Leçons sur l'histoire* (citées par Jean Stengers), enseignait à ce propos : « La plupart des historiens, et nous tous d'ailleurs, avons tendance à croire que le passé a été fatal, et que l'avenir est indéterminé. Or le passé a été l'avenir des acteurs ; il ne devient fatal qu'au seul sens où il a été et ne peut plus être changé. Mais il n'était pas fatal avant qu'il ne devienne réel » (Aron, 1991 : 276-

377). Si cette approche va de soi au prospectiviste qui travaille sur le présent, et on ne peut que conseiller la lecture de *Ces avenirs qui n'ont pas eu lieu* de Lesourne pour s'en convaincre si besoin, elle n'est pas naturelle chez l'historien ou le philosophe classique. « Contrairement à l'historien qui tente d'établir des faits et de dégager des enchaînements sans s'autoriser à faire des hypothèses, le prospectiviste se permet d'isoler arbitrairement tel ou tel acteur, tel ou tel élément du système historique en lui donnant une liberté qu'il n'a peut-être pas eue dans la réalité » (Lesourne, 2001 : 11). C'est pourtant ce droit à la liberté que revendique le philosophe Renouvier. « La liberté, en effet, n'est pas pour Renouvier néga-tion du déterminisme psychologique et sociologique. Non seule-ment l'acte libre se produit dans un monde soumis au déterminisme, et avec lequel il doit compter, mais il inaugure aussi lui-même toute une série de phénomènes rationnellement enchaînés » (Turlot, 2003 : 175-176).

Cependant, pour refaire cette histoire *logiquement telle qu'elle aurait pu être*, il faut une approche moderne de l'Histoire, une approche scientifique, pour ne pas dire expérimentale. Hugh Trevor-Roper est un des grands défenseurs de cette modernité : « À n'importe quel moment de l'Histoire, il y a de véritables alter-natives. [...] Comment pourrions-nous expliquer ce qui est arrivé et pourquoi si nous ne regardons que ce qui est arrivé sans jamais considérer ces alternatives [...]. Ce n'est seulement qu'en se pla-çant nous-mêmes avant ces alternatives du passé [...], seulement si nous vivons un instant comme les hommes de l'époque, dans son contexte encore fluide avec ses problèmes encore non résolus, si nous regardons ces problèmes se poser à nous [...] que nous pour-rons vraiment tirer des leçons utiles de l'Histoire » (Ferguson, 1997 : 85). L'historien australien Sean Scalmer ajoute à propos de l'attraction récente pour « l'Histoire contrefactuelle » : « L'étude de l'Histoire évolue. [...] L'approche contrefactuelle nous aide à tracer les limites du possible, et ainsi la construction du monde tel qu'il est. Les esprits théoriques préfèrent aller de l'abstrait au concret. Les théories suggèrent des hypothèses, et les hypothèses doivent être testées. Le monde peut devenir un laboratoire. [...] Mais que se passe-t-il quand un tel test n'est pas réalisable en pra-tique ? [...] Dans ces circonstances, l'histoire virtuelle peut parfois s'avérer une ressource utile. Les scénarios uchroniques peuvent éprouver la robustesse d'une théorie » (Scalmer, 2006 : 3-4). Un autre historien, britannique cette fois, Geoffrey Hawthorn, après avoir étudié les objections à l'approche uchronique, en particulier de Leibnitz, de Hegel et de Marx, d'holistes comme Carr ou encore des adeptes de David Lewis et de sa théorie du « *humean supervenience* », relève un paradoxe intéressant. S'interrogeant sur les raisons possibles du déclin du parti travailliste aboutissant à la défaite cuisante aux élections de 1983, il conclut que plus on découvre de faits, raisons ou causes pour expliquer ce déclin, plus il est difficile d'imaginer comment le déclin aurait pu ne pas se produire. Autrement dit, rétrospectivement on peut toujours invoquer tel ou tel événement, ou action, sur plusieurs décennies pour expliquer de manière satisfaisante ce déclin, pourtant chacun, pris séparément, peut être examiné indépendamment des autres. En se demandant à chaque fois *pourquoi*, on ouvre des possibilités qui conduisent irrémédiablement à des uchronies qui pourraient se montrer tout autant cohérentes. Pour Hawthorn, « le paradoxe est que plus des réponses semblent satisfaisantes à une question donnée, plus elles seront provisoires » (Hawthorn, 1991 : 33).

Mais avant d'arriver à penser comme Trevor-Roper, Scalmer ou Hawthorn, il a fallu à la discipline Histoire tout un parcours de pensée qu'il serait trop long de détailler ici. Nous renvoyons nos lecteurs à l'excellente introduction de Niall Ferguson à son recueil d'essais *Virtual History*. Ferguson propose à son lecteur un exercice de synthèse rarement égalé où il discute dans le détail des objections faites à la pensée uchronique par différentes écoles d'historiens : chrétiens qui lui opposent la prédestination ou la divine providence ; déterministes, matérialistes ou idéalistes pour lesquels, pour faire court, la science doit finir par trouver de grandes lois de l'univers et donc aboutir à éliminer la contingence (apparente) du champ historique ; et bien sûr, historiens socialistes ou marxistes sur lesquels nous reviendrons à la question 13. Il conclut avec les formes les plus récentes de l'Histoire, faisant appel à certaines théories physiques ou mathématiques en pointe telles que la mécanique quantique, la théorie du chaos ou celle des fractales de Benoît Mandelbrot, constatant à juste titre que si l'Histoire est une science, alors l'historien doit tenir compte des avancées les plus récentes des autres sciences et en nourrir sa propre discipline. Selon lui, appliquer, par exemple, la théorie du chaos en Histoire ne signifie pas l'anarchie.

Ses effets « papillon » bien connu en climatologie depuis Lorentz peuvent apporter énormément. « La signification philosophique de la théorie du chaos est de réconcilier les notions de causalité et de contingence. Elle nous sauve non seulement du monde sans sens des idéalistes tel qu'Oakeshott, pour qui il n'y a rien de tel qu'une cause ou un effet, mais aussi du monde également absurde des déterministes, dans lequel il y a seulement une chaîne de causalité préordonnée fondée sur des lois. Le chaos (ou comportement stochastique dans des systèmes déterminés) implique des résultats imprévisibles et ce, même lorsque des événements successifs sont liés de manière causale » (Ferguson, 1997 : 79). Ferguson donne ensuite des exemples et des limitations à l'application d'une approche chaotique et/ou probabiliste de l'Histoire. Avec Ferguson et ses pairs, on est à la pointe du progrès et bien loin du constat fait par Emmanuel Carrère en 1986 : « L'ignorétique se propose de répartir les choses inconnues en deux grandes catégories : celles qui présentent une forte probabilité d'être découvertes dans un avenir plus ou moins lointain et celles qui probablement ne seront jamais connues, soit parce qu'elles se rapportent à des questions absurdes et mal posées, soit parce que l'intelligence humaine n'a pas les moyens de les dévoiler. Pour ces deux raisons cumulées, l'uchronie appartient à la seconde catégorie. Tout au plus peut-elle transformer les questions qu'elle pose en règles d'un jeu d'esprit, d'un divertissement inutile et mélancolique » (Carrère, 1986 : 12-13). Non, on est aujourd'hui, à la lumière des dernières théories, bien loin du simple jeu d'esprit. « La réflexion sur la *counterfactual history* ou l'uchronie a d'autres vertus, qu'il s'agisse de réfléchir sur le discours et la pratique immédiats des historiens, ou sur les conceptions mises en œuvre en matière de causalités, mais aussi de nature de l'histoire – entre fatalité et liberté ou hasard et nécessité. Dans la pratique, la démarche est fréquente mais implicite, comme clandestine. De fait, considérer une action comme une faute suppose une comparaison avec ce qui aurait pu être fait, et tout jugement sur un changement ou une innovation suppose une idée de ce qui serait advenu sinon » (Vial, inédit : 7).

Aux côtés des œuvres uchroniques de fictions (romans, nouvelles, films…), on a toujours pu trouver des essais ou des réflexions d'historiens professionnels et ce depuis l'origine du genre. Saint-Gelais fait à ce propos une distinction intéressante. À quelques

exceptions près, note-t-il, « alors que les uchronies fictionnelles
[...] explorent en long et en large des trajets que l'Histoire aurait
pu emprunter, se concentrant ainsi sur les résultats de la spéculation, les essais de *Virtual History* soulignent systématiquement
l'opération spéculative comme telle, en mettant à l'avant-plan les
conditions de possibilités des événements contrefactuels » (Saint-
Gelais, 1999 : 70). Cela étant, la production des historiens s'est
considérablement accrue ces quinze dernières années, certainement
sous l'impulsion de gens comme Ferguson. Celui-ci termine
d'ailleurs, en 1997, sa passionnante introduction à, rappelons-le,
un recueil d'essais uchroniques par des historiens, sur une touche
ironique intéressante et un parfait exemple de mise en abyme :
« On pourrait dire en effet que si la génération actuelle des historiens avait porté plus d'attention aux mathématiques, à la physique et même à la paléontologie (il fait référence aux idées de
Gould) comme elle l'a fait pour la sociologie, l'anthropologie ou la
théorie littéraire, ce livre aurait pu paraître dix ans plus tôt »
(Ferguson, 1997 : 89-90). Il semble avoir été entendu depuis, du
moins hors de France (voir question 47).

12 L'uchronie fait-elle la part belle au providentiel et à l'événe-mentiel ?

L'uchronie repose sur une divergence de l'Histoire puis sur le
développement d'une histoire alternative à partir de ce point. Les
divergences de l'Histoire étudiées par les uchronistes sont nombreuses et concernent toutes les grandes périodes de l'Histoire
comme nous le verrons aux questions 24 à 36. Cependant, malgré
cette diversité, une portion très majoritaire des changements opé-
rés par les auteurs repose sur le destin différent d'un « grand
homme ». Comme l'écrit Olivier Asselin, « les uchronies privilé-
gient ainsi souvent les grands hommes qui nous gouvernent, les
grands événements politiques et militaires, les changements de
régimes et les guerres, les élections nationales et les batailles »
(Asselin, web : 7). Et comme derrière une élection ou une bataille,
il y a un vainqueur et un vaincu et que l'Histoire retient souvent le

vainqueur (et même parfois le vaincu) en tant que « grand homme », l'uchronie semble se résumer bien souvent à ces figures de notre Histoire, ce qui permet à ses détracteurs de dire qu'elle fait la part belle à la théorie de Carlyle.

Thomas Carlyle (1795-1881) est un historien écossais dont les travaux ont eu énormément d'échos, en particulier sous l'ère victorienne. Parmi ses citations les plus connues, on trouve : « La biographie est la seule histoire véritable », ou encore : « L'histoire du monde se résume à la biographie des grands hommes. » En effet, Carlyle est convaincu que ce sont quelques héros qui font l'Histoire grâce à leurs capacités et leurs engagements personnels. Il a d'ailleurs beaucoup écrit sur les « héros » dans l'Histoire en particulier Luther, Rousseau, Shakespeare et Napoléon. Selon lui, ces hommes par leur charisme, leur génie ont fait l'Histoire.

Dans l'introduction de son célèbre recueil, *If, or History Rewritten* (question 14), Squire écrit : « Carlyle a dit qu'un Indien se trouvant sur les berges du lac Ontario ne pourrait pas lancer un caillou à quelques mètres sans altérer le centre de gravité du globe. Par le même raisonnement, si l'Indien se retient de lancer des pierres et passe une seconde ou une heure à faire autre chose, comme de composer un chant de guerre qui pourrait plus tard stimuler une tribu jusqu'à la victoire, ou de tuer un colon dont le vote, s'il n'était pas mort, aurait changé le résultat d'une élection, ou de courtiser la jeune fille qu'il vient de perdre, il est évident que les résultats de ses actions pourraient entraîner toute une cascade d'événements qui changerait le monde entier à jamais » (Squire, 1972 : VII). Outre Squire et les illustres signataires de son recueil, des historiens tels qu'Edward Gibbon, Conrad Russell ou Arnold Toynbee ont pratiqué dans leurs travaux la réflexion uchronique. Quant aux œuvres de fiction uchronique, elles font effectivement la part belle à l'événementiel, au grand homme, au petit caillou dans la vessie de Cromwell. Cette part de chance, d'aléas, cette contingence qui semble régir notre vie de tous les jours (« et si j'avais pris le métro ce matin, je n'aurais pas cassé ma voiture ») régit également celle des grands hommes. Le marquis de Halifax disait : « Celui qui ne s'en remet jamais à la chance accomplira peu de choses insensées, mais il accomplira peu de choses. » Dans son introduction à son essai *Chaos and Chance* sur les alternatives possibles dans l'histoire militaire, le major général Strawson traite des grandes batailles de l'Histoire : « Ceux d'entre nous qui ont eu le privilège de prendre part à une bataille de grande envergure [… savent que] durant le cours de la bataille, nous avons été conscients que le chaos régnait et que la chance jouait un grand rôle dans la partie » (Strawson, 2003 : I). Durschmied, dans un livre dont l'esprit se rapproche beaucoup de celui de Strawson, ajoute : « Certains chroniqueurs voudraient nous faire croire que les batailles sont gagnées grâce à la valeur et au brio de seigneurs de la guerre, qu'ils coiffent du prestige du « génie » quand ceux-ci ont gagné. Ils présentent le vainqueur comme un homme brillant, à la différence du vaincu. Et pourtant, il n'est pas de formule secrète pour l'issue victorieuse d'une bataille, et celle-ci dépend beaucoup de la plus grosse bourde qu'aura commise l'un des belligérants. De nombreuses batailles ont dépendu d'un caprice du temps, de bons (ou de mauvais) renseignements, d'un héroïsme inattendu ou d'une incompétence individuelle, en d'autres termes de l'imprévisible » (Durschmied, 2000 : 13). Si avec Strawson et Durschmied, on s'éloigne de Carlyle qui trouvait au « héros » de réelles qualités exceptionnelles et pas le simple fait d'être chanceux, il n'en reste pas moins que les uns et les autres font tenir l'Histoire à une poignée de grands hommes et à leur action, réussie ou pas, dans le cours des événements. Steve Tally relate une anecdote amusante. Mark Twain visitant la maison d'Abraham Lincoln en compagnie d'un membre du congrès des États-Unis entendit de ce dernier : « Quel dommage que le destin n'ait pas permis à Lincoln d'épouser Ann Rutledge. Il semble que le destin gouverne nos vies et planifie par avance l'Histoire. » Ce à quoi Twain répondit : « Oui, si Lincoln avait pu épouser celle que son cœur chérissait, il aurait pu vivre une vie heureuse mais obscure et le monde n'aurait jamais entendu parler de lui. Le bonheur recherche l'obscurité pour s'épanouir. Une fille de laiterie avenante aurait pu empêcher Alexandre le Grand de conquérir le monde. » L'autre dit : « Bien, cela ne prouve-t-il pas que ce qui doit être sera ? » Et l'écrivain de conclure : « La seule chose que cela prouve, c'est que ce qui a été fut » (Tally, 2000*a* : XI).

Si l'historien qui pratique l'Histoire uchronique (*counterfactual history*) choisit comme point de divergence le destin d'un grand homme, c'est par conviction personnelle et ses développements se limitent souvent en taille. Le romancier, quant à lui, ne le fait certainement pas que pour cette seule raison. Vis-à-vis de son lecteur, il lui faut un point de divergence qui soit crédible (c'est-à-dire pas de bombe atomique à l'époque d'Alexandre par exemple), intéressant dans ses conséquences et donc dans ses développements littéraires, mais également facilement reconnaissable du lecteur moyen. Quoi de mieux que des figures comme César, Napoléon, Hitler, Roosevelt et Einstein ? Au cinéma, c'est encore plus vrai, et dans un film comme *Pile et Face*, où l'héroïne vit deux vies différentes selon qu'elle rate ou pas le métro du matin, le spectateur s'identifie immédiatement à cet événementiel banal et pourtant plein de conséquences dramatiques. Cette suprématie de l'événementiel sur une histoire prédestinée peut contrarier les *Whigs* (terme inventé par l'historien britannique Harold Butterfield pour qualifier les historiens qui font tout pour justifier le présent, en traçant une ligne de succession d'événements passés s'impliquant les uns les autres et conduisant *a priori* au présent), les partisans du déterminisme ou les tenants de la vision marxiste comme nous allons le voir dans la question suivante, mais « à notre époque où les connaissances historiques importent peu » selon l'historien Robert Cowley, « les spéculations uchroniques peuvent aider à éveiller et nourrir notre imaginaire historique [...]. On laisse les étudiants avec l'impression que l'Histoire est inévitable, que ce qui est arrivé n'aurait pu se produire autrement. Où, dans leurs livres d'études, sont les drames dus aux volontés, motivations et idées opposées, aux oppositions entre les forces économiques et sociales, aux accidents et à la contingence ? » (cité par Andrew Roberts dans son introduction à *What Might Have Been*).

13 *Que sont les marées de l'histoire ?*

En général, la part belle est donnée à l'événementiel. Mais, cette « parade des grands hommes », comme la qualifie Daniel Snowman, a ses opposants (Snowman, 1979 : 3). Nous avons vu (question 11) que c'était le cas des historiens déterministes ou idéalistes et de tous ceux qui voyaient l'Histoire sous une forme prédestinée. Montesquieu écrivait, en 1734, que « si le hasard d'une bataille, c'est-à-dire une cause particulière, a ruiné un état, il y avait une cause générale qui faisait que cet état devait périr par une seule bataille » (Vial, 2003 : 170). Mais au XIXᵉ siècle, avec l'avènement du marxisme, c'est une nouvelle vision de l'Histoire qui apparaît et qui se marie difficilement avec l'approche uchronique. Les tenants de l'approche socialiste n'ont pas de mots assez durs envers l'uchronie. Pour E. H. Carr, le chroniqueur anglais du régime bolchevique, « l'histoire contrefactuelle est un simple jeu de société, une diversion. » Pour lui, « rien dans l'histoire n'est inévitable, excepté dans le sens formel que pour que les choses se soient passées autrement, les causes antécédentes se doivent également d'être différentes » (Ferguson, 1997 : 4 & 54). Voilà qui est clairement déterministe. Pour E. P. Thompson, l'approche uchronique, c'est de la « merde non historique » (*ibid.* : 5). Difficile d'ajouter quelque chose après un tel jugement bien qu'on puisse également citer les objections d'Hobsbawn.

Pour toutes ces personnes, dans tous les cas « les événements auraient suivi le même cours [...]. En aucune circonstance, le résultat final du mouvement révolutionnaire aurait été l'opposé de ce qu'il est. Des individus d'influence peuvent changer les caractéristiques individuelles des événements et quelques-unes de leurs conséquences particulières, mais ils ne peuvent pas changer la tendance générale (...car) ils sont eux-mêmes le produit de cette tendance » (Plekhanov, 1959 : 144-163). Cette « tendance générale », ou lourde, doit ramener dans le droit chemin l'Histoire même si on imagine une entorse uchronique un peu comme la marée ramène les vagues sur la berge. Éric Vial commente ce point : « De fait, il est facile de dénoncer une conception de l'histoire relevant du proverbial petit bout de la lorgnette, et de mettre en avant des événements que la tradition suppose importants, mais qui ne sont que l'aboutissement d'un long processus. Mais cela fonctionne moins bien à propos de situations de crise, ou des tout premiers stades d'un processus. On peut certes plaider que les effets d'un accident ne peuvent qu'être limités, que les tendances lourdes, les causes profondes, prennent le dessus, et que le prétexte, coup de revolver à Sarajevo en juin 1914 ou représentation au théâtre de la Monnaie à Bruxelles en août 1830, peut être remplacé par un autre pour qu'éclatent la première guerre mondiale ou la révolution d'où est née la Belgique – mais on peut aussi se demander si l'histoire "repasse les plats" avec une telle libéralité, et si un "prétexte" un peu plus tardif ne peut pas tomber dans une autre conjoncture, bien moins favorable » (Vial, inédit : 8-9). Et effectivement, Carr lui-même note dans son essai à propos de la mort de Lénine que même « si on estime que, sur la longue durée, les choses seraient revenues au même, il y a un temps court qui est important, et qui fait une différence considérable pour énormément de gens » (Carr, 1988 : 31). Les pères de la Révolution semblent d'ailleurs plus nuancés que leurs disciples. Karl Marx, toujours cité par Carr, aurait écrit dans une lettre à Kugelmann : « Les hasards fortuits rentrent naturellement dans la marche générale de l'évolution et se trouvent compensés par d'autres hasards. Mais l'accélération ou le ralentissement du mouvement dépendent beaucoup de semblables "hasards", parmi lesquels figurent aussi le "hasard" du caractère des chefs appelés les premiers à conduire le mouvement » (*ibid.* : 161). Carr toujours cite une autre fois Léon Trotsky qui, malade suite à une chasse aux canards, dit : « il est impossible de ne pas noter en passant comment le hasard vient à propos à l'aide de ce qui est la règle juste » et Carr d'ajouter plus loin qu'il aurait déclaré une autre fois : « On peut prévoir une révolution, une guerre, mais il est impossible de prévoir les conséquences d'une chasse au canard en automne » (*ibid.* : 157). Quant à Engels, il aurait admis que l'Histoire « procède parfois par sauts ou zigzags » (Ferguson, 1997 : 39). On pourrait ajouter à ces propos de « grands hommes », l'aveu de Fritz Redlich, pourtant fervent opposant à la *Nouvelle histoire économique*, approche uchronique de l'économie prônée par Robert W. Fogel : « Les historiens étaient en général d'accord autrefois pour considérer comme intolérable de se demander ce qui serait arrivé "si"... Car où cela mène-t-il de se demander ce qui serait arrivé si Napoléon avait été vainqueur à Waterloo ou si Henri IV n'avait pas été assassiné au moment où il se préparait à envahir l'Allemagne ? Ceux qui sont d'avis que l'histoire est un processus ouvert savent qu'en pareil cas le processus historique aurait été différent. Par contre, les partisans du déterminisme en histoire diront que l'aboutissement final n'aurait pas de toute façon été différent » (Redlich, 1977 : 215). Mais à part ces petites contradictions, les marxistes et partisans de l'histoire scientifique restent peu enclins à l'uchronie. Bernard Cazes s'étonne (ou ironise) à juste titre à leur propos : « L'uchronie n'a pas plus droit de cité que les voyages temporels dans la science-fiction des pays à socialisme d'État. Tabou étrange, si on réfléchit bien, car que pourrait-on reprocher à un écrivain désireux de pourfendre les uchronies idéalistes bourgeoises, qui raconterait que si Marx était mort en bas âge de la fièvre typhoïde, un autre penseur aurait fini tôt ou tard par découvrir les mêmes lois du matérialisme dialectique, démontrant ainsi que les événements "historiquement déterminés" ne peuvent pas ne pas arriver ? » (Cazes, 1986 : 142).

Et pourtant il existe des tendances lourdes en uchronie. Pour Vial, c'est le cas de Renouvier « dont l'uchronie revenait à accélérer l'histoire du monde, économiser un millénaire d'histoire médiévale, arriver directement à l'équivalent de notre Renaissance grâce à Avidius Cassius mais surtout à diverses réformes dont l'idée existait tout à fait à Rome » (Vial, 2003 : 169). D'ailleurs, chez Renouvier, l'uchronie bafouille au départ : Commode revient avant d'échouer définitivement. Parmi les tendances générales, on retrouve les Croisades (à rebours), l'imprimerie importée de Chine, un Karl chef des Francs et même un protestantisme germain vraiment artificiel, comme le fait remarquer Hubert Grenier, puisqu'il n'y a pas de papisme faute de pape. Mais ajoute Vial, « on peut aussi voir là une conséquence des limites de l'imagination humaine, de la relative facilité qu'il y a à imaginer une histoire imaginaire reconvergeant avec ce que l'on connaît plutôt que s'en éloignant de plus en plus, d'une façon qui risque d'être de plus en plus arbitraire… » (Vial, inédit : 9-10). C'est ce qui fait sans doute que Van Herp trouve au livre de Renouvier un caractère *factice* (Van Herp, 1973 : 71). Pour trouver de l'« uchronie marxiste », il faut donc se tourner vers l'histoire cyclique, celle où malgré les divergences voulues par les auteurs, la situation *in fine* n'est pas trop éloignée de la nôtre. Dans *La Véritable Histoire de France*, Quilliet, qui pourtant se passe de Révolution française, conclut son livre en 1981 avec l'élection de François Mitterrand ! Chez Silverberg (*La Porte des mondes*), malgré une élimination de 75 % de la population européenne par la peste, le monde qu'il décrit en 1963 connaît des empires chinois, ottomans, incas et aztèques et même une Europe loin d'être moribonde. Une grosse partie de la production *steampunk* n'est finalement qu'une description « à la vapeur » de notre monde moderne qui serait arrivé plus tôt mais qui serait donc arrivé. Enfin, Stephen Fry raye Hitler de l'Histoire mais pour lui trouver un remplaçant tout aussi « efficace » et Poul Anderson, dans *Tempête d'une nuit d'été*, dénonce les méfaits d'une trop grande industrialisation avant l'heure.

Cela étant, le champ de ces uchronies est limité et elles peuvent toujours être observées du point de vue de l'événementiel car comme le fait remarquer Vial décidément très pertinent : « On peut ainsi considérer que le rythme des découvertes de gisements miniers ne doit rien au hasard, et répond à une demande, ou à une nécessité, puisqu'il obéit à des lois globales, mais selon qu'à telle date les découvertes se font dans tel ou tel pays, si la situation économique mondiale n'en est guère modifiée, celle de ces pays risque de l'être beaucoup » (Vial, inédit : 9). S'il est vrai que la technologie du chemin de fer ou le concept de la relativité étaient dans l'air du temps quand ils ont été découverts, qu'en est-il de l'invention du papier qui semble avoir été trouvée en un seul lieu avant de s'exporter ? Sur le continent américain, des civilisations entières ont fondé leur communication sur autre chose, de moins efficace cependant. Et pour notre part, nous avons énormément de mal à considérer que la météorite du Yucatán fasse partie d'une tendance générale de l'Histoire, à moins de penser qu'il s'agit là du « marteau de Dieu » de Clarke et que les dinosaures méritaient une punition divine. Si elle était tombée 70 millions d'années plus tôt ou plus tard (ce qui statistiquement pour une météorite de cette taille n'est pas improbable, la preuve : aucune semblable n'a heurté la terre depuis), elle aurait certainement laissé une chance de développement aux grands sauriens…

14 Quelle place faut-il accorder à l'anthologie de John Collings Squire ?

En 1931, John Collings Squire a publié une anthologie de onze essais uchroniques par MM. Belloc, Chesterton, Churchill, Fisher, Guedalla, Knox, Ludwig, Maurois, Nicolson, Waldman et Squire lui-même, sous les titres de *If It Had Happened Otherwise : Lapses into Imaginary History* au Royaume-Uni et de *If, or History*

Rewritten pour l'édition américaine dans laquelle l'essai de Van Loon remplace celui de Knox. Cette anthologie a ensuite été rééditée, en 1972, sous un troisième titre, *If It Had Happened Otherwise*, qui reprend l'édition britannique de 1931, augmentée d'un essai de Petrie et d'un de Taylor, de la réédition de l'uchronie de Trevelyan datant de 1907 et enfin d'une introduction de Sir John Wheeler-Bennett. Sir Squire (1884-1958) était un écrivain, poète, historien mais surtout un directeur littéraire britannique influant. Tous ces textes, à part celui d'André Maurois, restent inédits en français. La traduction de leurs titres est la suivante :

- Hilaire Belloc : Si la charrette de Drouet était restée bloquée.
- G. K. Chesterton : Si Don Juan d'Autriche s'était marié avec Marie Stuart, reine d'Écosse.
- Winston S. Churchill : Si Lee avait gagné la bataille de Gettysburg.
- H. A. L. Fisher : Si Napoléon s'était enfui en Amérique.
- Philip Guedalla : Si les Maures avaient gagné en Espagne.
- Ronald Knox : Si la grève générale de 1926 avait réussi.
- Emil Ludwig : Si l'empereur Frédéric III n'avait pas eu le cancer.
- André Maurois : Si Louis XVI avait eu un grain de fermeté.
- Harold Nicolson : Si Byron était devenu roi de Grèce.
- Charles Petrie : Une fantaisie jacobite.
- J. C. Squire : Si on avait découvert en 1930 que Bacon avait écrit Shakespeare.
- A. J. P. Taylor : Si l'archiduc Ferdinand n'avait pas aimé sa femme.
- H. W. Van Loon : Si les Hollandais avaient gardé la Nouvelle Amsterdam.
- Milton Waldman : Si Booth avait manqué Lincoln.

Il n'y a pas une seule étude ou un seul article international sur l'uchronie qui ne cite cette anthologie comme un livre fondamental pour le genre. Et effectivement, au regard des signataires de l'ouvrage, il est indéniable que cette publication a eu énormément d'influence, en particulier sur les auteurs et historiens anglo-saxons pratiquant l'uchronie. Le Squire est souvent cité dans ces pays aux côtés des essais de Toynbee, des réflexions de Gibbon ou encore des travaux d'Hawthorne, d'Israeli et Trevelyan. Outre la grande notoriété de certains de ses participants (Churchill, Maurois, Belloc,

Chesterton), le Squire remplit au moins une des deux conditions du succès érigées par Éric Vial pour ce type d'ouvrage : « La formule non romanesque, l'essai, fonctionne [...] également, mais le plus souvent avec au moins l'un des deux aménagements possibles, la réduction de l'ampleur du texte et le recours à l'humour » (Vial, 2003 : 171). Pour Stableford qui signe l'article *Alternate Worlds* dans l'encyclopédie de Clute et Nicholls, Squire puise directement la source de son inspiration dans l'essai de Trevelyan. Et effectivement, Squire le précise dans son introduction lorsqu'il écrit : « La question "Et si Napoléon avait gagné à Waterloo" (déjà examinée avec brio par le professeur Trevelyan) ne créera pas les mêmes émotions dans le cœur d'un Anglais ou dans celui d'un Français » (Squire, 1972 : VII-VIII). Notons au passage que Stableford ne souffle pas un mot sur Geoffroy ou Renouvier ! Chamberlain, moins ignare, ajoute que « les contributaires du recueil classique britannique de Squire datant de 1931 ne montrent aucune familiarité avec leurs précurseurs français du XIXᵉ siècle, pas plus qu'avec les "romanciers scientifiques" de langue anglaise tels que Wells ou Edward Everett Hale » (Chamberlain, 1986 : 284).

On cite souvent succinctement mais avec éloge le Squire dans telle ou telle introduction ou essai de nature uchronique. Francis Spufford note que « les deux recueils d'essais les plus couramment cités comme des pierres fondatrices sont *The "Ifs" of History* de F. J. C. Hearnshaw et le Squire ». Il ajoute cette remarque peu banale à propos de ces ouvrages : « de manière intéressante, beaucoup des contributaires appartiennent à la caste gouvernante de la société britannique qui a ses raisons vers 1930 pour souhaiter que l'Histoire se soit passée autrement » (Spufford, 1996 : 279). Tsouras rappelle tout simplement que « c'est la première anthologie *best-seller* de l'Histoire alternée » (Tsouras, 2006 : 13). La liste est encore longue et pas seulement anglo-saxonne comme le démontrent les travaux des allemands Hermann Ritter, Jorg Helbig et Alexander Demandt. Robert Silverberg est certainement le plus élogieux, soulignant en particulier la « *brillance* » de l'essai de Churchill (Silverberg, 1996 : X).

Et le problème du Squire est là : ce livre, lorsqu'il n'est pas cité positivement en une simple phrase, l'est plus longuement pour parler de l'essai de Winston Churchill qui, en 1931, avait certes déjà une belle carrière derrière lui, mais une autre encore plus belle à venir ! C'est comme si on ne retenait finalement que ce texte-là qui d'ailleurs le mérite amplement au regard de ses qualités. Pierre Versins est clair : « De ces onze essais, se détache celui de Winston Churchill qui, en quelques pages, réussit d'une manière convaincante à bouleverser complètement l'histoire du monde depuis la guerre de Sécession : l'auteur se place dans une perspective où, à Gettysburg, le général Lee a gagné » (Versins, 1984 : 907). Il écrit ensuite plusieurs lignes sur le Churchill avant de mentionner le Maurois brièvement. Autre francophone, Bernard Cazes constate « avec surprise que les deux collaborateurs les plus illustres (dans une optique francocentrique) de ce recueil sont André Maurois et… Winston Churchill. Ce dernier part d'une hypothèse analogue à celle de Ward Moore, c'est-à-dire qu'au lieu d'aboutir à une héroïque mais stérile hécatombe, la célèbre charge de la brigade Pickett lancée contre Cemetary Hill dans l'après-midi du 3 juillet 1863 se trouve coïncider avec l'arrivée tardive de la cavalerie de Jeb Stuart sur les arrières nordistes. [...] L'uchronie se termine en laissant entendre que les États européens, frappés par la réussite de cette communauté transatlantique, songent à créer des États-Unis d'Europe sur le même modèle » (Cazes, 1986 : 147). L'intelligence de Churchill, qui inverse le point de vue par une mise en abyme de l'uchronie dans son texte, est également soulignée par Paul Alkon (*Alternate History and Postmodern Temporality*) ou encore Karen Hellekson.

Niall Ferguson, comme les autres, souligne les importantes qualités, tant sur le fond que sur la forme, du texte de Churchill mais il est également une voix discordante dans ce concert d'éloge. Dans la remarquable et très remarquée introduction à son recueil *Virtual History*, loin de se réclamer du Squire, au contraire, il le descend en flamme ! Pour lui, à part Maurois, Ludwig, Belloc et surtout Churchill, tout ou presque y est dépourvu de sens historique (Ferguson, 1997 : 9-11). Il va même jusqu'à se demander si le livre de Squire n'a pas discrédité la notion d'histoire contrefactuelle pour toute une génération ! Ses objections majeures sont, d'une part, que les auteurs partent de leur connaissance *a posteriori* des conséquences d'un événement pour en imaginer une alternative au lieu de revenir à la situation de l'époque avec les données et les options des protagonistes, et d'autre part, qu'ils imaginent des conséquences énormes pour un seul changement dans l'Histoire. Ces faiblesses, Ferguson les voit chez Squire mais également chez Snowman ou encore chez Hawthorn. Pour Ferguson, ce n'est pas sérieux et cela s'apparente à un simple jeu d'esprit. Il propose, pour le recueil qu'il dirige, une autre règle du jeu (*ibid.* : 87-88) privilégiant uniquement les données et les connaissances juste avant le point de divergence et proposant une méthodologie qui interdit de développer trop avant l'uchronie. C'est très intéressant mais quelque peu pédant car, à bien lire Ferguson, on aboutit à la conclusion que lui seul a compris comment il fallait faire de l'Histoire alternée. Néanmoins, il a le mérite de remettre les pendules à l'heure : le Squire est un livre historiquement important pour le genre mais dont le contenu, *in fine*, à quelques essais près, n'est pas si capital que cela.

À notre connaissance, seule l'édition de 1972 a fait l'objet d'une traduction, en allemand en 1999, dans la collection « Science-Fiction » de l'éditeur Heyne, et il est remarquable de noter que l'éditeur a proposé au numéro suivant une anthologie d'inédits se réclamant de la même « tradition » que celle fondée par Squire, dirigée par Erik Simon. Ce recueil contient des textes d'auteurs de nationalités différentes, malheureusement, cette fois, personne en francophonie n'a pris le relais d'André Maurois. Pour ce qui est de la France, justement, on attend toujours le Squire (ou plutôt aujourd'hui le Ferguson) fondateur. Une tentative similaire a néanmoins existé dans notre pays mais faute d'avoir pu réunir tous les textes en un seul volume, elle est passée relativement inaperçue. Il s'agit de la série de douze essais publiés dans la revue *Les Annales. Revue mensuelle des Lettres françaises* en 1956 et 1957 qui aurait mérité meilleure couverture. En voici pour mémoire la liste :
- *Si le comte de Chambord s'était rallié aux trois couleurs...* de Jacques Chastenet.
- *Si le poignard de Ravaillac avait glissé...* du Duc de Levis-Mirepoix.
- *Si la bombe du 20 juillet avait tué Hitler...* de Jean Mistler.
- *Si Dickens avait été heureux...* de Raymond Las Vergnas.
- *Si Ponce Pilate avait dit non...* de Michel Riquet.
- *Si Grouchy était arrivé le premier...* de René Floriot.
- *Si le comte de Provence s'était trouvé l'aîné...* de Philippe Erlanger.
- *Si Brutus n'avait pas osé...* de Jérôme Carcopino.

- *Si les grands hommes étaient morts à vingt ans…* de Paul Guth.
- *Si la Fronde avait réussi…* de Georges Mongrédien.
- *Si Nelson avait perdu la bataille de Trafalgar…* de Fleuriot de Langle.
- *Si la bombe d'Orsoni avait tué Napoléon III…* d'Adrien Dansette.

15 *Peut-on avoir recours à l'uchronie pour enseigner l'Histoire?*

Dans le domaine de l'enseignement de l'Histoire au moyen de références, de jeux ou de simulateurs uchroniques, comme souvent, les États-Unis sont les pionniers. Diverses publications à l'attention du corps professoral donnent des conseils et des exemples concrets pratiqués avec les élèves. Et cela ne date pas d'aujourd'hui : dès 1969, Wayne Dumas prêche pour l'utilisation de l'histoire alternée en classe dans un article *Speculative Recontruction of History*. Quelques années plus tard, dans la même revue, Bernard C. Hollister enfonce les portes ouvertes en proposant le recours à la science-fiction pour enseigner l'Histoire et, pendant quelques lignes, il disserte sur l'utilité pédagogique de l'uchronie. B. Lee Cooper le suit sur cette voie. Dans deux articles publiés à un an d'intervalle, il s'intéresse à l'apport que peut avoir l'histoire alternative en classe et fournit à ses collègues quelques références bibliographiques à toutes fins utiles. Le même a l'occasion, fin 1978, de développer ces points lors d'une conférence qu'il donne pendant la réunion annuelle de l'Association Historique Américaine à San Francisco. Un an plus tôt, à cette même réunion qui cette fois se tenait à Dallas, un professeur d'Histoire, Stephen John Kneeshaw, avait déjà sensibilisé ses collègues avec une intervention au titre évocateur : *Enseigner ce qui aurait pu arriver*. Depuis cette époque-là, on a vu régulièrement dans le domaine de l'enseignement aux États-Unis des papiers ou des interventions similaires. Le même prosélytisme apparaît également à l'attention du grand public et en particulier des parents d'élèves. En 1998, par exemple, paraît dans le *Chicago Tribune* un article signé Patrick T. Reardon s'intitulant *Remaking History*. Sous prétexte d'aborder une série de scénarios uchroniques publiés par l'historien Robert Cowley, *The Quarterly Journal of Military History*, au printemps 1998, l'auteur prône ouvertement la réflexion uchronique auprès des jeunes, ses aspects ludiques ne lui échappant pas. L'article de Reardon a été repris dans de nombreux journaux et sur Internet et a donc bénéficié d'une diffusion large.

À tous ces travaux, il faut ajouter que, depuis plusieurs décennies déjà, la science-fiction est enseignée outre-Atlantique dans les universités et que de nombreuses thèses ou publications académiques abordent sans la moindre réticence l'uchronie. La télévision américaine n'a pas hésité, dès le début des années 1980, dans une série pour adolescents, *Voyagers*, à proposer de manière ludique d'enseigner l'Histoire. En effet, cette série, injustement méconnue en dehors des États-Unis, fonctionne sur un principe simple : les deux héros – un voyageur temporel venant d'un futur lointain, Phineas Bogg (interprété par le regretté Jon-Erik Hexum), et un adolescent du XXe siècle, Jeffrey Jones – sont propulsés dans le temps au moyen d'une sorte de télécommande. Au début de chaque épisode, à leur arrivée à une période différente, leur appareil clignote en rouge indiquant que l'Histoire est déréglée, autrement dit que nous sommes en uchronie. Il leur faut trouver la divergence (et au passage le scénario insiste sur la pédagogie car on a le droit à un véritable cours d'Histoire de la part du jeune adolescent passionné et fils d'enseignants dans le domaine) puis la corriger pour obtenir un feu vert et le droit de *glisser* ailleurs. La série s'est accompagnée de quelques romans ou novélisations à fondements pédagogiques. Les thèmes traités sont très variés comme une première guerre mondiale sans les inventions des frères Wright, un cas où les Britanniques ont pris la Nouvelle-Orléans qui n'a pas été vendue en 1815, un épisode sans programme Apollo, des uchronies antiques, etc. Mentionnons enfin un article signé Adam Snider proposant une liste d'ouvrages à acquérir à l'usage des bibliothécaires des « C.E.S. » américains.

Les États-Unis sont, certes, un pays féru de nouveautés et d'innovations et ses habitants toujours à l'affût de la moindre approche ludique d'un problème, mais on n'y est jamais à l'abri d'un excès. Ainsi en 2004, on pouvait lire dans une dépêche de l'agence Reuters : « Interdiction d'une école enseignant la guerre de "38-42" à Los Angeles : la justice californienne a ordonné ven-

dredi (6/8/2004) à un groupe d'écoles privées recrutant essentiellement parmi la population latino-américaine de cesser de délivrer
des diplômes en raison de son enseignement truffé d'erreurs. La
California Alternative High School gère trente écoles à travers la
Californie [...]. Selon le manuel scolaire [...], le Congrès des États-
Unis est constitué de deux assemblées : le "Sénat des démocrates"
et la "Chambre des républicains". Quatre pouvoirs organiseraient
la société : l'exécutif, le législatif, le juridique et "l'administratif".
[...] Autre enseignement "alternatif", la deuxième guerre mondiale
se serait déroulée entre 1938 et 1942. [...] dans la section littéraire
du manuel scolaire, "Mort d'un commis voyageur" d'Arthur
Miller devient "Mort d'un commis voyageur itinérant". » À un tel
niveau d'âneries, on ne peut plus parler de négationnisme, encore
moins d'uchronie, mais certainement d'*u-connerie* ! Le danger est
là qui guette : on ne peut recourir à l'uchronie que si on s'assure au
préalable de l'acquis des connaissances. Eric J. Hobsbawn le
résume ainsi : « Toute personne à qui un étudiant américain a fait
remarquer que si on parlait de "seconde guerre mondiale", c'est
donc qu'il y en avait eu une première, ne peut tenir pour acquise la
connaissance des événements historiques les plus élémentaires du
siècle » (Hobsbawn, 1999 : 22).

Et la France ? On ne peut pas dire que le milieu français de
l'enseignement de l'Histoire semble très ouvert à l'uchronie, que ce
soit dans les petites classes ou à l'université. Emmanuel Carrère
devait se sentir bien seul lorsqu'il rédigeait son mémoire de maîtrise sur ce sujet. Très lentement, avec le renouvellement des générations, on voit ici ou là quelques initiatives ou ouvertures. Ainsi,
connaissons-nous un professeur de seconde BEP, Meddy Ligner,
qui s'est livré en 2004 à un cours sur la seconde guerre mondiale,
via des extraits du texte de Gilles Perrault « amputé de ses passages un peu chauds », *Rapport au Reichsführer-SS*. Il s'agissait
pour lui de « l'aborder sous un nouvel angle, plus ludique surtout
pour des élèves peu enclins à la lecture ». Dans le compte rendu
que ce professeur-pionnier nous a fait parvenir, il ajoutait : « J'ai
donné le texte à lire aux élèves sans aucune précision, avec quelques
questions sur le texte. Beaucoup n'ont pas bien saisi ou ont cru à
un canular. J'ai donc éclairé les lanternes et expliqué en quoi
consiste le jeu intellectuel de l'uchronie en traçant au tableau les
lignes temporelles et les points de divergence. J'ai ensuite insisté

sur les possibilités de l'"uchronie personnelle" en prenant des exemples dans la vie des élèves. Enfin, pour m'assurer de leur entière compréhension, nous avons répondu ensemble aux questions du texte. Au bout du compte, les élèves ont apprécié et bien "accroché" à l'uchronie, surtout personnelle qui les touche le plus. » Et pourtant, on ne peut pas considérer le texte de Perrault comme un texte facile d'accès. Comme quoi, pour peu qu'on rende les cours un peu moins magistraux et que l'enseignement de l'Histoire ne se borne pas à assimiler par cœur des noms et des dates, on peut intéresser des populations très variées.

Durant les *Utopiales* de Nantes en 2005, un « atelier uchronique » a été animé par un professeur de philosophie coorganisateur du festival : Nathalie Labrousse-Marchau s'adressait à des collégiens en priorité. Elle avait confectionné des cartes à jouer proposant des *what-ifs* de leur programme scolaire et tout un environnement devant permettre aux jeunes de laisser leur imagination planer. L'atelier s'inscrivait pour elle dans tout « un projet pédagogique, avec un dossier destiné aux jeunes et aux enseignants » (*e-mail* à l'auteur). Elle a constaté après ce premier essai que les enfants et les professeurs ont paru intéressés mais qu'il fallait les guider davantage avec la présence d'un animateur permanent sur le stand. Voici en tout cas un deuxième exemple fort sympathique d'une initiative dans le domaine de l'uchronie. Notons cependant que dans les deux cas il s'agit d'actions individuelles et spontanées nullement demandées par l'Éducation nationale.

Toujours en direction des jeunes, on peut signaler un *Science et Vie Junior* de début 2008 qui propose un article de quatre pages, *Et si Hitler avait gagné la guerre*, signé René Cuillierier. Il s'agit d'une description d'un tel monde, à travers le témoignage d'enfants qui nous racontent comment ils y vivent en juillet 1965, époque où l'Allemagne pose le pied sur la lune ! C'est très bien fait, avec des illustrations uchroniques et cela permet aux jeunes lecteurs de mesurer combien un tel univers n'était vraiment pas souhaitable.

Pour notre part, nous avons été plusieurs fois sollicités par des enseignants pour des interventions en classe ou par des associations ou musées pour des conférences en direction du grand public et/ou des scolaires. Nous avons pu, par exemple, parler « uchronie » avec deux autres spécialistes du domaine, un fan, Pedro Mota (qui avec l'infatigable Olivier Girard nous a offert un numéro spécial uchronie absolument incontournable de la revue *Bifrost*), et un auteur talentueux, également professeur de philosophie, Xavier Mauméjean, devant le public du Festival des Uchronies au Musée/Site d'archéologie de Bavay-Bagacum, le 24 novembre 2006. Autres expériences intéressantes, une conférence à Louvier un dimanche soir, en avril 2004, devant un public « de 7 à 77 ans » apparemment très éclectique et très intéressé par un sujet qu'il découvrait pour la plupart de ses membres, ou cette table-ronde d'« improvisations uchroniques » que nous avons animée à Montréal, en avril 2007, dans le cadre des *Boréals* où nous étions invités par l'organisateur-auteur canadien, Jean-Louis Trudel, pour un colloque sur l'uchronie à l'université Concordia. Notre meilleur souvenir d'« enseignement uchronique » reste une intervention devant des gamins de grande maternelle. Nous avions décidé de leur projeter *Babar : une vie de rêve* qui est une uchronie de fiction : Babar, le roi des éléphants est fatigué des charges de son rang. Il découvre un médaillon magique et fait le vœu de ne jamais avoir été roi. Il est exaucé et se retrouve dans un monde parallèle où sa ville s'appelle Rataxèsville, du nom du méchant rhinocéros devenu roi, et où Céleste est exploitée comme boniche et ne le (re)connaît pas ! Heureusement tout rentrera dans l'ordre. Ce dessin animé est une aubaine ! Il y a un véritable point de divergence : Babar enfant, après la mort de sa maman, est resté à la ville avec « la vieille dame » et n'est jamais retourné dans la forêt. Il n'a pu rencontrer Céleste et empêcher Rataxès de prendre le pouvoir. Les enfants comprennent très bien que cela aurait pu arriver si… L'uchronie passe déjà chez les 4-5 ans et, surprise, en fin de séance certain(e)s proposent même une uchronie (même s'ils n'emploient pas le terme) à leurs yeux préférable : Babar empêche le chasseur de tuer sa maman et il vit heureux avec elle et Céleste à Célesteville. Touchant.

À l'opposé de la maternelle, l'Université française demeure sérieuse même si là encore quelques initiatives personnelles essayent de faire progresser les choses. Guillaume Sarralié est un étudiant qui a fait, en 2003, une maîtrise dont le mémoire s'intitule : *L'Allemagne nazie dans la fiction de fantaisie*. Nous avons participé, en janvier 2006, à une table ronde d'historiens aux Invalides dans le cadre des journées de l'Histoire. Et puis il y a eu ces colloques *Écritures de l'histoire, écritures de la fiction* à l'EHESS-CNRS, *Le Mois de la science-fiction* à l'ENS et *Science-fiction dans l'Histoire, l'Histoire dans la science-fiction* à l'université de Sophia-Antipolis. On avance, on avance… trop lentement car selon nous, il serait bon de rendre l'enseignement de l'Histoire moins austère tant il y a urgence à en croire Jean Yanne qui affirmait : « Il est devenu impossible de faire un film satirique sur l'histoire de France. Parce que les gens ne connaissent rien à cette histoire. Pour que ça marche, il faudrait leur offrir avant le film un autre film de trois heures qui leur raconterait les événements que l'on veut caricaturer. »

Pour essayer d'être exhaustif à propos des liens entre uchronie et enseignement, il nous faut pour conclure aborder certains outils récents, les simulateurs d'uchronies. Des programmes informatiques expérimentaux comme *WhatIf* ou *Timeline*, ou encore professionnels tel que *Making History* qui se présente comme un outil pédagogique permettant de générer des uchronies. Logiciels à réserver pour des travaux pratiques en classe ou pour un amateur obsessionnel d'*uchronographie* !

16 *En quoi l'*Histoire secrète *se distingue-t-elle de l'uchronie ?*

À l'origine le terme d'Histoire secrète désigne des non-fictions censées révéler au grand public les secrets d'État ou les anecdotes les plus croustillantes et donc les moins avouables. L'appellation générique de ce genre vient de *Historia Arcana* ou *Histoire secrète de Justinien*, texte écrit au VIe siècle par Procope de Césarée, dans lequel il déverse tout son fiel contre le pouvoir byzantin en place exercé à l'époque par l'empereur Justinien Ier, allant jusqu'à révéler des pratiques sexuelles déviantes qu'il aurait avec l'impératrice Théodora. Les termes employés et les faits relatés dans ce texte sont d'une rare violence contre non seulement le couple impérial mais également de nombreux notables. Certains passages sont quasiment pornographiques ce qui a certainement contribué à la légende de l'ouvrage et à son « rayonnement » car il a fait l'objet de maintes traductions latines parfois coupées ou vendues sous le manteau.

Sur la base initiale d'une révision critique de l'Histoire, la dénomination d'Histoire secrète s'est étendue progressivement à tous les récits, fictionnels ou non, imbriquant dans l'Histoire « officielle », une histoire de l'ombre supposée dissimulée et non accessible au commun des mortels. Sur ce mode du *On nous cache tout, on nous dit rien* cher à Jacques Dutronc, l'auteur d'histoires secrètes dévoile les secrets des puissants de ce monde à un public souvent convaincu qu'une grande conspiration existe qui a pour objectif de le tenir à l'écart de certaines vérités. Balzac écrivait bien : « Il y a deux histoires : l'histoire officielle, menteuse, qu'on enseigne, l'histoire *ad usum delphini*, puis l'histoire secrète où sont les véritables causes des événements, une histoire honteuse. »

Ainsi le Masque de fer, supposé frère jumeau du roi Louis XIV qui, dans certains romans ou films, prend finalement la place de son frère sans que personne (sauf les « personnes autorisées ») ne le sache. Le thème du jumeau/sosie ne se limite pas à cet exemple. D'innombrables histoires secrètes ont été écrites mettant en scène des sosies de Napoléon ou d'Hitler. Dans *Napoléon bis*, René Jeanne prétend que le véritable Napoléon fut enlevé par les cosaques pendant la campagne de Russie et remplacé par un sosie, ce qui expliquerait les échecs répétés qu'il a connus pendant l'année 1813. Plus loin dans le roman, Napoléon parvient à s'évader (en 1814) et pendant quelques temps reprend le manche pour finir là où l'on sait. Point de changement *in fine* de l'Histoire telle que nous la connaissons, point d'uchronie donc. Dans un autre roman, *L'Aviateur de Bonaparte*, Jean d'Agraives explique le génie militaire de l'Empereur par le fait qu'il connaissait par avance la position et les mouvements de ses ennemis grâce à un engin volant, mis au point par un inventeur, mais cette information est restée secrète puis s'est perdue, ce qui explique pourquoi personne n'en a jamais entendu parler. Heureusement, d'Agraives veille ! Et on ne compte plus le nombre de fois où Hitler aurait finalement survécu en 1945, s'échappant secrètement de son bunker, en laissant mourir à sa place un sosie. Il finit en Argentine, chez Gerwitz, ou bien se terre sur le territoire même du Reich dans ce thriller décoiffant qu'est *L'Aigle de Sibérie* par Heywood. Par essence même, les récits d'espionnage et autres thrillers relèvent de l'Histoire secrète en particulier ceux décrivant une opération manquée, voire non vérifiable historiquement puisque couverte par le secret militaire. Certains commandos auraient ainsi tenté d'assassiner tel général ou tel leader politique mais, pour d'obscures raisons, la chose a avorté. *Opération Iskra* de Noël, ou comment déjouer un complot des nazis visant à assassiner Roosevelt, Churchill et King à la conférence de Québec en 1943, et *La Paix des dupes* de Kerr qui enchaîne directement sur la conférence suivante en sont deux exemples.

Dans la catégorie qui nous occupe ici, on peut également rattacher les récits ésotériques ou cryptés comme le *Pendule de Foucault* d'Eco, le *Da Vinci Code* ou la série de bandes dessinées de Convard (*Le Triangle secret*) mais également ceux sur le trésor perdu des templiers ou l'El Dorado et plus généralement, les récits d'aventures à la manière d'un *Indiana Jones* ou des *Mines du roi Salomon*, dans lesquels de formidables trésors sont découverts pour finalement être définitivement perdus. Les récits antédiluviens relèvent également de l'Histoire secrète puisqu'ils s'appuient sur l'idée qu'il y a très très longtemps, « bien avant que l'Atlantide ne s'abîme dans les flots » comme dirait un Howard pour introduire son héros *Conan le Barbare*, des civilisations brillantes auraient régné sur Terre pour finalement s'effondrer et dont toutes traces, vestiges ont été effacés ou perdus sauf, bien sûr, pour quelques initiés. Des séries télévisuelles comme *Stargate SG 1* procèdent par l'Histoire secrète en présupposant qu'on trouve à travers le cosmos de nombreux descendants des anciens Égyptiens, Celtes, Vikings, Sumériens, prélevés ou comme disent les ufologues « *abduqués* » par des races extraterrestres. *Idem* pour toutes les œuvres qui « révèlent » la présence des ETs parmi nous avec en tête le célèbre David Vincent des *Envahisseurs*, qui reste un grand incompris du moins dans la première saison.

Le champ couvert par ce genre de récits est donc très vaste car s'y rattachent encore les interprétations des crimes de la bête du Gévaudan (*Le Pacte des loups*), les conspirationnistes négationnistes américains qui imaginent que toute l'aventure spatiale d'Apollo est un mensonge ou à l'inverse, les récits qui prétendent qu'on a déjà des bases secrètes sur Mars ou la Lune, tout ce qui tourne autour des sociétés secrètes, franc-maçons ou autre *World Company* qui dirigeraient le monde comme dernièrement, *Les Falsificateurs* de Bello.

Les récits de voyageurs temporels créant l'Histoire authentique ou qui demeurent incompris sont des histoires secrètes. Dans

L'homme qui était arrivé trop tôt, le voyageur du temps de Poul Anderson arrive à l'improviste en Islande à l'époque des Vikings mais se révèle totalement incapable d'en changer la société, d'y introduire la moindre modernité et tout simplement d'y survivre ! Certains délires humoristiques ou sketchs comiques réécrivent l'histoire sans en changer le cours, comme *La Folle Histoire du monde* de Mel Brooks ou quelques prestations des Monty Python. Finalement, la majeure partie du roman historique de Stendhal à Christian Jacq appartient à l'Histoire secrète puisque les héros de ces livres traversent avec éclat la grande Histoire sans qu'aucune encyclopédie ou qu'aucun chroniqueur n'ait retenu trace de leurs exploits.

Le point commun à tous ces récits, outre le fait de dévoiler *l'indévoilable*, est qu'ils ne modifient absolument rien à l'Histoire telle qu'elle est officiellement relatée. Ils l'éclairent sous un nouveau jour, lui donnent d'autres justificatifs mais en aucun cas ils n'en proposent une version alternée. Même si ces récits d'évasion de Napoléon de Sainte-Hélène ou de base secrète de nazis en Antarctique sont souvent confondus à tort par les amateurs, voire même les critiques, avec l'uchronie, ils n'ont fondamentalement rien à voir : de prime abord, il y a bien une sorte d'événement fondateur, tel que le remplacement de l'illustre personnage par son sosie ou un atterrissage secret sur Mars, mais il ne fonde aucune divergence dans le cours de l'Histoire qui suit son cours inexorablement.

17 Anticipations et politiques fictions : des uchronies a posteriori ?

L'anticipation est un sous-genre littéraire et cinématographique de la science-fiction qui, comme son nom l'indique, a pour vocation de décrire un futur pas trop éloigné dans le temps. À ce titre, elle dérive historiquement de l'utopie qui décrit l'organisation possiblement future d'une société. Dans *L'An 2440* datant de 1771, Louis-Sébastien Mercier imagine qu'un de ses contemporains « s'endort » dans une espèce de sommeil suspendu et se réveille en 2440 pour y découvrir une société parisienne parfaite, juste et heureuse. Mais l'anticipation ne se borne pas à décrire des jours meilleurs. En non-fiction, ce sont les futurologues et autres prospectivistes qui, à coup d'hypothèses et de calculs, essayent d'entrevoir l'avenir proche à des fins préventives ou pour cerner les meilleurs investissements, par exemple. En fiction, l'anticipation imagine des guerres ou des catastrophes à venir, suppose avant la date le résultat d'une élection et ses conséquences, profite de l'organisation prochaine d'un événement international comme prétexte à un thriller. Les œuvres relevant de certaines de ces thématiques ont leurs dénominations propres telles que « guerres futures » ou « politiques-fictions ».

Les « guerres futures » constituent un sous-genre en soi. Le fondateur de ce genre est sans conteste Lord Chesney avec sa *Bataille de Dorking*, écrite en 1871. Chesney met en scène une bataille imaginaire à brève échéance dans laquelle l'Allemagne unifiée envahit l'Angleterre, prend rapidement le contrôle de la ville de Woolwich avant d'écraser les troupes anglaises levées à la hâte lors de la mémorable bataille de Dorking ! Ce texte, traduit très tôt et dans plusieurs langues, eut dès sa publication des répercussions considérables et suscita ensuite de nombreux avatars. L'Allemagne et l'Autriche jouent souvent en *guerre future* le rôle de l'envahisseur, en particulier avant la première guerre mondiale puis pour l'Allemagne seule, dans l'entre deux guerres, où les guerres futures s'y comptent par dizaines en littérature mais également au cinéma avec des invasions surprises de l'Angleterre ou de ses alliés *via* des tunnels construits dans le plus grand secret sous la Manche ou sous les Alpes ! C'est par exemple le cas du film de Frank Newman, où les Allemands passent sous la Manche, en août 1914, ou encore de l'*Histoire de la prise de Berne* attribuée à Samuel Bury.

L'anticipation militaire est également florissante pendant les conflits et sert à souder les consciences et à mobiliser les ardeurs pour des programmes de défense et de vigilance. En ce sens, elle est un outil de propagande. Ainsi, paraît en 1915 aux États-Unis, *La Vengeance du Kaiser. New York bombardé*. L'auteur, Bernard-Walker, met en garde ses compatriotes contre la tentation de demeurer « pacifiste » vis-à-vis du conflit européen. Il suppose que la France et l'Angleterre vont triompher à court terme de l'Allemagne et vont lui imposer des réparations écrasantes. Désespéré, le Kaiser lancera alors sa flotte et ses commandos contre les principaux ports de la côte est américaine dans le but d'extorquer les sommes d'argent nécessaires pour solder sa dette. En France, Danrit s'est fait une spécialité de la guerre future et ses fresques guerrières très nombreuses, s'étalant sur plusieurs milliers de pages, ont longtemps joui d'une grande popularité. Danrit en fin connaisseur de la chose militaire décrivait, croquis à l'appui, avec minutie et souvent de manière clairvoyante les technologies et tactiques à venir, en particulier dans la guerre aérienne ou dans l'emploi d'engins motorisés ou de gaz de combat.

Deux décennies plus tard, Murray Constantine, pseudonyme de Katharine Penelope Burdekin, est la première à imaginer une victoire d'Hitler sur les Alliés. Elle décrit un Reich vieux de 500 ans et situe son action au XXVIe siècle, dans un monde dirigé par les nazis et les Japonais et dans lequel les femmes subissent toutes sortes de mauvais traitements. Il est intéressant de noter que, dans la réédition de 1940, l'éditeur avertit : « bien que l'auteur n'ait pas le moins du monde changé d'opinion et continue à penser que l'idéologie nazie est mauvaise, et que nous devons combattre les nazis sur terre, en mer et dans les airs, il a changé d'avis sur le pouvoir du nazisme à rendre le monde mauvais. Il pense que, malgré l'immensité des destructions et de la misère amenées maintenant et plus tard par eux, les nazis ne peuvent pas nuire à l'esprit, même à court terme : ils ne peuvent en effet contaminer que ceux qui sont prédisposés à l'être. De plus, il pense que le nazisme est trop mauvais pour rester et que le bouleversement effrayant que le monde est en train de subir est un symbole de renaissance dont émergera une étape supérieure de l'humanité. » Brown et Serpell suivent la même voie que Constantine début 1940 dans *Loss of Eden*.

Après la seconde guerre mondiale, la thématique de la guerre future, loin de se tarir, a repris du service. La Guerre froide et la stratégie de dissuasion nucléaire aidant, on a vu paraître en littérature comme au cinéma de très nombreuses œuvres apocalyptiques décrivant l'Armageddon final.

La politique fiction est souvent de mode quelques mois avant une élection majeure. Caraguel imagine le retour rapide au pouvoir d'un descendant de Napoléon. Le *Crapouillot* a proposé un numéro intitulé *Marchais à Matignon*. Philippe de Commines a écrit *Les 180 jours de Mitterand – histoire du 1er gouvernement de l'Union de la Gauche 3 avril-2 octobre 1978* et, dans un genre plus léger, *L'iMonde* (n° 3, mai 2003), pastiche du *Monde*, titrait sa une sur une invasion de la France par les États-Unis dans la foulée de celle de la guerre d'Irak. Au-delà de l'événementiel que constitue le résultat d'une élection, l'enlèvement d'un personnage célèbre (*Les Loups et la bergerie* de Poivre d'Arvor) ou encore la succession de réformes mises en place, la politique-fiction peut donner dans le catastrophisme en imaginant les conséquences d'une catastrophe naturelle (*Paris 2011 : la grande inondation*), d'une modification climatique majeure (*Et si le Gulfstream s'arrêtait*) ou d'une pandémie.

Tous ces récits d'anticipation lorsqu'ils sont développés par un auteur au sein d'un cycle ou d'une fresque en plusieurs volumes finissent par constituer une *Histoire du futur*. C'est le cas de l'*Histoire future* d'Heinlein. Mais que se passerait-il si un de nos très lointains descendants tombait par hasard sur un de ces textes sans savoir qu'il s'agit de fiction ? Et surtout, qu'adviendrait-il si ce chercheur du futur avait pour une raison donnée « perdu » toute mémoire du passé ? C'est cette intéressante question que développent Carsac dans sa nouvelle, *Premier empire* ou encore Atkins dans ses *Mémoires du futur*. L'un comme l'autre imaginent que la civilisation va subir une catastrophe majeure (guerre, cataclysme cosmique ?) et que les rescapés vont perdre la mémoire du passé. Des archéologues du futur découvrent une bibliothèque datant du XXᵉ siècle et s'émerveillent devant les prouesses dont étaient capables leurs ancêtres qui apparemment voyageaient dans les étoiles ! En fait, ce sont des livres de science-fiction qu'ils ont retrouvés. Atkins développe complètement l'idée et démontre qu'après un dur labeur, ces historiens sont en mesure de reconstituer l'Histoire de 1960 jusqu'en 3750. Ils s'appuient pour cela sur les traités d'historiens célèbres, retrouvés dans la bibliothèque, aux noms de Wells, Huxley, Orwell et Bradbury !

Pourquoi avoir consacré une question complète à l'anticipation à court terme dans un essai sur l'uchronie ? L'anticipation se situe aux antipodes de l'uchronie : l'une a pour vocation de décrire le futur là où l'autre revisite le passé. Même si l'une comme l'autre peuvent avoir des buts communs comme des réflexions prospectivistes ou des mises en garde, elles diffèrent quasiment sur tout. Cependant, à vouloir décrire le futur à court ou moyen terme, on risque d'être « rattrapé par l'Histoire ». C'est même fatal. Par exemple la série télévisuelle *Star Trek* constitue, avec son cortège de suites, une histoire du futur allant de la fin du XXᵉ siècle au

XXIIIᵉ siècle. Dans cette histoire et suite à des manipulations génétiques, un dictateur s'empare d'un quart de la planète et déclenche la troisième guerre mondiale appelé la *Guerre eugénique* en 1993. L'Histoire se développe avec le vol spatial et la conquête stellaire. Comme Orwell, qui offre dès 1949 une vision de *1984*, *Star Trek* propose donc à partir des années 1960-1970 un développement du futur post-1993. Mais aujourd'hui, en ce début de XXIᵉ siècle, rien de tout cela n'est arrivé. Pas de 1984 dystopique. Pas d'*Odyssée de l'espace* ni de super-ordinateur paranoïaque ! Ces œuvres sont bien des anticipations dépassées. Mais pour *Star Trek*, la série continue de se développer avec des épisodes écrits après 1993. Nous voilà donc au mieux en uchronie, au pire dans un univers négationniste. Même constat pour le roman de Sernine, *Chronoreg*. Mikhaïl Gorbatchev a été assassiné et l'URSS ne s'est pas effondrée. Le Québec a pris son indépendance suite à la guerre du Labrador. Ce roman a été publié une première fois en 1992, donc certainement écrit vers 1990-1991, date à laquelle Gorbatchev est encore au pouvoir. La date de l'assassinat n'étant pas précisée et on peut supposer que Sernine écrit une politique fiction, d'autant qu'à l'époque les indépendantistes sont puissants au Québec. Il y aura même un référendum à ce sujet en 1995 rejeté de peu. Sernine propose ensuite, en 1999, une deuxième édition revue et augmentée dans laquelle il précise la date de l'assassinat, 1988. D'anticipation, ce livre est devenu une uchronie. Il est un écrivain qui, par l'ampleur de la tâche qu'il s'était donnée, a eu à vivre ce changement de statut pendant l'écriture de son livre. Dans les années 1930, Léon Bopp se lance dans l'écriture de *Liaisons du monde*. Cet énorme pavé fait près de mille deux cents pages dans son édition définitive. Bopp y raconte, avec le souci du détail qui caractérise l'inventeur du *cataloguisme*, l'Histoire de la France au jour le jour de 1935 à 1944, France qui est devenue une des républiques soviétiques suite à une révolution bolchevique en 1935. Ce livre est unique en son genre. Il s'agit d'une « uchronie-journal » écrite par son auteur quotidiennement, sous la pression permanente de l'Histoire. Versins précise qu'il semble que l'auteur avait au départ pour volonté d'écrire une anticipation mais lenteur de l'écriture et actualité obligent, il aurait bifurqué vers le mode uchronique.

Dans ces trois exemples, le changement de statut des œuvres en question est clair à comprendre. Il est cependant des cas plus compliqués. Revenons un instant sur le roman de Constantine écrit en 1937. Avec cette information, le lecteur de l'époque sait qu'il a affaire à un roman d'anticipation. Si à présent il découvre l'édition de 1940, ou mieux encore la réédition de 1985, tout en ignorant que c'en est une, il peut croire à l'uchronie. Ceci était un exemple hypothétique puisque dans le cas du roman de Constantine les dates sont connues et figurent sur les ouvrages. Mais dans d'autres ouvrages plus anciens (dans lesquels la présence de *copyright* ou même de date d'impression était facultative), écrits dans le feu de l'action et rattrapés par l'histoire, comment trancher ? Autre souci, la lenteur de l'édition. Un roman peut être écrit comme une anticipation ou politique fiction à court terme et se voir finalement publié après l'événement. Doit-on pourtant parler d'uchronie ? Si on est un puriste, certainement : la fiction décrit au moment de son accessibilité au grand public un événement passé différent de la réalité vécue par lui. Mais si un avertissement de l'éditeur, des *interviews* ou un certain ton donné par l'auteur dans l'ouvrage semble prouver le contraire, alors il faut l'exclure du corpus. Par le jeu des traductions en langue étrangère, ce phénomène peut être encore amplifié. Un seul exemple en guise de démonstration. Dans l'édition française de *Ein Komet fällt vom Himmel* de l'auteur allemand Heinz G. Konsalik, on peut lire sur la quatrième de couverture : « Rappelez-vous : novembre 1974 ; les savants annoncent que la comète découverte par le professeur Kohoutek, astronome allemand d'origine tchèque, passera à une distance relativement proche de la Terre ; tous les habitants de la planète pourront l'apercevoir à l'œil nu. Or, vous n'avez pas vu la comète Kohoutek. Elle devait "frôler" la Terre à quelque 175 millions de kilomètres. Elle est en fait passée beaucoup plus loin. Modification imprévue de la trajectoire ont expliqué les astronomes. Et si cette modification d'orbite s'était produite dans l'autre sens ? Si, au lieu de s'en éloigner, la comète Kohoutek s'était considérablement rapprochée de la Terre ? Si cet obus de mille milliards de tonnes, fonçant dans la solitude des espaces infinis à une vitesse de 50 km/s, avait dû percuter notre planète. » Avec une telle annonce, même le lecteur français de la première édition, traduite en 1975, est en droit de s'attendre à une uchronie. Certains ont même acheté le livre pour cette raison. Or il n'en est rien. L'édition originale date de 1974 et le texte a certainement été rédigé en 1973-1974. À la lecture, on ne s'y trompe pas. Le ton est clairement celui des romans catastrophes.

En conclusion, une date est parfois capitale pour distinguer une uchronie d'une anticipation. La date de première édition et, mieux encore, la date d'écriture du livre, car certains manuscrits peuvent parfois dormir de longues années dans les tiroirs. Heureusement, dans 99 % des cas le problème ne se pose pas, et le pourcentage restant ne résiste jamais longtemps à l'érudit bibliophile qui traquera les détails lui permettant de conclure.

18 *Qu'appelle-t-on « uchronie de fiction » ?*

Les amateurs de littérature populaire adorent les héros récurrents et les cycles qui s'étalent sur plusieurs volumes. Ceci permet de développer en profondeur des personnages et éventuellement de leur fournir une biographie fictive complète. Ainsi, Sherlock Holmes vit plusieurs aventures selon une chronologie précise voulue par l'auteur, Arthur Conan Doyle. Certaines affaires se déroulent avant d'autres. Certaines expériences vécues servent plus tard à la résolution d'autres cas, etc. Il en est de même par exemple de la série *Star Wars* dont les films les plus récemment réalisés se situent en fait une génération avant la série originelle.

Par analogie avec l'uchronie définie par Charles Renouvier, nous nommerons « uchronie de fiction » des récits mettant en jeu des altérations/divergences dans la chronologie officielle de ces œuvres de fiction. De la même manière, une histoire donnant des détails inédits sur la vie du personnage ou le mettant en scène secrètement et à l'insu de tous relèvera de ce que nous appellerons l'« histoire secrète fictive ».

Le personnage de Sherlock Holmes justement est un de ceux qui a connu le plus d'aventures « bonus » écrites après la mort de son auteur par de nombreux écrivains ou scénaristes. Certaines sont des hommages à la manière de Doyle, d'autres des pastiches humoristiques, les unes comme les autres s'insérant dans la chronologie officielle entre deux aventures originelles ou relevant de l'histoire secrète fictive. Parmi les pastiches, on peut citer le film *Le*

Secret de la pyramide qui montre Holmes lui-même, encore adolescent, déjouant un complot fomenté par une secte adoratrice des
anciens dieux égyptiens. Ce film, en proposant un aperçu de la
jeunesse de Holmes, non officiellement décrite par Doyle, relève
bien de l'histoire secrète holmésienne d'autant que, dans la scène
finale, tout est fait (explosion) pour que les preuves des aventures
vécues par le jeune héros soient détruites. Le film de Billy Wilder,
La Vie privée de Sherlock Holmes, propose des anecdotes inédites
sur la vie intime d'Holmes et met en scène le monstre du Loch Ness
et certaines expérimentations très *steampunk*. D'ailleurs les pasti-
cheurs holmésiens ont souvent recours à des méchants utilisant des
gadgets à vapeur. En littérature et pour n'en mentionner que deux,
citons les *Histoires secrètes de Sherlock Holmes* de Réouven et
l'anthologie *Sherlock Holmes en orbite*. Cette dernière contient un
petit bijou, *Vous voyez mais vous n'observez pas*, par Robert
J. Sawyer. Cette nouvelle raconte que c'est à cause de Sherlock
Holmes que nous n'avons pas encore rencontré d'extraterrestres,
et comble un vide important de la chronologie officielle en expliquant ce qu'a bien pu faire le détective entre le 4 mai 1891 où il
disparaît aux chutes de Reichenbach et quelques mois plus tard
quand il réapparaît devant Watson. Côté uchronie de Holmes,
nous mentionnerons par exemple la nouvelle de Reaves et Pelan
qui est une réécriture d'*Une étude en rouge*, mais présentant néanmoins une altération importante : la reine Victoria et une grande
partie de l'aristocratie au pouvoir sont en fait des humanoïdes au
sang vert et autres créatures lovecraftiennes. Et que dire du roman
de Thomas Day, *L'Instinct de l'équarrisseur*, si ce n'est que c'est
une belle mise en abyme. Sur une Terre parallèle que découvre
Doyle, Sherlock (toujours accompagné de son fidèle Watson) est
réellement le meilleur agent de la reine Victoria. Il dispose même
d'un « permis de tuer » qui n'est pas sans rappeler un autre héros
populaire !
   Aujourd'hui, quasiment tous les grands héros de la littérature
populaire ont au moins une anthologie de textes qui leur est
consacrée avec des pastiches, des histoires secrètes fictives et parfois des uchronies de fiction. *War of the Worlds : Global Dispatches*,
anthologie d'Anderson commémorative du centième anniversaire
du chef-d'œuvre de Wells, *La Guerre des mondes*, contient des
histoires ayant pour prémisse l'idée que l'attaque des Martiens

s'est réellement déroulée. *Les Ombres de Peter Pan* et *Mission Alice* ainsi que *La Machine à remonter les rêves* (Comballot) contiennent de très nombreuses uchronies de fiction et même des uchronies. Et on pourrait continuer cette énumération longtemps. En outre, certains textes dans ces recueils ainsi que certains romans à part entière constituent ce que les Anglo-saxons nomment des « *sequels* » c'est-à-dire des suites directes d'un roman ou d'une nouvelle. Le film *La Rose et la Flèche* propose un Robin des Bois (Sean Connery) vieillissant revenant épuisé des croisades pour découvrir que Marianne s'est faite abbesse, lassée de l'attendre ! Ou bien encore *Un monde inconnu* où Pierre de Sélènes, dès 1896, offre une suite à *De la Terre à la Lune* et *Autour de la Lune* de Verne. Mais lorsque la suite en question propose un 1931 complètement *steampunk* et décalé, on peut parler d'uchronie et c'est le cas de la série de bandes dessinées, *Robur*, dessinée par Gil Formosa sur un scénario des Lofficier. Certains ne sont pas arrêtés par la difficulté comme Priest avec sa *Machine à explorer l'espace* qui donne deux suites pour le prix d'une, à *La Guerre des mondes* et à *La Machine à explorer le temps* de Wells ! D'autres s'adressent aux plus jeunes comme l'auteur allemand Wolfgang Hohlbein qui a rédigé des aventures très *steampunk* et verniennes avec sa série *Opération Nautilus*.

L'uchronie de fiction et autres variantes ne se bornent pas à la littérature comme nous l'avons vu avec les quelques films et bandes dessinés cités. Le monde des *comics* américains ou encore celui des séries télévisuelles en comptent d'innombrables et ce n'est pas étonnant. Ces deux supports sont idéalement conçus pour développer des univers complets et des personnages récurrents. Dans l'univers des *comics*, la célèbre compagnie Marvel a déjà publié six séries intitulées *What If* de 1977, pour la plus ancienne, à 2008 pour la dernière ce qui constitue plusieurs centaines d'histoires ! Ces histoires proposent de broder sur ce qui serait advenu à tel ou tel super-héros si une des histoires classiquement proposées par Marvel s'était terminée autrement. L'éditeur DC Comics a forgé un mot pour désigner ce genre uchronique : les *elseworlds*. Superman tombe à l'Est dans *Red Son* et œuvre pour l'URSS. Batman vit à l'époque de la guerre de Sécession (*The Blue, the Grey, and the Bat*). Captain America survit mais les nazis gagnent la seconde guerre mondiale (*Cap Lives*), etc.

Pour ce qui est des séries télévisuelles, à tout seigneur, tout honneur, commençons par *Star Trek*. L'épisode *Miroir* présente, dès 1967, un univers parallèle dans lequel la Fédération est remplacée par un empire barbare et totalitaire et où les personnages principaux, Kirk, Spock…, ont des doubles maléfiques. Cet « univers miroir » comme vont vite l'appeler les fans est ensuite très largement développé, dans les séries dérivées, en roman (Van Hise, *La Croisée des Temps*), et en *comic* (*The Mirror Universe Saga*). Mais il n'est pas le seul univers uchronique de *Star Trek*. Dans l'épisode *L'entreprise viendra d'hier*, c'est un univers où la Fédération est en train de perdre la guerre contre les Klingons que nous découvrons. *Un navire dans une bouteille* mélange l'univers de *Star Trek* et celui de Sherlock Holmes ! Et la liste est encore longue, la palme revenant sans aucun doute à l'épisode double, *La Flèche du temps*, qui met en scène un San Francisco uchronique au XIXe siècle avec au programme entre autres Mark Twain, des extra-terrestres et bien sûr nos héros…

Star Trek n'est certes pas la seule série télévisée proposant des altérations de sa trame fictionnelle. Une série récente et déjà fleuve comme *Stargate SG 1*, dans laquelle les héros utilisent des portes dimensionnelles pour « sauter » d'une planète à l'autre, présente certains épisodes avec des portes spéciales, d'une couleur différente, ouvrant sur un univers uchronique. L'épisode *Une dimension trop réelle* montre l'équipe d'explorateurs de *Stargate* qui se retrouve dans sa base de départ sur une Terre parallèle attaquée et presque conquise par les Goa'ulds et où leurs doubles, à des postes différents, ont bien du mal à s'en sortir. Dans un autre épisode, *Le Gardien du jeu*, l'uchronie apparente est en fait simulée par un programme informatique qui octroie aux héros la possibilité de revivre l'instant le plus douloureux de leur vie et de saisir d'autres occasions pour altérer leurs souvenirs. Un cas d'uchronie virtuelle donc. Dans un autre espace fictionnel, *Six Feet Under* l'épisode *Chacun cherche sa voie* multiplie les cas uchroniques. Au début de l'épisode, Nate, un des protagonistes de cette série, subit une opération du cerveau qui tourne mal et décède. On le voit ensuite déambuler dans une maison où chaque pièce correspond à une de ses vies probables. Une fois il survit à l'opération, une autre il reste handicapé, une troisième il a épousé un des autres personnages de la série, etc. On pourrait continuer longtemps à énumérer les cas d'uchronies de fiction à la télévision tant la liste est longue et s'allonge de jour en jour, chaque nouvelle série ajoutant son lot d'épisodes à la liste. Même *Superman* n'y coupe pas dans le dessin animé *Brave New Metropolis* dans lequel Loïs Lane bascule dans un univers parallèle où Lex Luthor et Superman tyrannisent de concert Métropolis !

Il existe un dernier cas d'altération de la chronologie fictionnelle. Il s'agit du mélange de genre ou *crossover*. Certains auteurs s'amusent, le temps d'une œuvre, à faire coïncider deux espaces fictionnels, deux personnages populaires tels que Sherlock Holmes affrontant le comte Dracula (Estleman, *Sherlock Holmes vs. Dracula*) ou encore l'idée que Tarzan, Phileas Fogg, Doc Savage et plein d'autres héros aient dû leurs talents à une météorite « spéciale » tombée au XVIIIe siècle dans le Yorkshire, développée par Farmer dans son univers de *Wold Newton*. Pour ce type de récits comme pour les *elseworlds*, le *comic* est certainement le support privilégié et fournit d'innombrables rencontres improbables comme *Batman-Tarzan*. Mais la littérature n'est pas en reste comme l'épisode célèbre *Arsène Lupin contre Herlock Sholmès* de Leblanc ou encore le *D'Artagnan et Cyrano* de Paul Féval fils. Tantôt simple histoire secrète de fiction, tantôt véritable uchronie de fiction, le mélange de genre tout comme l'*elseworlds* frôlent très souvent l'anachronisme, situant des personnages de fiction à la chronologie bien établie par leur auteur originel à des époques incompatibles. Peu importe, le public semble en raffoler et le *nec plus ultra* en la matière est atteint avec la désormais célébrissime série de *La Ligue des gentlemen extraordinaires*, scénarisée par Alan Moore et dessinée par Kevin O'Neill : tous les grands héros populaires du XIXe siècle et du début XXe siècle se retrouvent au sein d'une ligue pour affronter leurs ennemis jurés dans un univers parfaitement *steampunk*. Le niveau d'érudition de cette bande dessinée et le nombre incroyable de détails cachés ont nécessité deux magnifiques études par Jess Nevins.

On l'aura compris, l'uchronie de fiction et toutes les altérations possibles d'une trame fictionnelle ont encore de beaux jours devant elles, en littérature comme dans d'autres médias et ce n'est pas Zep, le papa de *Titeuf* qui nous contredira, qui lui consacre une planche, *Le mégalotto de la vie* (album n° 9 *La Loi du préau*, 2002), où l'on voit successivement Titeuf obèse, géant, musclé, nain, noir, asiatique, martien (donc vert), ou avec le nez de Jacques Chirac et de conclure, sous son apparence habituelle s'adressant à son copain Manu : « C'est dingue !… Quand on pense qu'on vient d'un spermatozoïde parmi des millions ! T'imagines toutes les possibilités ? » (Zep, 2002 : 30).

19

Que classe-t-on sous l'appellation d'« uchronie personnelle » ?

Par opposition à l'uchronie classique, historique, l'uchronie personnelle est ce que tout le monde fait un jour ou l'autre dans sa vie en se livrant à la réflexion « et si j'avais fait cela… comment serait ma vie aujourd'hui ? ». « Si j'avais épousé ma copine de lycée… si j'avais fait dentiste comme mon père… si j'avais accepté ce poste au Brésil… ». Cette réflexion peut être purement conjoncturelle mais elle est plus souvent sur le mode des regrets ou des occasions manquées à la manière du P'tit Gibus de *La Guerre des boutons* déjà évoqué dans la question 5.

En littérature, il n'est pas rare que les personnages d'un roman ou d'une nouvelle, dans leur vie personnelle, se posent ce genre de question et se mettent à faire de l'uchronie sur leur propre vie. Si le personnage en question s'appelle De Gaulle ou Napoléon, on est certainement dans un texte véritablement uchronique, au sens de la définition de Renouvier, mais si ce personnage s'appelle Marcel Dupont et vit une vie banale, sans influencer *a priori* de manière manifeste le reste du monde, nous sommes dans ce que nous nommerons *uchronie personnelle*. En 1851, paraît une nouvelle signée d'un certain Zeta, *The Lieutenant's Daughter*, qui constitue certainement l'un des plus anciens récits de ce type : le narrateur a la faculté de visualiser le temps à rebours, du suicide de Catherine, son ancien amour, jusqu'au moment précis où l'histoire aurait pu bifurquer. Relançant alors la visualisation dans le sens normal, il assiste à une version uchronique de sa vie. Ce choix qui peut faire bifurquer une vie dans une direction tragique ou pas, c'est tout le sujet de la réflexion à laquelle se livre Oliver Henry, en 1903, dans ses *Routes de la destinée*. Un jeune berger français quitte son village après une dispute avec sa fiancée. Il parvient à un carrefour à quatre bras. La nouvelle propose alors trois récits différents. En prenant le chemin de gauche, le berger rencontre le marquis de Beaupertuys en train de violenter sa nièce. Un duel s'ensuit et le berger est tué. Avec le chemin du centre, il parvient à Paris et s'y trouve vite impliqué dans un complot visant à tuer le roi. Le berger tente d'empêcher cela en prenant la place du roi mais finit tué par le chef du complot, le marquis de Beaupertuys ! Par le dernier chemin, il revient finalement à son village, se réconcilie et épouse sa fiancée. Mais cette possibilité-là finira également tragiquement et, une fois encore, le marquis de Beaupertuys n'y sera pas étranger ! Chez Henry, quel que soit le choix, le berger n'échappe pas à son funeste destin. Mais tous les conteurs n'ont pas la même conclusion. Il existe un vieux conte chinois attribué à Shen Jiji, *L'Oreiller magique*, qui imagine éviter le pire. Un jeune voyageur rencontre un vieux prêtre dans une auberge. Le jeune homme se plaint de sa condition. Le vieux prêtre lui tend alors un oreiller. Immédiatement, le voyageur baille et l'oreiller s'ouvre. En pénétrant à l'intérieur de cet objet magique, le jeune assiste au film de sa vie souhaitée jusqu'à sa mort. Lorsqu'il se réveille, il remercie le prêtre de lui avoir montré que l'avenir qu'il enviait n'est finalement que pure vanité. En 1935, Stanley Weinbaum a perfectionné le mode de visualisation des vies alternatives : Dixon Wells rencontre son ancien professeur de physique, Van Manderpootz, et, de fait, rate la fusée qu'il devait prendre. Et la fusée s'abîme en mer. Or, le professeur a inventé un *subjonctiviseur* qui permet de voir les mondes parallèles et Dixon se demande ce qui se serait passé s'il avait pu prendre la fusée. Il visionne son moi alternatif et réalise que ce double de lui-même tombe amoureux de sa voisine à bord de la fusée avant de mourir avec elle. Il recherche cette voisine dans son monde et apprend qu'elle fait partie des rares rescapés de l'accident. Cependant, celle-ci a épousé le jeune officier de bord responsable de son secours !

Dans tous ces récits anciens, les personnages visualisent leurs vies alternées mais ils ne les vivent pas à proprement parler. On entre totalement en uchronie personnelle avec un roman tel que *L'Homme qui se prenait pour lui-même* de David Ambrose. L'auteur imagine qu'une femme et son enfant sont tués lors d'un accident de la route. Le mari et père se rend sur les lieux et est pris d'un malaise. Lorsqu'il se réveille à l'hôpital, sa femme est à son chevet ! Et quand il lui demande des nouvelles de leur fils, elle lui répond : « Nous n'avons pas de fils ! » (Ambrose, 1995 : 36). Le traumatisme l'a fait basculer dans un autre monde. Notons que ce roman relève également de l'uchronie historique puisque, dans cet univers, JFK n'a pas été assassiné. Nombreux sont ces exemples où un personnage, suite à un traumatisme, un artefact, un miroir, etc., bascule dans un univers parallèle pour y découvrir une autre version de sa vie. Dans *Le Jour du grand saut* d'Andrevon, Henri a fait le grand saut et s'est retrouvé dans un monde où ses parents, son école, sa ville… sont différents ! Angoissant et pourtant, et si ce monde était finalement plus agréable et plus écologique ? Restons dans la littérature jeunesse avec le tome 3 de la trilogie d'Arkandias d'Éric Boisset : « Théo est terriblement malheureux, sa souris Samantha et son poisson Pâcome sont morts, victimes d'un terrible accident. Rien ne peut le consoler ! Seul un voyage dans le temps pourrait changer le cours de l'histoire… » (quatrième de couverture du *Sarcophage du temps*). Mais même en plongeant dans des univers parallèles, les héros de tous ces textes ont bien du mal, comme celui d'Henry, à échapper à leurs problèmes : « À l'approche de la trentaine, Benjamin Bennell commence à soupçonner qu'il n'a pas tiré le bon numéro à la loterie de la vie : son travail le barbe, ses fins de mois sont difficiles, son mariage avec Hetty bat de l'aile. Jusqu'au jour où il découvre dans sa poche une pièce d'un modèle unique, véritable ticket d'entrée pour le monde "d'à côté", un univers parallèle presque semblable au sien. Ici, les vieux bus à impériale roulent toujours dans les rues de New York, la fermeture éclair reste à inventer, et surtout, Ben est un publiciste réputé marié à une superbe rousse… Seulement voilà, Ben reste Ben dans sa tête et dans son cœur d'artichaut, et la redistribution des cartes présente certaines configurations qui empêchent que tout aille pour le mieux dans le meilleur des mondes parallèles… » (quatrième de couverture de *La Pièce d'à côté* de Finney). Sur un mode beaucoup plus ironique, Bob Shaw conclut de même dans *Choisis ton univers* : son héros est complexé et se rend à l'agence Altéréalités afin de trouver un univers à son goût, c'est-à-dire dans lequel il serait aimé des femmes. Le forfait auquel il souscrit ne lui donne droit qu'à trois possibilités. Les deux premières tentatives restent vaines. Il visite un univers rempli de nains laids dans lequel, certes, il fait figure de

« Monsieur Univers » seulement bien sûr il n'y a que des naines laides à épouser ! Dans un autre, tout le monde fait des bulles avec sa bouche et il devient vite le champion du monde de ce sport mais il s'ennuie à mourir ! Il réalise, à la fin de la nouvelle, que l'univers idéal, c'est tout simplement le sien, et la femme idéale, c'est la technicienne de l'agence de voyage. Inutile d'aller chercher ailleurs donc. Quant Claude Ecken, son héros vit une situation bien difficile dans *La Fin du Big Bang*. Depuis sa naissance, il se retrouve continuellement projeté dans de multiples réalités alternatives. Il conserve bien ses souvenirs mais tout le reste se transforme autour de lui sans que quiconque s'en aperçoive !

À propos du choix qui serait crucial à un moment donné d'une existence, certains romanciers ont développé complètement une vie alternative. « Que serais-je devenu si je n'avais pas rencontré ma femme à 23 ans ? » Voilà la question à laquelle répond Éric Reinhardt dans son *Cendrillon*. Penelope Lively réinvente sa propre vie, à partir de huit épisodes parfaitement réels, mais qui auraient pu se dérouler tout à fait autrement dans *Des vies multiples*. Corriger une erreur, épouser un amour regretté ou empêcher un décès sont souvent les moteurs des uchronies personnelles. Bob Shaw, déjà cité dans cette question, a également écrit un roman, *L'Autre présent*, où un homme retourne dans le temps pour empêcher son épouse d'être assassinée.

Mais à visiter des versions alternatives de leurs vies, les personnages des uchronies personnelles prennent le risque d'y retrouver leur double ou plus si affinités ! *Uchronie ou l'infini vertige* est un recueil de Marc Bozec qui contient un texte dont le narrateur semble faire un voyage onirique dans son propre passé et y rencontre des doubles de lui-même exerçant des métiers différents. On suit également plusieurs versions d'une même femme dans *Infinity's Web* de Sheila Finch. Dans *L'Échange*, stupéfiant roman d'Alan Brennert, un célibataire, comédien à succès à Broadway, échange sa vie avec celle de son double, provincial, qui est marié depuis quatorze ans et a deux enfants. L'un comme l'autre vont adapter leur nouvelle vie à leur vécu. Guillaume Musso donne une chance à son héros, chirurgien réputé, de se rencontrer trente ans plus tôt et de lui permettre de « refaire » sa vie avec Ilena, son grand amour décédé à l'époque. Le double de la nouvelle *Transitoires* de Christine Renard n'a pas cette chance. Cécile-la-Sage n'a pas eu d'enfance malheureuse et n'a pas eu à avorter comme son *alter ego*. Un jour, elle échange sa vie avec l'autre qui la lui ruine.

Pourquoi se cantonner à quelques doubles uchroniques ressemblant au héros de départ du moins physiquement? Celui de *Vous les zombies* d'Heinlein se rencontre lui-même à des âges et des sexes différents! Et Tom Strong, le super-héros d'Alan Moore, s'allie à de multiples « doubles de lui-même » (dont, entre autres, une femme et un lapin!) pour combattre les vilains.

Avec ce dernier exemple emprunté aux *comics* américains, nous ouvrons le champ de l'uchronie personnelle. Celle-ci ne se limite pas à la seule littérature romanesque mais intervient très fréquemment au cinéma et à la télévision comme nous le verrons dans la prochaine question. Elle apparaît également en bande dessinée et autres mangas comme dans l'opus 10 de la série *Negima!* d'Akamatsu ou le remarquable *Quartier lointain* de Taniguchi qui nous narre les aventures d'un homme de quarante-huit ans « renvoyé » dans son corps de quatorze ans, la veille de la rentrée des classes, en 1963. Par voie de conséquence, l'uchronie personnelle existe en dessin animé. *Natsuiro no Sunadokei* se passe dans un lycée. Le jeune héros est amoureux d'une fille mais elle va mourir. Utilisant son pouvoir de voyager dans le temps, cet étudiant va vouloir changer le destin.

Nous ne saurions terminer proprement sans mentionner les chansons de Maxime Le Forestier (*Mon Frère*) ou de Dalida (*Si je pouvais revivre un jour ma vie*) et la pièce de théâtre, *Biographie sans Antoinette*, mise en scène par Hans Peter Cloos au théâtre de la Madeleine, à Paris, fin 2007 : Kürmann a rencontré Antoinette, le grand amour mais aussi le grand drame de sa vie. L'occasion lui est donnée de repartir à zéro. Sauront-ils éviter les écueils de la première fois ?

 Qu'est-ce qu'une boucle temporelle et comment en sortir ?

Une personne est prise dans une boucle temporelle lorsqu'elle est condamnée à être renvoyée dans le passé à une certaine date et ce malgré tous les efforts qu'elle peut déployer pour l'éviter. Dans

Une journée comme une autre ou *La Tête contre les murs*, les héros de Varley ou de Pohl sont contraints à revivre tout le temps la même journée. *Idem* chez Somtow dont le héros, un acteur de théâtre qui joue un petit rôle dans Hamlet est bloqué. Néanmoins, ces mêmes journées se suivent et ne se ressemblent pas et c'est tout l'intérêt de la chose : une fois, son épouse le quitte pour Fitz Henry, celui qui joue Hamlet ; une autre fois, il part jouer la pièce sans problème ; une autre : des extraterrestres interrompent la représentation, etc. Dans ces trois exemples qui relèvent de la forme courte, les auteurs s'amusent à montrer sans grands développements certains choix possibles sur une seule journée et leurs conséquences immédiates.

Il est un auteur qui a choisi de bloquer son personnage sur un cycle plus long et de prendre le temps d'analyser à quoi, parfois, tiennent les orientations d'une vie. Il s'agit de Ken Grimwood. Dans son excellent roman *Replay*, Jeff Winston se « réveille » vingt-cinq ans plus jeune chaque fois qu'il meurt et recommence sa vie encore et encore… Dans sa première version, il décède à quarante-trois ans, en 1988, des suites d'un malaise, après avoir mené une vie terne tant sur le plan professionnel que du point de vue marital. Il se retrouve à dix-huit ans, en 1963, dans sa chambre d'étudiant à Atlanta avec tous ses souvenirs intacts. Une fois la surprise et l'incrédulité passée, il recommence sa vie mais elle bifurque vite du fait qu'il n'a pas forcément envie de revivre, en particulier sentimentalement, les mêmes choses. Et lorsqu'il atteint de nouveau l'âge de quarante-trois ans, il meurt ! Et se « réveille » à dix-huit ans. S'ensuivent plusieurs vies dans lesquelles il va s'essayer à tous les rêves imaginables comme de devenir riche, ou célèbre, ou de fonder une famille, ou d'avoir toutes les femmes possibles, ou au contraire de rechercher la compagne idéale. Il se rend compte également que chaque vie est un peu plus courte que la précédente en ce sens qu'il se réincarne plus tardivement. Il passe bien sûr par la déprime, l'abattement, la solitude profonde mais également dépense plusieurs vies à essayer de comprendre le phénomène qu'il subit et surtout à chercher à s'en échapper. Un jour, vers le milieu des années 1970, il va au cinéma pour constater que : « La queue pour voir Starsea s'étendait jusqu'à la rue suivante. […] Non seulement le film contenait tout ce que le commerçant avait annoncé, mais il allait encore plus loin. Par son thème, son style, ses effets spéciaux, il semblait avoir des années d'avance sur son temps. […] Et tout était nouveau, absolument nouveau. Dans ses vies précédentes, Jeff ne pouvait être passé à côté d'une réalisation artistique aussi magnifique, parfaite à tous égards. Il lut le générique avec presque autant de surprise qu'il en avait éprouvé en regardant les images. Réalisation : Steven Spielberg... Écrit et produit par Pamela Phillips... Conseiller technique et effets spéciaux : George Lucas. Comment était-ce possible ? Spielberg n'avait pas encore commencé à tourner son premier grand film, *Les Dents de la mer*, et il s'écoulerait deux ans avant que Lucas ne révolutionne les techniques avec *La Guerre des étoiles* » (Grimwood, 1988 : 149-150). Et de s'interroger pour comprendre qui donc peut être cette Pamela Phillips ? Il la contacte pour découvrir qu'elle est une *replayeuse* comme lui ! Ils vont apprendre à se connaître, s'aimer, se donner rendez-vous d'une vie sur l'autre et essayer ensemble d'échapper à leurs destins. Nous ne dévoilerons pas ici la fin de ce stupéfiant roman, qui se lit d'une traite et dont on se dit, en refermant l'ouvrage, qu'on aurait bien signé pour quelques vies de plus.

Si la littérature ne semble pas nous offrir d'œuvres équivalentes ou au moins similaires à *Replay*, ce n'est pas le cas du cinéma qui a tout de suite vu l'intérêt comique ou dramatique de la boucle temporelle. Tout commence en 1990, avec un court métrage d'une trentaine de minutes signé Jonathan Heap. *12:01 PM* raconte l'histoire d'un homme bloqué dans une boucle de 59 minutes. Trois ans plus tard, en 1993, sort en salle un film qui va faire le tour du monde et qui, indubitablement, a été fortement influencé par le film de Heap, tant du point de vue du thème que de celui de la manière de filmer et réaliser. Il s'agit d'*Un jour sans fin*, comédie d'Harold Ramis, qui nous présente de façon humoristique un homme (Bill Murray) qui revit en permanence la même journée ! Chaque matin à son réveil, il entend les mêmes informations à la radio, rencontre en quittant son hôtel les mêmes personnes et effectue le même reportage sur le réveil d'une marmotte dans un bled perdu des États-Unis. Pourtant, lassé, il en vient à changer d'attitude et à modifier uchroniquement, jour après jour, les événements de ce jour sans fin. Ainsi, il passe successivement par une période « je fais tout ce que je veux puisque je ne risque rien », à un état dépressif tentant en vain de mettre fin à ses jours, alors il devient le sauveur du village pour finir par se trouver lui-même et au passage trouver l'amour avec sa collègue, jouée par la belle Andie MacDowell, ce qui lui permet de se libérer enfin de sa malédiction. Dans les deux cas, les réalisateurs ont choisi, d'un cycle de la boucle sur l'autre (une heure ou un jour), de changer les angles de prises de vues, les perspectives ou les dialogues ce qui fait qu'à aucun moment on ne s'ennuie et qu'au contraire, l'impression obligatoire de « déjà vu » est recherchée par le spectateur jusque dans les moindres détails des personnages ou des décors. Ce sont des films qu'on peut voir plusieurs fois en découvrant à chaque fois de nouveaux indices. D'autant qu'une fois que l'on en connaît la fin, on peut analyser le film à l'envers pour en chercher les signes avant-coureurs. De purs chefs-d'œuvre !

Surfant sur la vague du succès de ce *Jour sans fin*, de très nombreuses séries télévisées ont proposé un ou plusieurs épisodes avec une boucle temporelle. Citons par exemple :
– *Harsh Realm, le royaume* épisode *Un jour sans fin*
– *Stargate SG 1* épisode *Histoire sans fin*
– *X-Files* épisodes *Lundi* et *Combattre le passé*
– *Xena la guerrière* épisode *Un jour sans fin*
– *Dead Zone* épisode *En abyme*
– *Au-delà du Réel l'aventure continue* épisode *Déjà-vu*

Les *Guignols de l'Info* du 19 mai 2007 ont même fait une parodie du film de Ramis avec la marionnette de Jacques Chirac. Sans oublier bien sûr, les deux épisodes *Star Trek Next Generation : Boucle temporelle* et *Causes et effets* qui, bien qu'ils soient antérieurs aux films de Heap et Ramis et n'aient donc pu subir leurs influences, proposent également des boucles temporelles. Complétons l'énumération des boucles temporelles sur écran avec un film allemand *Looped*, un autre suédois, *Naken* et tout dernièrement, *The Deaths of Ian Stone*, film d'horreur britannique dans lequel un certain Ian Stone subit en boucle une mort atroce et différente à chaque fois ! Du côté des Français, il y a le cours métrage (dix minutes) intitulé *Arrêt sur image* où le héros, grand timide, utilise une télécommande temporelle pour accéder à l'amour et le film *Novo*, qui s'apparente à une boucle temporelle médicale, car le héros, suite à un choc, est incapable de se souvenir d'événements remontant à plus de dix minutes. Une belle idée pour un film raté. Ce n'est pas le cas de l'excellente série *Day Break* avec laquelle nous conclurons cette liste.

Day Break comporte treize épisodes. Hopper (Taye Diggs) est inspecteur et se réveille un matin à 6 h 18 pour être, peu de temps après, arrêté pour le meurtre d'un procureur de la ville. Bien qu'il soit innocent, tout l'accable : arme du crime avec empreintes chez lui, témoins visuels, etc. Il ne comprend rien à ce qui lui arrive. Il passe une journée horrible dans laquelle sa petite amie est tuée devant lui, sa sœur et ses enfants menacés, lui-même est torturé et laissé pour mort le soir, enfin presque... car il se réveille dans le même lit à 6 h 18 le même jour ! Lors de cette deuxième journée, il essaye de devancer son arrestation pour trouver des preuves le disculpant et modifie un peu le cours de la journée et donc ce qui arrive aux autres protagonistes de la série. Et ainsi de suite, il revit la même journée entre deux et six fois par épisode, essayant de comprendre la machination qui se trame contre lui, évitant ou provoquant des drames, trouvant des indices, encaissant des coups, apprenant la vérité sur son entourage... Et lorsqu'on est un policier tenace et qu'on a du temps – même en boucle – devant soi, on peut mener une belle enquête : il y a des journées fructueuses et d'autres perdues ; il y a des journées calmes en planque à attendre une information et d'autres à bout de souffle. En outre, si Hopper se réveille avec ses souvenirs, il se réveille aussi dans son corps qui vieillit et cela est très original : sa barbe pousse et sa petite amie s'en rend compte avant lui ; un soir, il prend une balle à l'épaule et se réveille le jour même avec une grosse hémorragie. Il lui faut éviter la mort ! Le spectateur attentif est épaté par la minutie et la cohérence dont ont fait preuve les scénaristes pour échafauder leur intrigue. Rien n'est laissé au hasard et tout trouve tôt ou tard sa justification ! Sans parler de suspense et de rebondissements. Un pur bijou.

La cause physique de la boucle reste souvent sans explication. Et pour cause, le principe d'une boucle temporelle n'a pratiquement aucun fondement scientifique. Un spécialiste de ces questions, Jean-Louis Trudel, nous écrivait à ce propos : « Il est possible de générer dans le cadre de la relativité générale des boucles spatio-temporelles fermées (Goedel, Tipler et Gott l'ont démontré dans des contextes quand même très particuliers), mais il ne s'agit pas de revivre en boucle la même série d'événements. À la rigueur, on pourrait revenir dans le passé pour revivre une certaine période de temps (après avoir éliminé l'original qui l'a vécue), mais la trajectoire en cause et les conditions requises sont souvent à une échelle cosmique [...]. Il existe d'autres moyens de retourner dans le passé selon divers mécanismes reposant sur la relativité générale, mais plusieurs physiciens ont tenté de démontrer que l'existence théorique de telles trajectoires spéciales (trous de vers, etc.) entraînait des effets si néfastes pour le voyageur que l'Univers semblait conspirer pour empêcher les retours en arrière (hypothèse du censeur cosmique) » (courrier à l'auteur).

Dans tous les exemples évoqués, la boucle fonctionne un peu comme une quête initiatique. Le héros en sort lorsqu'il a réalisé une certaine tâche : trouvé l'amour, résolu une énigme, réparé des faits historiques altérés, etc. L'explication est donc à rechercher plus du côté de la métaphysique que de la physique. Et si nous étions tous les acteurs d'une méga-simulation informatique à la manière de *Matrix* mais en plus cosmique encore ? Et si cette simulation présentait des *bugs* ? Ou, comme le nomme si élégamment l'universitaire canadien Jean-Louis Trudel (courrier à l'auteur), un « bégaiement ». De même, un plan d'essai voulu par le simulateur (Dieu ?) pourrait aussi donner un tel résultat. Une autre approche métaphysique serait de dire qu'après tout, dans un multivers des multivers, il doit bien en exister un où le temps « bégaie » en général, voire où le temps « bégaie » pour une seule personne qui est la seule à en avoir conscience. Mais là, on est très loin de la science actuelle.

21 Pourquoi les uchronies personnelles marchent-elles si bien au cinéma et dans les séries télévisées ?

Il est un domaine dans lequel l'uchronie personnelle est en pleine phase d'explosion, c'est celui du cinéma et des séries télévisées avec de très nombreuses comédies ou comédies dramatiques.

Pour commencer avec le cinéma, le premier exemple en la matière est certainement le chef-d'œuvre de Frank Capra, *La vie est belle* (1946). George Bailey (James Stewart) est un homme honnête et naïf qui se sacrifie toujours pour aider au mieux ses voisins. Il est mal remercié car sa fabrique a été mise en faillite par suite de manœuvres frauduleuses d'un notable de sa ville, M. Potter. Désespéré, George tente de se noyer mais, au dernier moment, son ange gardien intervient en se jetant lui-même à l'eau. George, homme de devoir, oublie un instant sa funèbre résolution et saute pour sauver son ange. George lui dit : « Je crois qu'il aurait mieux valu que je ne naisse pas. » Aussitôt dit, aussitôt fait et son ange de lui montrer ce que sa ville serait devenue s'il n'avait pas existé : un lieu de dépravation et de violence. La mère de George est à la rue, son oncle interné, son frère que George n'a pu sauver s'est noyé, etc. Et l'ange de conclure : « La vie d'un homme interfère avec tant d'autres, et s'il n'est pas là, il laisse un terrible trou. » Le film est moralisateur et bon enfant, il n'en reste pas moins que le spectateur a le droit à dix minutes d'une version alternée sans George. Dans la trilogie des *Retour vers le futur*, Marty McFly (Michael J. Fox) quitte, au moyen d'une automobile à voyager dans le temps, l'Amérique reaganienne de 1985 pour se réfugier dans celle des années 1950, où il retrouve ses parents, à l'époque où ils se courtisaient, et où il interfère à tel point que pendant un certain temps sa mère le préfère à son père ! Dans le second *opus*, McFly et son ami Doc se rendent dans un 1985 uchronique dans lequel sa ville, initialement paisible, est sous le joug d'un gang de malfrats. Il leur faudra retourner en 1955 pour corriger le tir. Même approche pour *Peggy Sue s'est mariée* où l'héroïne se retrouve, avec son esprit et ses souvenirs de 1985, dans la peau de la jeune fille qu'elle était en 1960 et sombre de manière apparemment onirique (quoique...) dans l'uchronie personnelle.

Ces deux derniers exemples montrent combien il est dangereux de voyager dans le temps et que la moindre modification peut engendrer des transformations phénoménales un peu comme le battement d'aile de papillon en France pourrait un jour déclencher un typhon en Asie. Ce papillon a donné son idée aux deux films *L'Effet papillon*. Evan Treborn est atteint d'une sorte de trouble mental qui lui donne la capacité de retourner dans le passé et de changer quelques détails de sa vie. Partant initialement d'une bonne volonté, sa situation devient vite ingérable et ceux qu'il voulait secourir se retrouvent en danger !

Certains films explorent le côté dramatique ou non de choix cruciaux. *L'Ironie du sort* d'Édouard Molinaro, d'après un roman de Paul Guimard, est de ceux-là. L'action débute à Nantes, en 1943. Antoine Desvrières, jeune résistant démarre sa voiture. Le moteur hoquette. À partir de ces prémices, deux possibilités. Si la voiture ne démarre pas, un certain officier allemand va être abattu, sinon il

échappera à un attentat. De cette condition dépendent deux desti-
nées possibles pour le jeune conducteur et pour beaucoup d'autres
personnages, deux intrigues qui sont filmées l'une en noir et blanc,
l'autre en couleurs. Pas de procédé bicolore chez Alain Resnais
mais deux films différents. Dans un petit village conformiste du
Yorkshire, des couples se font et se défont selon que l'un des personnages, Célia Teasdale, se remet à fumer (*Smoking*), ou pas (*No
Smoking*). Dans *Le Hasard* et dans *La Double Vie de Véronique*, le
polonais Kieslowski s'interroge également sur les destins possibles
de ses personnages. Dans le premier, on assiste à trois variations de
la vie d'un étudiant selon qu'il rate ou pas son train. Le deuxième
film n'est pas à proprement parler une uchronie personnelle, même
si la thématique reste proche, puisqu'il s'agit du thème du double :
Weronika vit à Cracovie et Véronique, à Clermont-Ferrand. Elles
ne se connaissent pas mais la mort de la première va influencer la
vie de l'autre. Une réflexion sur le destin. On assiste à la création de
doubles en direct dans le film d'animation, *Le Portefeuille*, de
Vincent Bierrewaerts. Le personnage principal se divise en deux
selon qu'il ramasse un portefeuille ou non dans la rue puis se divise
à nouveau au choix suivant.

On est en plein drame toujours avec l'allemand Tom Tykwer
qui donne vingt minutes à son héroïne, interprétée par la dynamique Franka Potente, pour sauver son fiancé (*Cours, Lola, cours*).
Le procédé choisi ici est de couper le film en trois histoires selon les
choix de l'héroïne. Même approche pour le film japonais *Rashōmon*
de Kurosawa : se passant au VIIIe siècle, on assiste à quatre versions très différentes d'un crime selon les témoins, l'assassin et le
fantôme du défunt. Un épisode de la célèbre série *Magnum* et le
western *L'Outrage*, avec en vedette Paul Newman, abordent les
choses sous le même angle, la variation des points de vue. Au
Brésil, le cinéaste Daniel Filho s'interroge sérieusement sur les
occasions manquées de la vie de son héroïne, une femme de cinquante ans (*A Dona da História*). Mais le sommet de cette catégorie de film fondé sur un choix, une occasion, est assurément atteint
par Howitt et son *Pile et Face*. Helen (Gwyneth Paltrow) apprend
en arrivant au travail qu'elle est virée. Elle prend l'ascenseur, croise
James (John Hannah) puis s'apprête à rentrer chez elle mais rate
son métro : les portes coulissantes (d'où le titre original de *Sliding
Doors*) se referment devant son nez à cause d'une petite fille qu'elle

a dû éviter dans l'escalier. Que se serait-il passé si elle avait pu prendre ce métro ? Le réalisateur nous montre alors Helen en marche arrière, remonter l'escalier jusqu'au moment de l'évitement puis se dédoubler, une version redescendant l'escalier, et prenant son métro à temps. Le spectateur assiste ensuite à deux versions parallèles de la vie d'Helen, axées sur les aspects sentimentaux, avec de nombreuses situations comiques dans leur décalage même si cette romance reste au fond très sérieuse, pour preuve une fin qui est loin d'être un classique *happy end*. *Pile et Face*, comme *Un jour sans fin* pour les boucles temporelles, a donné lieu à de très nombreux avatars dans les séries télévisées comme *Malcolm : pile et face* ou *Working : Sliding Doors*.

Avec ce film, on entre en terrain prédilection de l'uchronie personnelle cinématographique : la comédie romantique. On ne compte plus les films et téléfilms : *Family Man* avec Nicolas Cage et Téa Leoni, *Monsieur destinée* avec James Belushi et Linda Hamilton, *Vertiges de l'amour* avec Philippe Torreton et Julie Gayet, *Entre deux rives* avec Keanu Reeves et Sandra Bullock *remake* du film coréen *Siworae*, *Une deuxième vie*, *Si seulement*, *Une deuxième chance* et bien sûr le génial *Moi, moi et moi* de Pip Karmel, avec Rachel Griffiths qui de *businesswoman* célibataire devient, dans une vie parallèle, une maman et une épouse bien débordée ! Dans ces films, les héros souvent désespérés voyagent dans le temps ou basculent dans des univers parallèles où leur vie est radicalement différente. Ils y trouvent soit le bonheur raté ou perdu, soit des raisons de mieux apprécier leur situation initiale comme chez Capra. Beaucoup de ces films situent leur action lors des fêtes de Noël, accentuant le désespoir et la solitude initiaux du personnage par la joie des autres qui l'entourent. Il est fréquent, comme dans les contes de Noël, qu'un personnage fasse office d'« ange » et soit celui qui propose la possibilité aux héros de changer de vie, proposition jamais gratuite. Autre conte de Noël, *Le Voyage magique de Richie* voit l'enfant le plus riche du monde, Richie Rich, basculer dans un univers atroce (pour lui) quand il émet le vœu de n'avoir jamais existé.

Il est certains films qui se distinguent par une approche qui leur est propre. Dans *Click : télécommandez votre vie*, l'« ange » remet au personnage une télécommande qui lui permet de *zapper* certains moments de sa vie. Mais il en abuse. L'uchronie personnelle apparaît en fin de film. Avec *Lettres secrètes* de Curtis, d'après une nouvelle de Finney, un homme entretient une correspondance amoureuse avec une jeune femme vivant cent trente-quatre ans plus tôt et finit par changer le cours de sa vie et à faire d'elle une poétesse célèbre. Pour *Fréquence interdite*, c'est *via* une radio amateur que le héros converse avec son père décédé quand il était enfant et change sa vie et le monde qui l'entoure en lui donnant au fur et à mesure des indications qui lui permettent d'échapper à la mort. Même chose pour le héros de *Rencontre avec le passé* qui, lui, voyage physiquement en arrière pour sauver son père. Quant à *Déjà vu* de Tony Scott, il met en scène un Denzel Washington au meilleur de sa forme qui dispose d'une « fenêtre sur le temps » pour prévenir un attentat monstrueux.

Du côté des séries télévisées, il y a certes de nombreuses occurrences d'un épisode isolé présentant de l'uchronie personnelle par le biais d'un voyage dans le temps (*Au-delà du Réel l'aventure continue : de temps en temps*), d'un procédé magique (*Sabrina, l'apprenti sorcière : Miss Catastrophe*) ou tout simplement d'un rêve (*Dead Zone : l'illusion*) mais le plus spectaculaire est la prolifération, sur une période récente, de séries entièrement orientées vers cet objectif.

Tout commence certainement, en 1995, avec la série *Mirror, Mirror* qui revisite *Alice au pays des merveilles* : une fille des années 1990 découvre qu'elle est en contact *via* un miroir avec une autre fille de 1919. Plus tard dans la série, elles réalisent qu'elles peuvent passer l'une dans l'univers de l'autre. Certes, pas (encore) d'uchronie personnelle, ni même de doubles, mais une première approche sur le thème du changement de vie, ici d'époque. En 1999, *Destins croisés* propose systématiquement de l'uchronie personnelle. Jones est un ange qui permet à un certain nombre de personnes de revenir en arrière corriger leurs erreurs. Avec l'entrée dans le nouveau siècle, les séries se multiplient. En 2002, *That Was Then* et *Do Over* exploitent la même idée : le héros a raté sa vie mais se voit offrir la possibilité de retourner dans son corps d'étudiant au lycée avec tous ses souvenirs. En 2003, c'est *Tru Calling* qui prend la relève. Tru travaille dans une morgue et a la faculté, en touchant les cadavres qu'elle reçoit, de « voir » les causes exactes de leur mort et de se projeter dans le temps pour leur épargner une mort certaine. Quant à l'année 2007, c'est l'apothéose avec côté anglo-saxon le très classique *Journeyman*, côté japonais le clone de Tru

Calling, *Mop Girl*, et côté français (enfin !), la série pour adolescents, *Déjà vu* où la très belle Alexandra (Leslie Coutterand) résout tous les soucis de ses proches en remontant le temps.

Au regard de la production récente, l'uchronie personnelle au cinéma n'est pas près de se tarir. Nous voyons plusieurs raisons à ce succès. Mettant en scène des personnages comme Monsieur ou Madame Tout-le-monde, avec des problèmes de tous les jours (amour, argent, maladie, famille…), elle est authentique. Elle interpelle le spectateur sur l'importance des petites choses de la vie. Sa forte potentialité empathique fait qu'il joue facilement le jeu proposé et se met dans un premier temps dans la peau des personnages avant d'imaginer des variations sur sa propre vie. Un épisode ou un film d'uchronie personnelle, selon qu'on le regarde seul, en couple, ou avec des proches, ne donne pas nécessairement lieu aux mêmes variations car n'appelle pas le même vécu et les mêmes souvenirs communs ou non. Les discussions sont souvent sans fin tout comme les possibilités. Enfin, et ce n'est pas la moindre de ses qualités, l'uchronie personnelle permet de multiples situations comiques comme cette femme qui n'a jamais élevé d'enfants mais se réveille un matin, dans le lit de son double, avec trois membres de sa progéniture uchronique « l'asphyxiant » comme savent le faire les enfants. Mais elle permet également d'élever l'intensité dramatique, surtout lorsque le spectateur devine ce qui va arriver et assiste inexorablement à la succession fatale des événements.

Enfin, il existe une raison implicite essentielle à l'augmentation de l'uchronie personnelle et des boucles temporelles sur nos écrans : par le recyclage d'images et le faible besoin en décors et effets spéciaux, elles permettent de diminuer les coûts de production !

 « Uchronie du futur » : et si le passé devenait le présent ?

Lorsqu'un voyageur venant du futur revient dans le temps pour tenter de modifier la situation présente, et ce afin de changer le futur, de prévenir un événement, une situation à venir, on peut qualifier la situation d'*uchronie du futur*. Mais précisons-le tout de suite : il s'agit clairement d'un abus de langage car l'histoire qui va diverger est l'histoire à venir, donc non figée. Comme le disait si bien Maître Yoda, le personnage de George Lucas : « toujours en mouvement le futur est » ! En fait, ces récits relèvent tout simplement de l'anticipation.

Philip K. Dick, dans sa nouvelle *Le Monde de Jon*, en donne un exemple : la Terre est sur le point de s'éteindre. Les ultimes survivants montent une opération pour revenir dans le passé et éliminer le fou qui a été à l'origine de l'Armageddon. Ils y parviennent et à leur retour à leur époque, plus d'agonie en vue, le monde est heureux et bien portant. Comme on le voit, Dick ne s'embarrasse pas avec les paradoxes temporels. On trouve un certain nombre d'exemples d'uchronies du futur dans la littérature de la science-fiction de l'âge d'or mais également en bandes dessinées, mangas et au septième art. Il s'agit presque exclusivement à chaque fois pour nos descendants de prévenir une situation catastrophique. La bande dessinée *Des lendemains sans nuage* n'est guère éloignée du récit de Dick : le futur n'est pas très rose. Le monde est en proie au chômage, submergé d'immondices, et les laissés pour compte drogués chimiquement, télévisuellement ou aux univers virtuels. Les manipulations génétiques régentent désormais l'évolution humaine. Et comme dans *Blade Runner*, une méga-multinationale, Techno-Lab, tire toutes les ficelles dans l'ombre. Nolan Ska remonte le cours du temps avec la ferme volonté d'éliminer le fondateur de Techno-Lab. Toujours dans la gamme « prévenons les cataclysmes à venir », la série *Odyssey 5* montre cinq astronautes, témoins de l'annihilation de la Terre, renvoyés dans le passé par un mystérieux personnage pour empêcher cela. Dans le film d'action japonais *Returner*, un justicier sur la piste de trafiquants d'organes va unir ses efforts avec une fille tombée du ciel (et de son futur) pour prévenir une invasion extraterrestre ! Et Van Damme est infatigable pour préserver le futur dans le film *Timecop*, datant de 1994 (point important). Il joue le rôle d'un « flic du temps » vivant en 2004 et combat les agissements d'un sénateur candidat à la présidence qui manipule le temps pour arriver à ses fins. Ils s'affrontent l'un l'autre en effectuant plusieurs aller-retour entre 1994 et 2004, le policier tentant de corriger les modifications du sénateur. Tout s'embrouille et à un moment du film, l'année 2004 ne ressemble plus du tout à celle du début du film. *In fine*, le *timecop* sauve le monde et au passage récupère son épouse – pourtant morte en 1994 – et un fils car, il ne le savait pas, elle était enceinte au moment de son décès. Ainsi le spectateur a le droit, et à une uchronie du futur, et à une uchronie personnelle. Sur le même principe, la série *Time Trax* développe pendant quarante-quatre épisodes les aventures d'un policier du futur qui vient rétablir l'ordre dans notre présent.

Toutes les uchronies du futur ne reposent pas nécessairement sur un voyage dans le temps à rebours. Certaines s'appuient sur un pouvoir de médium ou un artefact permettant à un ou plusieurs personnages d'entrevoir le futur proche. Là encore, le principe est de prévenir un drame. Dans le manga *Jusqu'à ce que la mort nous sépare*, la jeune Haruka Tôyama possède le pouvoir de prédire l'avenir avec une précision de 90 %. Elle excite donc les convoitises de l'organisation du crime et des responsables des grands trusts. Dans *La Métaphore du papillon*, c'est un *palm* qui informe le héros des drames à venir. Hasard ou manipulation ? Plus efficace encore lorsqu'il s'agit d'obtenir des informations capitales : et si vous disposiez chaque jour du quotidien du lendemain ? (*Demain à la une*). Quant à *Next*, avec Nicolas Cage et Julianne Moore, Cage y incarne un homme capable de visualiser deux minutes de son futur. Il utilise son pouvoir pour vivre de tours de prestidigitation dans les casinos jusqu'à ce que le FBI le recrute pour sauver le monde (et celle qu'il aime).

Il y a des uchronies du futur où les voyageurs ne reviennent pas dans le présent mais dans un temps intermédiaire entre notre présent et leur futur de départ. La série *Sept jours pour agir* est une série d'anticipation où, dans un futur proche, on a mis au point le voyage dans le temps grâce à une technologie extraterrestre. Un agent secret remonte le temps pour changer le cours du monde. Seule limite imposée, il ne peut pas revenir en arrière plus de sept jours. L'adaptation cinématographique de la célèbre nouvelle uchronique de Bradbury, *Un coup de tonnerre*, relève, elle, de l'uchronie du futur puisque les scénaristes situent l'action de départ dans notre futur, lorsque le voyage dans le temps aura été développé et le tourisme temporel sera devenu à la mode. De fait, c'est ce futur qui diverge lorsque les chasseurs écrasent le papillon préhistorique là où l'écrivain avait présenté ses États-Unis contemporains, des années 1950, gouvernés différemment.

De tourisme temporel, il est aussi question dans le remarquable téléfilm *Chasseurs de frissons* avec Casper Van Dien. Un journaliste, Tom Merrick, découvre sur des photos anciennes qu'à chaque catastrophe du XXᵉ siècle telle que l'explosion du Hindenburg, le naufrage du Titanic ou encore l'incendie d'une centrale électrique, un mystérieux homme y figure. On voit d'ailleurs cet homme, au début du téléfilm, à l'intérieur de la centrale électrique en feu où Tom effectuait un reportage. On apprendra ensuite que Tom aurait dû mourir dans cette centrale si, n'ayant vu l'homme en question, il n'avait été retenu à l'écart de l'écroulement du toit. Cet homme est un touriste temporel, client d'une agence de voyage du futur, qui est venu chercher des frissons sans risque puisqu'il est normalement téléporté à son époque d'origine juste avant d'être lui-même impacté par les catastrophes qu'il contemple. Tom met la main sur la brochure commerciale de l'agence et, avec son amie Elizabeth, commence à empêcher certaines nouvelles catastrophes de se produire. De fait, il change le futur. À un moment du film, on assiste deux fois à la même scène, selon que le grand stade flambe et tue le fils de Tom ou qu'après un retour dans le temps, Tom parvient à le sauver. Un régal.

Loin de nous l'envie d'écrire ici une étude exhaustive des uchronies du futur mais citons, pour terminer, deux cas ne relevant pas des catégories déjà décrites : le film *30 ans sinon rien* et le film d'animation de Walt Disney *Bienvenue chez les Robinson*. Dans le premier, Jenna, adolescente de treize ans très complexée, souhaite avoir trente ans et se réveille à cet âge pour découvrir qu'elle est devenue belle et célèbre. Évidemment, avec son mental de prépubère, elle a du mal à s'adapter à sa situation nouvelle et modifie assurément la vie qu'elle était supposée connaître avant ce transfert. Quant au deuxième film, c'est une parodie complètement déjantée des aventures de la famille Robinson connue pour être *perdue dans l'espace*. On y trouve du voyage dans le temps, des paradoxes temporels, de l'uchronie du futur, de l'uchronie personnelle et surtout une belle occasion de rigoler.

23. Qu'est-ce que le « steampunk » ?

« Le *steampunk* s'efforce d'imaginer jusqu'à quel point le passé aurait pu être différent si le futur était arrivé plus tôt. » Cette définition, nous la devons à Daniel Riche qui, dans sa préface (Riche, 1999 : 11) à la première anthologie française du genre, *Futurs antérieurs*, présentait les origines anglo-saxonnes du *steampunk*, les ouvrages fondateurs mais également quelques *comics* et dressait le constat, en 1999, qu'il n'existait pas de *steampunk* à la française, ce à quoi il comptait bien remédier avec son ouvrage.

Le *steampunk*, par rapport à l'uchronie classique, ne procède pas à partir d'une bifurcation précise de l'Histoire mais dépeint un univers où, au XIXᵉ siècle, « l'avenir est arrivé plus tôt », autrement dit, outre la Révolution industrielle, c'est une Révolution de la communication qui s'est produite, sur la base d'une *vapronique* plutôt qu'électronique, d'où le terme de *steam* qui signifie vapeur en anglais. Quant au terme « punk », il vient du fait qu'initialement, le *steampunk* est un canular : le mot a été forgé à la manière de *cyberpunk* (qui désigne un mouvement autour d'un monde futuriste ultra-informatisé) par un trio d'écrivains, James Blaylock, K. W. Jeter et Tim Powers. Tous trois ont décidé pour s'amuser d'écrire des romans à l'époque victorienne mais avec des ordinateurs à la vapeur, des moyens de transport évolués (et généralement fondés sur des dirigeables améliorés), etc. On doit ainsi à Jeter *Morlock Night* et *Machines infernales*, à Blaylock *Homunculus* et enfin à Powers *Les Voies d'Anubis*. Le *steampunk* s'inscrit donc dès le départ sous l'angle du pastiche et multiplie les références littéraires aux œuvres d'anticipation scientifique de la fin du XIXᵉ et début du XXᵉ siècle (Verne, Wells), insistant sur les aspects techniques mais également les changements sociaux de la période.

Outre-Manche et outre-Atlantique, depuis le milieu des années 1980, on ne compte plus les romans et les nouvelles du genre. *La Machine à différences* de William Gibson et Bruce Sterling est certainement le plus connu. Lord Byron a repris le pouvoir en 1831. Charles Babbage a mis au point sa machine différentielle, ordinateur à vapeur et poulies, qui révolutionne l'industrie mais également la cryptographie et donc l'art militaire. L'action se passe en 1855, dans un monde très noir, où la lutte des classes fait rage et où la pollution rend le *smog* londonien vraiment peu supportable. Charles Babbage est devenu une icône du *steampunk*. Lui qui a déclaré en 1837, à propos de son concept de machine, « l'histoire de cette invention a été un long combat contre le temps » est devenu le point de divergence classique du *steampunk*.

En effet, quand les auteurs ne font pas référence à Nikola Tesla (*Quatre rêves de Tesla* de Tessier ou le *comic The Five Fists of Science*) ou à l'arrivée d'une technologie extraterrestre (Heliot dans *La lune seule le sait*), Babbage est, avec sa machine, l'homme providentiel qui accélère les techniques sans pétrole ni moteur à explosion. Le *steampunk* se décline à toutes les sauces. Classiquement victorienne avec Gibson et Sterling, fantastique avec *Anno Dracula* (Newman) ou *Blanche ou la triple contrainte de l'enfer* (Jubert), western avec *Zeppelins West* (Lansdale) ou le film *Les Mystères de l'Ouest*, à la française avec *Confessions d'un automate mangeur d'opium* de Colin et Gaborit ou encore *La Spirale de Lug* de Lenn, coloniale avec Valéry et exotique avec Foveau, éthéré et alchimique avec Green ou enfin, au bon sens du terme, avec *le steampunk culinaire* d'Heurtel !

Le *steampunk* repose souvent sur trois piliers, comme le souligne Jenny Uglow à propos de l'anthologie qu'elle codirige : « une machine, un roman et une image. » Dans son cas, la machine est celle de Babbage, le roman, *La Machine à différences* et l'image métaphorique est celle de la description donnée par Ada Lovelace, dans le roman de la *machine analytique* qui « suggère une puissante fusion des idées, transgressant les limites entre technique et imagination, nombre, genre, nature et art » (Uglow, 1996 : 1). De manière générale, les auteurs ont toujours une « machine » ou invention qui véhicule l'idée du *steampunk*, un ou plusieurs livres auxquels ils font référence et un message, une image, souvent sociale ou politique. Le dirigeable est le moyen de transport par excellence de ces histoires. « Il a été un temps, pas si lointain, où les zeppelins représentaient le futur. La fin de l'ère victorienne a vu la machine fabuleuse et solitaire imaginée par Jules Verne en 1866 dans *Robur le conquérant* céder la place à des cieux emplis de flottes commerciales de tout type telles qu'imaginées par Rudyard Kipling en 1905. [...] Le futur imaginé par Kipling [...] resta un futur plausible, possible pendant toute la première moitié du vingtième siècle avant qu'il ne soit définitivement rattrapé par les événements [...]. Alors pourquoi les zeppelins captent-ils encore notre imagination aujourd'hui ? [...] Ils évoquent pour nous la vision d'un temps (ainsi qu'il nous apparaît à présent) où le transport était plus civilisé, où les voyages se mesuraient non en heures [...] mais en jours passés à danser sur de la musique d'orchestre, où les hommes portaient des chapeaux et les femmes des robes, où la cuisine de bord était de la grande cuisine. [...] Cette vision a son côté sombre bien sûr. Le prix du ticket de transport » (Moles, 2004 : IX-X). Le succès du *steampunk* s'expliquerait donc par la volonté du lectorat de s'évader de la dictature de la montre, si stressante de nos jours pour un monde plus lent et confortable.

D'un simple canular au départ qui aurait dû rester sans lendemain, le *steampunk*, victime de son succès, a envahi tous les supports : le roman pour adolescents (*Fils du ciel* d'Oppel ou *Planète Larklight* de Reeves), le jeu de société (*Mission Planète Rouge*), le jeu de rôle (*Rétrofutur*), le jeu sur ordinateur (*Steambot Chronicles*), le feuilleton radiophonique (*L'Échappée belle* d'après Fabrice Colin), le cinéma avec le génial *Capitaine Sky et le monde de demain* qui relève plus du *gaspunk*, sorte de *steampunk* à essence pour les années 1930, la série télévisée (*The Secret Adventures of Jules Verne*), les dessins animés (*Nadia et le secret de l'eau bleue*, *Steamboy*), les *comics* (*Barnum!* ou *Girl Genius*), et bien sûr les bandes dessinées et les mangas où c'est carrément l'*overdose*! Rien que ces deux dernières années, presque une bande dessinée sur cinq présente des éléments *steampunk*. Inutile de dire que le *steampunk* y tourne en rond, tout le monde copiant tout le monde et mettant des dirigeables à la première occasion. Néanmoins, on lira avec plaisir les séries *Le Neptune*, *Hauteville House*, *Uchronia*, et enfin *Général Leonardo* ce dernier portant le *steampunk* à l'époque de Léonard de Vinci. Pour conclure, précisons que le genre a son encyclopédiste en la personne de Jess Nevins qui a publié *The Encyclopedia of Fantastic Victoriana*.

 Préhistoire : et si les dinosaures avaient perduré ?

Et si les dinosaures n'avaient pas disparu ? Telle est la question que se posent Igor et Grischka Bogdanoff dans leur émission *Rayon X*, diffusée sur France 2, le 7 octobre 2002. Après avoir pris deux minutes pour expliquer au téléspectateur la cause probable de l'extinction des grands sauriens, à savoir la chute d'une météorite géante, il y a 65 millions d'années, au niveau de l'actuelle

péninsule du Yucatán, les célèbres jumeaux du paysage audiovi-
suel français s'interrogent sur les conséquences uchroniques de
l'absence de cet événement. Dans l'hypothèse contraire, affirment-
ils, les dinosaures auraient pu évoluer jusqu'à devenir l'espèce
dominante du globe. Ils supposent qu'ils auraient pu finir sur deux
jambes avec un pouce opposable. L'émission se termine en montrant les deux frères se changer par image de synthèse en vélocirap-
tors à face humanoïde.

Dans cette partie, nous allons étudier quelques uchronies
dans lesquelles l'évolution des espèces animales s'est déroulée
différemment que dans notre *continuum*. Le point de divergence
concerne, pour les dinosaures, l'absence de météorite mais les dinosaures, bien que très à la mode, ne sont pas les seuls concernés.
Des 1959, le scientifique I. J. Good s'interrogeait dans la revue
Science (20 février) : « Il y a quelques milliards d'années, une par-
celle anonyme de protoplasme fit jaillir le premier pseudopode
primitif dans le limon primitif et peut-être apparut le premier fac-
teur d'incertitude. » Cette incertitude, cette contingence, comme
la nomme le célèbre paléontologue Stephen Jay Gould, est très
importante dans les processus biologiques et environnementaux
qui régissent l'évolution. Qu'il s'agisse de virus spécifiques ou
d'événements cosmiques, l'extinction en masse d'espèces pourtant
bien adaptées à leur environnement au sens classique du darwi-
nisme s'est produite de nombreuses fois. Dans son célèbre livre à
l'attention du grand public, *La vie est belle. Les surprises de l'évolution*, Gould s'intéresse de près à la plus massive des extinctions
d'espèces, la décimation de Burgess. Il en analyse les conséquences
et implications. Celle-ci s'est produite il y a 500 millions d'années,
au début du Cambrien. Gould raconte comment dans les années
1970, entourés de quelques étudiants, il a exhumé des caves de
la *Smithsonian Institution* des fossiles découverts par Charles
Walcott, en 1927, dans la Passe de Burgess (Rocheuses canadiennes). Après une étude minutieuse, il conclut que pas moins
de huit espèces, appartenant à aucun embranchement connu,
sont présentes dans ces très nombreux fossiles datant d'avant la
décimation du Cambrien. Il les qualifie de « étranges merveilles »
(Gould, 1991 : 270). Pour lui, ces espèces étaient toutes parfaitement adaptées à leur environnement. Au sens de Darwin, rien
donc ne laissait supposer leur disparition et pourtant… À par-

tir de cette constatation, Gould élabore sa fameuse théorie de la *contingence*. Il s'interroge : finalement quel processus l'emporte entre la sélection naturelle ou le pur hasard pour déterminer *in fine* qui seront les gagnants de la grande course de l'évolution ? Dans un très intéressant passage, il disserte : « Si on pouvait rembobiner le film de la vie jusqu'à l'époque de Burgess, pourquoi n'obtiendrions-nous pas une gamme différente de gagnants, en le faisant se dérouler à nouveau ? Peut-être que, cette fois-ci, tous les lignages survivants ne connaîtraient pas d'autres types de développement que ceux conduisant aux appendices biramés, lesquels sont bien adaptés pour la vie aquatique, mais non pour l'invasion réussie des continents. Ce monde alternatif n'aurait sans doute ni blattes, ni moustiques, ni simulies – mais il serait aussi dépourvu d'abeilles, et par suite des si charmantes fleurs » (*ibid.* : 309). Pour lui, rien ne permet d'affirmer en l'état des connaissances de la science que les survivants à la décimation de Burgess sont forcément les espèces à la « supériorité adaptative » et pas tout simplement les heureux gagnants de la grande loterie cosmique ! D'autant que certains des « perdants » retrouvés dans les fossiles « étaient parfaitement spécialisés et extrêmement efficaces » (*ibid.* : 310) !

Après avoir posé les fondements de sa vision novatrice de l'Histoire et de l'évolution, Gould dans le chapitre suivant se livre, sans jamais en employer le terme, à de l'uchronie et à une attaque en règle d'un certain conformisme scientifique : « Beaucoup de scientifiques et de non-spécialistes, obnubilés par le stéréotype de la "méthode scientifique", trouvent que de telles explications contingentes sont moins intéressantes ou moins scientifiques » (*ibid.* : 371). Sur ce, il prend pour exemple la guerre de Sécession et ses nombreux instants critiques ou ce conflit aurait pu basculer pour mener à une victoire sudiste. Mais nous nous éloignons de notre propos même si, grâce à Gould, nous avons à présent pleinement conscience que la vie finalement ne tient qu'à un fil.

Les dinosaures étaient aussi de brillants résultats d'une sélection naturelle et, un jour, les voici rayés de la carte par un bolide céleste. Ils laissent la place à un autre genre d'animal, jusqu'alors tapis dans leurs ombres, les mammifères. Mais si cette météorite avait raté la Terre, *exit* les mammifères supérieurs et bienvenue à la civilisation saurienne ! L'illustrateur Dougal Dixon, dans son magnifique ouvrage *Les Nouveaux Dinosaures, l'autre évolution* s'amuse tout en se fondant comme toujours avec cet auteur sur une sérieuse base scientifique. Il imagine des dinosaures plus loufoques les uns que les autres et aux noms très évocateurs. À la page 111 de l'édition française, il bascule en uchronie avec le dessin d'un *dinosoroïde*, qui serait une forme évoluée et intelligente, imaginée par le paléontologue Dale Russell.

Avec Dixon comme avec les Bogdanoff, on évoque l'uchronie saurienne sans la développer. Mais avec la trilogie d'Éden, d'Harrison, inédite en français, les dinosaures ont enfin leur Terre uchronique ! Ils passent sans problème les 65 millionièmes années avant le Christ (qui bien sûr n'existera pas, du moins sous sa forme humaine), et continuent d'évoluer. De nos jours, du moins on le suppose, les Yilanés, nom qu'ils se donnent dans leur langue, établissent une première implantation sur le continent nord du « Nouveau Monde ». Ils ont donc leur Colomb ou Cartier à eux. Et cette nouvelle terre vierge a connu une évolution endémique. Sur ce Nouveau Monde, les Yilanés découvrent des mammifères de grande taille et même une espèce évoluée, les Ustuzous. La loi du plus fort étant la loi naturelle, les deux espèces s'opposent vite ! En trois romans, Harrison va développer leur conflit mais aussi les chocs culturels pour ne pas dire les chocs d'espèces.

Dans une de ses nouvelles exploitant les voyages dans le temps et les paradoxes, Stith imagine que des dinosaures intelligents mettent au point le voyage dans le temps. Ils retournent 65 millions d'années ou presque dans le passé, font une bévue qui cause l'extinction de leur espèce. Dès lors, ce sont les insectes qui évoluent et lorsqu'ils en arrivent à « inventer » le voyage temporel, ils retournent en arrière et… rebelote ! La célèbre nouvelle de Bradbury, *Un coup de tonnerre*, a inspiré à Stephen W. Leigh une série de romans dont deux seulement ont été traduits en français. Dans cette série, les dinosaures ont également leur chance. On a aussi pu voir récemment sur les écrans de télévision un documentaire intitulé *Dino* dans lequel plusieurs paléo-biologistes discourent sur l'hypothèse : « et si les dinosaures existaient aujourd'hui. »

Évidemment, les uchronistes ne s'embarrassent pas tous de réalisme scientifique. Ainsi, dans le *comic Alter Nation*, l'Empire germanique dirigé par Louis II de Bavière et Raspoutine, a envahi les États-Unis après la guerre de Sécession, dans un monde où les dinosaures ont survécu ! Enfin, il y a également de nombreux récits supposant l'existence d'îlots ou de mondes perdus où quelques animaux préhistoriques ont pu survivre jusqu'à notre époque, non menacés par l'évolution humaine. Qu'il s'agisse du plus célèbre d'entre eux, *Le Monde perdu* d'Arthur Conan Doyle, ou encore du magnifique livre écrit et illustré par James Gurney, *Dinotopia*, puis adapté avec succès pour le petit écran, il ne s'agit pas d'uchronies mais d'histoires secrètes. Les aventuriers qui visitent ces lieux à l'écart soit n'en reviennent pas, soit manquent cruellement de preuves à leur retour pour convaincre leurs congénères de leur existence.

Les dinosaures ne sont heureusement pas les seuls bénéficiaires de la révision uchronique des résultats de la loterie cosmique. Chez Boyett, les gagnants sont les ratons laveurs ! (*The Architext of Sleep*). Bylinsky dans son livre de vulgarisation scientifique, *La Vie dans l'univers de Darwin*, va beaucoup plus loin en étudiant sérieusement de nombreux cas d'évolutions parallèles jusqu'à l'intelligence : reptiles bien sûr mais aussi insectes, oiseaux, cétacés, marsupiaux et les très intéressantes chauves-souris. Ce livre est en outre doté d'un grand nombre d'illustrations. Turtledove suppose dans *A Different Flesh* qu'un descendant de l'*homo erectus* a survécu en Amérique et que Christophe Colomb va découvrir un Nouveau Monde bien différent ! Chez Dick dans *La Brèche dans l'espace*, ce sont les descendants des sinanthropes qui prennent la place de l'*homo sapiens* tandis que chez Sawyer, c'est l'homme de Néanderthal qui règne. Pour Queyssi, les Néanderthaliens ont aussi perduré. Dans sa nouvelle, *G'Yaga*, l'auteur fait une allusion à une guerre entre Sparte et Athènes dans laquelle des populations « métèques » auraient un rôle important à jouer. À propos des évolutions possibles de l'homme, c'est à sa psychologie que s'intéresse l'humoriste américain Clarence Day dans *Nous les singes*, livre illustré, datant de 1920, qui se présente ainsi : « Et si l'homme ne descendait pas du singe, mais d'un autre animal, du chat, de la fourmi, ou encore de l'éléphant ? Quelles en auraient été les conséquences sur la nature de l'homme, sur nos sociétés, sur notre monde ? » (quatrième de couverture).

Nous ne saurions correctement conclure cette partie consacrée aux évolutions parallèles sans citer un cas à part, celui de Léo Lionni qui a conçu toute une *Botanique parallèle*. Après la faune, la flore n'est donc pas oubliée dans un ouvrage sérieux et une fois de plus, magnifiquement illustré.

25 *Antiquité* : Carthago delenda NON est ?

Il existe de nombreux textes uchroniques dans lesquels Carthage est préservée du désastre et où les guerres puniques suivent des cours différents. Pierre Barbet a écrit une série de romans dont le héros, Setni, est un enquêteur temporel. En d'autres termes, il est chargé de remettre l'Histoire dans le droit chemin. Dans un de ces romans, *Rome doit être détruite*, Setni pourchasse des kidnappeurs d'enfants qui les vendent à des couples du futur touchés par un problème de stérilité. Ces criminels se fournissent à l'époque de la seconde guerre punique, soit en 210 avant J.-C. Mais Setni découvre qu'il se plaît bien à cette époque, et pour les beaux yeux d'une femme, il enfreint le code de déontologie de sa profession. Il s'allie avec les manipulateurs et ensemble, ils permettent la capture de Rome par Hannibal et ses éléphants ! Dans le roman suivant, *Carthage sera détruite*, les Carthaginois triomphants, sous l'impulsion de Setni, établissent une colonie en Amérique du Nord. C'est le même peuple qui accomplit le premier la conquête du Nouveau Monde, dans le module *Ezcalli* du jeu de rôle *GURPS Alternate Earths*. De même, Carthage s'est imposée sur tout le pourtour de la Méditerranée dans la bande dessinée *Res Punica* des frères Cosset, dont l'action se situe en l'an 2814 après la fondation de Carthage. La plus célèbre nouvelle du recueil *La Patrouille du temps* d'Anderson (*Delenda est*) est une uchronie faisant intervenir la victoire d'Hannibal. Mais la divergence est plus ancienne : Scipion l'Africain meurt prématurément assassiné par un voyageur temporel. Plus tard, ce seront les Chinois qui découvriront l'Amérique avant les Européens. Il est étonnant de constater à quel point la plupart de ces uchronies, imaginant un sac de Rome par les Carthaginois, éprouvent le besoin de présenter une conquête du Nouveau Monde différente. Il existe enfin une nouvelle de Robinett dans laquelle on peut trouver la description d'un ouvrage portant le titre de « *Déclin et chute de l'empire carthaginois par Gerber* ».

Si ces quelques uchronies montrent Rome prématurément à genou, il faut bien reconnaître qu'en général les uchronistes préfèrent imaginer une *Roma Æterna*. Silverberg a développé toute une série de nouvelles sur ce thème, réunies en français dans un recueil éponyme. Le point de divergence est l'exode des Hébreux qui échoue devant la Mer Rouge et Silverberg imagine que bien des années plus tard, les parties orientales et occidentales de l'Empire romain feront front commun et triompheront des tentatives d'invasions barbares. Rome va alors rayonner pendant près de deux mille ans et, à travers quelques textes et tableaux, l'auteur développe l'histoire de cet empire et de ses crises. Pas de chrétiens, ni d'islam dans cette alternative. Dans le roman de Simak, *Au pays du mal*, l'Empire ne s'est pas non plus scindé en deux. Cependant, Simak introduit des éléments magiques et des dragons dans son univers qu'on ne peut donc pas qualifier de pure uchronie. Pour Clavel, l'Empire romain perdure également et les chrétiens de Lutèce sont tous réfugiés dans le ghetto appelé le *Cloaque* sur l'équivalent de notre île de la Cité ! Clavel montre les difficultés qu'a un gladiateur, Sergiolus, pour monter en 2614 après la fondation de Rome, de magnifiques jeux du cirque à Lutèce ! Puisqu'on évoque la fondation de la Cité romaine, c'est Remus et non Romulus qui la fonde sur le Tibre, dans la trilogie de Mary Hoffman et l'histoire du monde ne suit plus du tout le même cours ! Il serait illusoire de vouloir ici étudier ou même survoler l'ensemble du corpus des uchronies romaines. Certaines découlent du non-assassinat de César comme chez Carcopino ou Mergey. Chez ce dernier, César fuit en Égypte et fonde avec « la dame au joli nez » une dynastie. Cette dernière vainc avec Marc Antoine à Actium dans le roman poétique de Charles Duits, *Ptah Hotep*. Duits décrit une Terre à peu près contemporaine de la nôtre mais qui est empreinte de culture égyptienne et dont les habitants vénèrent toujours les anciennes divinités.

Les points de divergence sont très variés, l'Empire romain ayant connu plusieurs périodes et les possibilités étant très nombreuses. Par exemple, la trilogie pour adolescents de Christopher débute avec *Boule de feu* sur une Terre où l'empereur Julien l'Apostat a vécu plus vieux et a restauré le paganisme. L'Empire ne s'effondre pas et siècle après siècle progresse et s'étend. Les deux jeunes héros, Brad et Simon, sont transportés par une « boule de feu » vers ce monde qu'ils exploreront, en particulier ses îles britanniques intégrées à l'Empire, ses Aztèques établis jusque très au nord du continent américain et ses Chinois installés en lieu et place de notre Californie ! Il y a bien sûr les uchronies portant sur Attila comme le très beau texte de Lucile Negel. L'uchronie romaine a aussi son jeu de rôle, *Fvlminata* : l'Empire romain ressemble à celui que nos livres d'Histoire évoquent si ce n'est que la magie existe et que les Romains ont inventé la poudre à canon. Signalons enfin le site Internet de *Roma Invicta*. *Imperium Sine Fine* entièrement dédié à l'hypothèse : et si les Germains étaient tous tombés sous les coups des Romains et l'Empire avait pu perdurer ?

Lorsqu'on évoque l'Empire romain, il est difficile de ne pas penser immédiatement à *nos ancêtres les Gaulois*. Leurs uchronies sont plus rares et essentiellement, on s'en serait douté, produites par des Français. À l'exception de Philippe Richardot qui dans son essai aborde des hypothèses originales, toutes reposent sur une victoire de Vercingétorix à Alésia sauf peut-être, les délires bien connus de Georgius avec son *Lycée Papillon* où il entonne : « Vercingétorix né sous Louis-Philippe battit les Chinois un soir à Ronc'vaux » ! Vercingétorix triomphe dans une nouvelle de Timothée Rey ou dans les romans à compte d'auteur ou presque de Pusztay et Tournai. Finalement l'uchronie gauloise la plus connue et la plus célèbre reste *Astérix* et en particulier le dessin animé *Les 12 Travaux d'Astérix*, qui se conclut sur César abdiquant en faveur des Gaulois et partant couler des jours heureux avec Cléopâtre ! On voit même une voie de Rome rebaptisée *Via Asterixia* !

Ne terminons pas cette réponse sans évoquer les autres uchronies antiques. En effet, elles ne sont pas si courantes et pèsent peu au regard de la production sur Rome. Si on respecte la chronologie, bien peu de choses ont été écrites sur l'Égypte. Citons la nouvelle de McHugh où l'Histoire diverge sous Toutankhamon. Côté francophone et concernant également l'Égypte, il y a l'uchronie policière, *Pas de pitié pour les pachas*, écrite à quatre mains par Sylvie Miller et Philippe Ward. L'étonnant Xavier Mauméjean est un des rares à avoir eu le courage de s'attaquer à l'époque babylonienne dans le roman très érudit mais jamais ennuyeux, *Car je suis légion*. Dans ce cas, le livre peut être lu comme un roman uchronique ou mythologique. Et bien sûr, la Grèce antique avec principalement trois thématiques exploitées : les uchronies sur Socrate, celles sur

Philippe de Macédoine et les dernières sur Alexandre le Grand, de loin les plus nombreuses. Socrate ne prend pas la ciguë et s'enfuit en Égypte (Barnes) et Philippe a plus de temps pour entreprendre de grandes choses dans un texte fort célèbre écrit par l'historien Toynbee (*If Ochus and Philip Had Lived on*) où Philippe tue son fils Alexandre, conquiert Rome et repousse les Perses. Dans le même ouvrage, Toynbee procède de même pour Alexandre qui fait des Phéniciens ses alliés, abat Rome et étend ses conquêtes jusqu'à la Chine ! Alexandre détruit Carthage et Rome chez l'espagnol Negrete. C'est encore de lui dont il est question dans le très surprenant manga, publié aux États-Unis mais écrit et dessiné par des Japonais, *The Golden Vine*. Enfin, nous avons eu l'occasion, question 10, d'évoquer les nombreuses uchronies byzantines écrites par Harry Turtledove mais le chef-d'œuvre incontestable en la matière reste *Le Huitième registre* du canadien Alain Bergeron : Byzance ne s'est pas écroulée et domine le monde, y compris de l'autre côté de l'Atlantique. Un synode œcuménique portant sur la sémiotique est organisé au monastère de Mont-Boréal. Duels dialectiques, enquête policière sur un meurtre et, cerise sur le gâteau, uchronie sur l'uchronie, ce texte écrit dans un style brillant et flamboyant marquera à jamais l'esprit de ses lecteurs. Une des plus belles uchronies jamais écrites !

26 Religion : et si Pilate avait gracié Jésus ?

C'est sur cette question que repose le roman de Roger Caillois. Caillois conclut sur la grâce de Pilate mais ne développe pas ce qui aurait pu se passer ensuite. Pour le révérend père Riquet, peu importe ! *Si Ponce Pilate avait dit non* rien n'aurait changé : la religion chrétienne se serait tout de même imposée. Mais pour les autres uchronistes, bien au contraire, l'absence de crucifixion en tant que telle, ou l'absence de condamnation à mort du Christ, change complètement la donne. Il est vrai que la torture de la crucifixion est à l'origine du symbole de la croix et là-dessus, plusieurs personnages célèbres ont brodé. Coluche avec son « On met des croix au-dessus des lits parce que Jésus a été crucifié.

T'imagines s'il avait été noyé ? Tu nous vois avec un bocal au-dessus du lit ? » (sketch *La Politesse*) ; Serge Gainsbourg : « Si le Christ était mort sur une chaise électrique, alors tous les petits chrétiens porteraient une petite chaise en or autour du cou » (extrait d'une interview dans *Libération* en novembre 1981) ; Jean Yanne s'interroge sur et « si Jésus était mort empalé plutôt que crucifié, il n'y aurait plus que les paratonnerres sur les églises » (*Pensées, répliques, textes et anecdotes*). Et la liste des pensées à la manière de Pascal sur les procédés divers et variés qui auraient pu être utilisés pour exécuter le Christ est encore bien longue ! Catherine Clément va plus loin et développe sur un roman complet les conséquences d'un *Jésus au bûcher*.

D'autres uchronistes construisent et décrivent des univers fondés sur l'absence d'exécution du Christ, voir son absence tout court de l'Histoire. L'auteur espagnol Aguilera, dans sa nouvelle *Dernière visite avant le Christ*, fait intervenir des touristes du futur qui malheureusement perturbent le déroulement de la crucifixion. La conséquence est que l'Histoire retiendra Jean le Baptiste comme principal initiateur de la nouvelle religion plutôt que Jésus. Quant à Boyd, c'est en rayant Judas Iscariote de la carte qu'il met en scène une société futuriste dominée intégralement par l'Église et par un Pape absolument infaillible puisque c'est un ordinateur ! Et il y a tous ceux qui associent absence de crucifixion avec perdurance de l'Empire romain. Mitchell, par exemple, qui dans sa trilogie débutant par *Procurator* présente un monde moderne dominé par les Romains, dont les ancêtres ont su repousser les invasions barbares par suite de deux modifications de l'Histoire : Varus a vaincu Arminius et deux décennies plus tard, Pilate a gracié Jésus. Chez Pohl, deux mille ans après la non-exécution du Christ, l'Empire romain attend l'arrivée des Olympiens, noms que ses habitants donnent aux extraterrestres dont un vaisseau a été détecté en approche du système solaire. Le héros, Jules, est un écrivain de science-fiction en panne d'inspiration. Il quitte « Londres » pour se rendre à Alexandrie en espérant, par ce voyage, trouver de nouvelles idées d'écriture. Il passe par Rome dont les descriptions uchroniques sont somptueuses. *In fine*, Jules aura une idée lumineuse, écrire un roman s'intitulant *Voyage latéral vers un monde chrestien*, et une uchronie donc (dans l'uchronie). En revanche les Olympiens s'en retourneront sans contact du troisième type et en mettant à jamais la Terre romaine au ban de la société galactique lorsqu'ils découvriront avec horreur que les Romains pratiquent toujours l'esclavagisme (*En attendant les Olympiens*) !

Les uchronistes ne manquent pas d'imagination concernant le messie. Il y a ceux qui imaginent qu'il n'a jamais vécu (Clagett) et ceux qui évoquent son possible futur d'homme marié avec Marie Madeleine et de père de famille, comme Nikos Kazantzaki dont le roman a été adapté au cinéma par Martin Scorsese ou la série inédite en français de Jacqueline Carey. À ne surtout pas confondre avec la pléthore d'Histoires secrètes sur ce thème dont le *Da Vinci Code* n'est que le x-ième avatar, ce qui démontre, au passage, la méconnaissance profonde de ce thème par le grand public qui semble voir, dans le roman de Brown, un livre original ! Et enfin, il y a les uchronistes qui supposent que Dieu a envoyé sa fille aux hommes plutôt que son fils. C'est le cas de la série de *comics The Boston Bombers* où l'Église catholique repose sur un matriarcat et a pour ennemi ancestral ce qui reste de l'Empire romain basé en Afrique du Sud. Quant à Vonarburg, elle offre avec son cycle de la *Reine de Mémoire* une magnifique fresque débutant en France en 1789 mais dans un pays dominé par la religion *géminite* qui vénère les *Saints Gémeaux* que furent Jésus et sa sœur jumelle Sophia !

Comme dit plus haut, il existe de multiples Histoires secrètes sur le Christ. La plus célèbre et la plus réussie d'entre elles demeure certainement *Voici l'homme* du britannique Michael Moorcock. Il imagine qu'un voyageur temporel, Karl Glogauer, décide de retourner dans le passé pour aller se rendre compte par lui-même des périples de la vie de Jésus. Mais, une fois arrivé en l'an 28, il réalise que personne n'a entendu parler du messie. Il se rend alors dans sa ville natale, rencontre Joseph et Marie, et découvre qu'en fait, leur fils est un attardé mental bossu et un fardeau pour ses parents. Glogauer ne comprend pas, enquête, interroge, se rend à chaque endroit où le Christ est supposé être passé et progressivement il réunit autour de lui des disciples – Ses disciples – accomplit bien malgré lui (et avec l'aide de sa technologie futuriste) les « miracles » et bien sûr attire l'attention des différentes autorités d'autant que, là où il passe, il porte la bonne parole. On l'aura deviné, en cherchant à élucider le mystère de l'absence de Jésus, il endosse peu à peu le rôle, crée le Christ et ce qui devait arriver, arrive, se fait crucifier. À l'instant suprême, il déclame : « En vérité, je vous le dis, j'étais

Karl Glogauer, et maintenant, je suis le messie Jésus, le Christ. » Et il meurt en hurlant dans sa langue d'origine, « *It's a lie!* » qui se traduit par « c'est un mensonge ! » mais que tous les témoins de l'époque comprennent comme « *Elie!* ». Moorcock ne modifie pas l'Histoire, il la crée et donne avec ce célèbre texte un parfait exemple de « paradoxe du circuit fermé ».

Toutes les uchronies bibliques ne portent pas exclusivement sur Jésus. En 1971, dans la revue *Christian Century,* John Gillies imagine que saint Paul est parti prêcher vers l'Orient plutôt que l'inverse. À propos de l'Ancien Testament, Pierre Boulle explore, la même année que Gillies, les conséquences de ce qui aurait pu se passer *Quand le serpent échoua.* Andrevon s'amuse avec l'Arche de Noé et Loth refuse de quitter Sodome chez le tchèque Capek. Moïse également n'est pas oublié avec Gilles Rozier qui le montre échouant à atteindre la Terre promise.

Et puis il y a les uchronies reposant sur les Maccabées qui échouent et donnent naissance finalement à un monde sans religions monothéistes (Stross), celles où la terre promise se trouve en Amérique du Nord (Weiss) et celles sur les Cathares. Pour ces derniers, nous conseillons de lire *Dieu reconnaîtra les siens*, recueil de textes réunis par Philippe Ward et qui contient deux uchronies.

Pour conclure, n'oublions pas le cas des autres religions. Constantin s'est converti au mithraïsme dans les deux romans de Tanner et nombreux sont les textes dont le point de divergence concerne Mahomet et par voie de conséquence l'avènement ou pas de l'islam, mais force est de constater qu'ils se distinguent profondément de ceux écrits sur Jésus, par le fait qu'à notre connaissance aucune de ces uchronies n'est issue de culture ou de pays à dominance musulmane.

27 *Moyen Âge : fallait-il brûler Jeanne d'Arc ?*

Débuter cette partie sur les uchronies médiévales avec Jeanne d'Arc n'est pas un hasard. La pucelle d'Orléans, comme avant elle Jésus-Christ et plus tard Napoléon Bonaparte, est un symbole et les uchronistes aiment bien les symboles.

1431 est l'année où Jeanne est brûlée par le perfide Anglais. Du moins dans notre *continuum*. Car dans celui dans lequel Schiller situe l'action de sa pièce, Jeanne d'Arc meurt au combat : c'est plus glorieux sans doute pour un mythe. Notons que Verdi a adapté le livret de Schiller pour son opéra *Giovanna d'Arco* : Jeanne d'Arc y est la maîtresse de Charles VII. Après avoir été condamnée à Paris (au lieu de Rouen), le roi la délivre avant qu'elle ne soit immolée par le feu, l'emmène à Notre-Dame et la fait couronner reine de France. Elle meurt et les anges l'emportent aux cieux. Rideau. En 1932, Georges de La Fouchardière s'interroge : et si Jeanne d'Arc n'avait pas combattu les Anglais ? Et l'auteur de développer une histoire alternative sur quelques pages, avec absence de la guerre de Cent ans puis la France et l'Angleterre unies sous la bannière d'un seul roi, Henri V. « Deux grands peuples, pendant des siècles, combattant l'un contre l'autre, ont été saignés, appauvris, affaiblis, épuisés. Formant un seul peuple, ils eussent été assez forts pour imposer la paix au monde… Pas de Trafalgar ! Pas de Waterloo ! » Et finalement, la langue française s'impose naturellement comme langue internationale de tous les échanges et La Fouchardière conclut : « En dehors du mauvais prétexte fourni par l'Église, ils avaient donc une excellente raison de brûler Jeanne d'Arc » (La Fouchardière, 1932 : 248). Décidément, Jeanne d'Arc inspire la forme pourtant relativement rare de l'uchronie au théâtre. L'exemple suivant est à nouveau une pièce, *Faut-il brûler Jeanne ? Mystère en trois journées*, d'Alexandre Arnoux. Au départ, il s'agit d'un feuilleton radiophonique diffusé sur les ondes de la chaîne nationale, le 3 mars 1951, avec une réalisation de J.-J. Vierne, et entre autres, les voix de Jeanne Moreau et de Jean Vilar. La pièce a été représentée ensuite à Rouen (évidemment !), le 27 mai 1951, dans une mise en scène de Jean Doat. Les rôles principaux étaient tenus par Claude Nollier, Louise Conte, Jean Marchat et Roland Alexandre. L'histoire diverge quand Dieu, sous l'influence de Saint Michel, fait libérer Jeanne par les Armagnacs. Sans pouvoir vraiment rivaliser en quantité avec des Napoléon, Jésus ou encore avec la période de la seconde guerre mondiale, force est de constater que Jeanne d'Arc n'a jamais cessé d'inspirer les auteurs d'uchronies. Ces dernières décennies, elle est par exemple apparue dans un roman de Barbet (*Liane de Noldaz*), un autre pour la jeunesse de Grenier (*Aïna.*

Faut-il brûler Jeanne), une nouvelle du très caustique Andrevon (*La Pucelle enfumée*). Dans tous ces cas, Jeanne échappe à son funeste destin. Citons également deux occurrences récentes et originales : une interrogation, *Si Jeanne d'Arc avait été un homme*, au sommaire de la revue *Ça m'intéresse*, en 2003, et un spot publicitaire réalisé par les frères Bogdanoff pour *Club Internet* où la Pucelle n'entend pas les voix, ayant sans cesse les écouteurs de son lecteur mp3 sur les oreilles !

De manière plus générale, le Moyen Âge propose plusieurs points de divergence « classiques ». Évidemment, nous excluons ici les descriptions de Moyen Âge parallèle résultant d'un événement fondateur antérieur, comme l'uchronie fondatrice de Renouvier qui pousse très loin le souci du détail mais dont la divergence se situe à l'époque de l'Empire romain, vers 165. Si nous suivons la chronologie normale, commençons en 732, avec Charles Martel, à la bataille de Poitiers, ou de Tours comme se complaisent à l'appeler les Anglo-Saxons. Et si les Maures avaient triomphé ? C'est sur ce fondement que Jacques Boireau a développé ses brillantes *Chroniques sarrasines*. Boireau décrit longtemps après une France coupée en deux et ce procédé lui permet de dénoncer le racisme anti-maghrébin en inversant le point de vue : la Francie (au nord) est sous-développée alors que l'Occitanie, au sud de la Loire, est un pays où il fait bon vivre et à forte croissance. D'où une émigration du Nord vers le Sud. Dans sa nouvelle *The Wheels of If*, Sprague de Camp suppose qu'en 664, Oswiu de Northumbria s'est converti à la religion celtique plutôt qu'à l'Église de Rome et, quelques décennies plus tard, les Maures gagnent à Poitiers. Plus tard, l'Amérique du Nord sera colonisée par les Vikings. Mais laissons ce type d'uchronies pour la question suivante.

Même si, bizarrement, Charlemagne n'a pas l'air d'inspirer les uchronistes, la bataille de Roncevaux a son uchronie grâce à Lafferty. Des historiens du futur interviennent malencontreusement dans le cours de cet affrontement. Guillaume le Conquérant et la bataille d'Hastings ont un peu plus inspiré les écrivains, en particulier outre-Manche. En France, mentionnons le roman d'Erik Larsen qui est un polar se déroulant à cette époque dans lequel Guillaume le Bâtard est vaincu à Hastings !

Après Jeanne d'Arc, ce sont certainement les Croisades qui ont initié le plus d'uchronies. Il y a bien sûr les uchronies dans lesquelles

Saladin est battu comme le texte magnifique de Stolze à propos duquel Carrère aurait pu parler d'uchronie mélancolique. *La rose n'a pas de pourquoi* narre comment le Roi-Lépreux, Baudouin IV, va envoyer le grand maître de l'ordre des Templiers, Eudes de Saint Amand, quérir une rose qui lui permettra, en novembre 1177, de défaire l'armée de Saladin. Les croisés de Barbet ont eux recours à la technologie extraterrestre pour vaincre les infidèles (*L'Empire du Baphomet*)! Quant à la bande dessinée *Luxley*, elle voit l'Europe de 1191 privée de ses meilleurs chevaliers en Terre sainte, envahie par les guerriers aztèques et mayas! Mentionnons aussi un texte original puisqu'à la fois pièce de théâtre et écrit en provençal, *Lou Mounde Paralele. Coumèdi* de Jan-Peire Tennevin, qui part du principe que les barons du Nord ont perdu la croisade contre les Albigeois et que le Sud est resté indépendant et occitanophone. Il y a enfin les uchronies dans lesquelles Richard Cœur de Lion survit et fonde un immense empire franco-anglais qui perdure jusqu'à notre époque. C'est dans un tel univers que Randall Garrett nous propose les enquêtes d'un détective, Lord Darcy, utilisant la magie avec une approche totalement scientifique.

L'autre grand gagnant de la loterie de l'Histoire, c'est Gengis Khan. Dans le célèbre roman de Sanders, les Mongols mettent à sac l'Europe de l'Oural au Portugal. Louis Thirion refait le coup de Barbet en supposant un triomphe mongol grâce à un soutien extra-terrestre (*Réalité 2*). En règle générale, une Europe sous domination mongole a pour conséquence de laisser à d'autres le champ libre pour la conquête des Amériques ou de donner un avenir aux peuples précolombiens.

Sans souci d'exhaustivité, nous trouvons ensuite les uchronies où Henry V perd la bataille d'Azincourt, en 1415 (Jones, *Chrestomanci*), celles où la guerre de Cent Ans dure vraiment très très longtemps (Pagel, *Orages en Terre de France*) et, si nous poussons un peu plus loin le curseur du temps, le cas où William Shakespeare embarque pour le Nouveau Monde (Sanders, *The Undiscovered*) et les très nombreux exemples où Henri IV survit à son assassinat en 1610. Qu'il s'agisse de *La Concession* (Corbeil), *Sortilège temporel* (Lourbet) ou encore de *Croisière dans le temps* (Richard-Bessière), l'échec de Ravaillac permet à ces auteurs francophones de poser les fondements puis de décrire un empire francophone triomphant sur lequel le soleil ne se couche jamais!

Continuons de descendre le flot du temps et nous trouvons les uchronies sur la guerre de Trente ans comme la réflexion succulente d'Antoine Blondin, dans ses *Enfants du Bon Dieu*, où la guerre de Trente Ans dure cent un ans et, en fin de compte, « Le royaume s'étendait de Gibraltar aux Karpates » (Blondin, 1953 : 145). Également, la série *1632* de Flint où la technologie moderne fait irruption dans ce conflit. Dans *Jack Faust*, c'est en 1500 que Swanwick choisit d'introduire de la technologie moderne lorsque Méphistophélès offre au docteur Faust des secrets capables de déclencher de formidables essors dans tous les domaines. Et avec Faust, c'est le XVIe siècle qui commence, où nous avons deux rendez-vous importants pour l'amateur d'uchronies : Jean Calvin et sa Réforme en 1534, et l'Invincible Armada en 1588. Toutes celles et ceux qui ont emmené leurs enfants au cinéma en 2007 voir *À la croisée des mondes* n'ont peut-être pas perçu l'uchronie calviniste. Certes le monde dans lequel la jeune héroïne Lyra évolue est d'apparence *steampunk*, et son Londres ne ressemble absolument pas au nôtre tant architecturalement parlant que dans sa structure exécutive, puisqu'il est fait en permanence référence à un *Magisterium* et à une Église toute puissante, et pourtant ! Lorsqu'on lit attentivement le roman de Pullman dont ce film est issu, on est bien en uchronie : Calvin est devenu pape en 1534. L'histoire se déroule plus tard, au XXe siècle, dans une Europe dominée par l'Église et menacée à ses frontières par les Tartares et les Ottomans.

Quant à l'Invincible Armada, nombreux sont les auteurs qui imaginent qu'elle atteint les côtes anglaises où elle triomphe avant de permettre à l'Église catholique de régner dans un monde sans protestantisme. *À perte de temps* de Brunner ou la bande dessinée *421 : les enfants de la porte* sont des exemples. Dès 1907, Chamberlin traitait de cette hypothèse dans son essai où il faisait appareiller l'Armada en janvier 1588 au lieu de juillet.

Incontestablement, le chef-d'œuvre du genre est *Pavane* de Keith Roberts qui débute sur ces phrases : « Par une chaude soirée de juillet en l'an 1588, dans le palais royal de Greenwich, aux portes de Londres, une femme se mourait ; dans sa poitrine, dans son abdomen, les balles d'un assassin. Son visage était ridé, ses dents noircies, et la mort ne lui prêtait nulle dignité. Mais l'écho de son dernier soupir fit trembler tout un hémisphère. Élisabeth Ire, la Grande Élisabeth, reine d'Angleterre, n'était plus. » Exit la Reine et arrive la guerre civile qui fragilise l'Angleterre au moment où surgit l'Armada. Roberts situe l'action de ses nouvelles en 1968 dans un monde dominé par l'Église romaine et où la technologie est singulièrement en retard sur la nôtre de plusieurs décennies, du moins en apparence. De prime abord, le texte semble une critique de l'obscurantisme imposé par l'Église en une succession de tableaux où le lecteur peut apprécier les difficultés quotidiennes d'un conducteur de locomotive ou d'un jeune enfant et, par contraste, le confort éhonté de la classe dirigeante, mais la conclusion est surprenante. Permettant un instant à ses personnages d'entrevoir un autre monde, le nôtre avec ses horreurs et ses charniers du XXᵉ siècle, Roberts montre combien finalement leur monde n'est pas pire que le nôtre : grâce au frein imposé aux progrès scientifiques par l'Église, les habitants de *Pavane* n'ont pas connu la première guerre mondiale ni les horreurs nazies !

En conclusion, le Moyen Âge est une période riche permettant de nombreuses variations uchroniques et dont les conséquences sont bien souvent vertigineuses lorsque développées jusqu'au XXᵉ siècle. La face du monde, de l'ancien comme du nouveau, est radicalement changée et les fictions qui en découlent sont très dépaysantes. Le caillou lancé dans la mare médiévale semble finalement faire de bien plus grands remous que celui lancé à l'époque romaine pourtant plus ancienne et qui souvent donne lieu à des empires romains figés et éternels.

28. Nouveau Monde : et si nos encyclopédies n'avaient pas trace d'un Christophe Colomb ?

Qu'elle soit en elle-même la divergence de l'Histoire ou qu'elle soit la conséquence d'un point de divergence plus ancien, la découverte des Amériques a énormément inspiré les uchronistes. Une approche possible des « uchronies de 1492 » peut être de les regrouper en fonction de la nature des explorateurs. Comme nous allons le voir, ce sont les Vikings et/ou les Chinois qui se taillent la part du lion de ces nouveaux territoires. On trouve, mais de manière occasionnelle, d'autres cultures. Il y a également les cas où l'Histoire ne suit pas le même cours après l'abord des côtes par Christophe Colomb. L'uchroniste peut également inverser le point de vue en faisant des civilisations précolombiennes (et le terme est de fait inapproprié) les découvreurs de l'Europe. Enfin, nous nous intéresserons aux « Amériques françaises ».

Commençons tout d'abord avec les Vikings qui avaient implanté vers l'an mil des têtes de pont au Labrador, qu'ils ont abandonnées par la suite. Arnold Toynbee, dans sa monumentale étude, imagine que les Vikings capturent Constantinople en 860, repoussent les musulmans sur les rivages de la mer Caspienne et assoient leur supériorité sur les côtes et mers européennes. Quelques temps après, ils s'implantent cette fois durablement sur les côtes nord-américaines. Toynbee s'interroge ensuite sur les limites de l'expansion qu'ils auraient pu connaître en Amérique, en Asie et en Europe, développant son propos jusqu'au début du XVe siècle. Après Toynbee, qui a une approche scientifique du thème, de très nombreux écrivains de fiction s'en sont emparés. C'est le cas de Sprague de Camp dont la nouvelle, publiée en 1940 (question précédente), a assurément influencé plus d'un auteur anglo-saxon. En France, citons Bameul qui dans deux romans raconte l'histoire du viking Arne naviguant plus au sud et entrant en contact avec les Iroquois avec lesquels il s'allie. Il les structure et les forme pour conquérir ensuite les terres chimèques, toltèques et aztèques avant de fonder un immense empire où ces cultures et la culture viking se brassent. Il faut aussi parler ici du roman d'Howard Waldrop, *Histoire d'os*, qui décrit, au XIIIe siècle, une étrange « Louisiane » où il y a des mammouths et où des Vikings font du troc avec les populations locales et connaissent ponctuellement quelques conflits avec les Aztèques. Les uchronies vikings ne sont pas que littéraires. Le module *Midgard*, du jeu de rôle *GURPS Alternate Earths II*, décrit jusque dans ses moindres détails un univers résultant de la colonisation prématurée du Nouveau Monde par les Vikings. Mentionnons enfin que récemment, en 2002, Winthrop-Young a écrit un article passionnant passant en revue un certain nombre de conquêtes uchroniques des Amériques par les Vikings.

Les concurrents les plus sérieux des Vikings sont les Chinois qui arrive(raie)nt par l'autre côte, bien sûr. Cette approche est plus récente que pour les Vikings. En 2001, dans un scénario publié dans l'anthologie uchronique de Cowley, *What If? 2*, Cook permet aux Chinois de s'établir dès 1433 sur la côte ouest. Dans une autre anthologie uchronique, publiée en 2003 et dont le thème est celui des mondes sans Internet, Roberson propose avec *O One* que Zhu Zhanji soit l'empereur de Chine deux ans plus tôt que dans notre Histoire, en 1424 donc, et qu'il promeuve ensuite l'exploration du Pacifique par ses flottes. Chez Christopher, dans le second volume de sa trilogie pour adolescents, la Californie est sous le contrôle des Chinois au XXᵉ siècle, qui commercent avec un empire Aztèque s'étendant très au nord du continent. Nous prédisons de beaux jours à l'approche chinoise des uchronies du Nouveau Monde, principalement parce qu'avec le rôle de plus en plus important que la Chine occupe sur la scène politique et économique internationale, on découvre ou redécouvre son histoire. Un essai très polémique a par exemple été un *best-seller* dans de nombreux pays. Il est signé Gavin Menzies et n'a rien d'uchronique sauf que, comme les deux uchronies cités précédemment, il reprend l'histoire des flottes des amiraux eunuques envoyées par la Chine dans les années 1420-1430, en particulier celle qui quitta l'Empire du Milieu le 8 mars 1421 et dont le voyage dura deux ans. Menzies prône la thèse selon laquelle cette flotte a fait le tour du monde, découvert l'Amérique (et l'Australie !) avant tout le monde, mais que ces découvertes sont finalement restées dans l'ombre parce qu'à leur retour au pays, l'empereur avait changé et l'isolement de la Chine était désormais de mise. Révélations époustouflantes pour les uns, vaste fumisterie pour les autres, ce livre qui est avant tout un excellent coup de *marketing* va assurément inspirer de nombreux auteurs uchronistes, voire favoriser certaines interprétations négationnistes de l'Histoire.

Avec les Vikings explorant l'Est et les Chinois ou Mongols s'établissant durablement à l'Ouest, ce qui devait arriver arriva : ils se rencontrent fatalement au milieu ! *1308-1590 America Vichinga* d'Eriksson est un livre italien, comme le nom de son auteur ne l'indique pas, bien surprenant et malheureusement inédit. On peut y lire que les descendants du fameux Erik le Rouge ont colonisé la côte est et fondé la ville de Manna Hatta (Manhattan bien sûr), qu'ensuite ils s'enfoncèrent progressivement vers l'Ouest pour voir leur avancée stoppée par les Mongols au niveau du fleuve Mississippi. Ce roman très original a en outre le mérite de présenter de fort belles illustrations intérieures telles que des miniatures à la manière ancienne ou des pseudos-peintures célébrant tel ou tel fait d'armes. Un régal pour ceux qui lisent l'italien. Un an avant Eriksson, l'auteur John Maddox Roberts avait également imaginé le contact entre les hommes du Nord et ceux des steppes (*King of the Woods*). Mais dans son roman, ce ne sont pas des Vikings conquérants mais au contraire des exilés fuyant, avec quelques Saxons, la conversion de force au christianisme.

Et les autres ? Hormis les Vikings, Chinois et Mongols, les conquérants alternatifs des Amériques se bousculent. Les Romains bien sûr qui, comme nous l'avons vu dans la question qui leur est consacrée, lorsqu'ils ont du temps devant eux, s'étendent naturellement jusqu'aux Amériques. Parfois, c'est involontaire comme cette galère qui s'échoue quarante-quatre ans avant l'avènement du Christ sur les rivages américains, permettant à la culture romaine d'avoir un deuxième foyer d'émergence (Heliot, *Reconquérants*). Il arrive également que Christophe Colomb n'ait pas les souverains catholiques comme commanditaires. Ce sont les Portugais qui le financent dans la nouvelle de la brésilienne Carla Cristina Pereira et c'est un juif de Grenade qui le soutient chez Friesner, et cela change bien des choses quand il rapporte l'or des Aztèques aux assiégés de Grenade (*Une si bonne affaire*). C'est un Napolitain qui devance Colomb sur la route des Indes dans le roman du chilien Francisco Rivas. Enfin, il y a ce roman de Vladimir Nabokov, *Ada ou l'ardeur*, qui décrit une « AntiTerre » où les Russes ont conquis le Nouveau Monde et ce groupe musical au projet hallucinant, *The Black Slavics*, créé par Thierry Van Roy, qu'il présente ainsi : « Les chants des Black Slavics sont au cœur du concept de "musique-fiction" que je développe : réécrire l'histoire, et donc créer une musique qui aurait pu exister si l'histoire l'avait décidé [...]. À la différence de la *World music* au sens général, où se rencontrent des cultures d'espaces géographiques différents, la "music fiction" joue aussi sur la notion de temps et d'histoire : *The Black Slavics music* naît de la rencontre de la culture africaine et de la culture slave, mais dans la Russie du XVIIe siècle. Peut être l'histoire des Black Slavics aurait vraiment eu lieu si Christophe Colomb et ses caravelles avaient coulé au large du Portugal et laissé les Amériques *terra incognita* » (site web du groupe).

L'uchroniste aime également inverser le contexte. Si Lesage (question 3) est certainement le premier à l'avoir fait en 1732, beaucoup ont laissé leurs chances aux civilisations autochtones américaines soit en leur permettant de découvrir l'Europe avant l'inverse, soit en les faisant contenir ou repousser les colons. Que ce soit dans *La Porte des mondes* de Silverberg ou dans *Chroniques des années noires* de Robinson, il n'y a pas trente-six manières pour affaiblir et retarder l'Europe, et permettre ce renversement de situation : la peste. Si les grandes épidémies qui ont ravagé, vers 1348, l'Europe occidentale avaient été encore plus dévastatrices, éliminant de 50 à 90 % de la population totale, les civilisations européennes auraient mis plusieurs décennies, voire quelques siècles, pour s'en remettre. Les Aztèques ou les Incas auraient pu avoir leur Colomb. Sans compter que cela aurait aussi laissé la place aux Ottomans ou aux Chinois pour s'étendre en Europe et pourquoi pas aux Amériques ! Eklund n'a pas besoin de la peste pour faire tomber l'Europe sous le joug musulman, dans *The Rising of the Sun*. Tout diverge en 732 et, en 1600, ce sont les Incas qui débarquent ! Chez Blom, les Incas ne connaissent pas la guerre civile en 1527 et défont Pizarre. Pour Clarac, c'est Cortès qui est battu par les Aztèques suite à la trahison d'un maréchal espagnol. Encore une défaite de Cortès, doublée d'une épidémie de petite vérole en Europe, chez Evans et son XXᵉ siècle devient le *Aztec Century* : formidable roman et, selon nous, celui à lire à tout prix sur le thème même si, malheureusement, il n'est toujours pas traduit. Les Amérindiens, même s'ils ne sont pas au même niveau de développement que leurs voisins du sud, tirent leur épingle du jeu chez Card (*Les Chroniques d'Alvin le Faiseur*) ou dans la bande dessinée de Baranko, *La Danse du temps*. Et pour clore cette courte revue, nous proposons la pièce de théâtre au titre suffisamment évocateur : *1492 les Gabonais découvrent l'Europe*, de Sylvain Brison.

Nous ne saurions correctement terminer d'évoquer les Nouveaux Mondes uchroniques sans parler des uchronies chères aux francophones qui imaginent que l'Amérique est restée française ou que la langue française s'est internationalement imposée. Évidemment, la question a ressurgi en 2003 avec l'émission *Et si l'Amérique était française ?* et les articles *Si Napoléon n'avait pas vendu la Louisiane aux Américains*, *Si Napoléon avait vendu la Corse* et évidemment *Rendez-nous la Louisiane !* Outre ces textes conjoncturels, le thème d'une Amérique française avait déjà amplement été abordé en uchronie en particulier par nos cousins québécois. Prenant un autre point de divergence et datant de 1943, *Lepic et l'Histoire hypothétique*, de François Hertel, raconte comment la culture française aurait pu s'imposer en Amérique du Nord « si le marquis de Montcalm (avait) triomphé de Wolfe en cette sombre journée des Plaines d'Abraham » (Hertel, 1944 : 45), en 1759 donc. La plus belle Amérique française est celle d'un inconnu, Balthazars, qui publie en feuilleton dans *Le Monde*, en 1980, un texte magnifique, *As-tu vu Montezuma ?* La Révolution républicaine a éclaté en Angleterre plutôt qu'en France. C'est George IV qui a été décapité et le roi de France, en volant au secours de son cousin, a imposé sa loi. La nouvelle est une enquête policière doublée d'un *road movie* avec, au programme, des cinéroutes (*drive-in*) projetant *Règlement de comptes à Yermenonville*, une École du service royal, sorte d'ÉNA uchronique, des pétroliers corrompus et des Montézumites révolutionnaires ! Signalons que des Anglo-Saxons ont dépeint un univers sous influence française (des masochistes ?) et c'est en *comic* : *Rex Mundi*. Et le moins qu'on puisse dire à son propos c'est que l'histoire est captivante et l'univers uchronique très intriguant. Chaque *opus* dans la version originale propose, en fin d'aventure, une page de journal quotidien uchronique extrait de cet univers où Louis XXII aidé de la sainte Inquisition règne sur la France, en 1933.

Enfin, il y a les auteurs qui préfèrent le soleil à la neige. Les canadiens Jean-Pierre April et Robert Charlebois imaginent que Jacques Cartier vogue vers le Sud plutôt qu'à l'Ouest, le premier dans sa nouvelle *Canadian dream*, le deuxième dans sa célèbre chanson *Cartier*. Et puis, et ce sera une élégante manière de conclure cette partie, il y a l'original s'adressant aux collégiens qui se dit que si les Français avaient perdu toute chance en Amérique, il leur en restait au moins une… plus tard… en Australie (Grenier, *L'Australie ? C'est une autre histoire !*).

 Comment refaire le monde de Louis XIV à 1805 ?

Que se serait-il passé *Si la Fronde avait réussi* en 1648 ? C'est sous ce titre que Georges Mongrédien, grand spécialiste de

Louis XIV, développe une uchronie. La conséquence qu'il imagine, c'est que la Fronde met fin à la monarchie absolue. À l'opposé, Gérard Klein, dans sa préface à l'édition de poche de *La Machine à différences*, imagine que la Fronde n'a pas eu lieu ou qu'elle a été « rapidement réprimée ». Il suppose ensuite que Mazarin est discrédité par ses « manigances financières » mais que le roi est épargné et « garde le contact avec l'opinion ». Il ne se lance pas non plus, sur la fin de sa vie, dans des guerres inutiles et ruineuses. De fait, sous Louis XV apparaît une forme de monarchie constitutionnelle en France. Bien gérée par Turgot, la France évite la Révolution et conserve ses territoires américains.

La période de Louis XIV est finalement l'objet de peu d'uchronies. Dartal nous apprend que celui-ci aurait dû mourir à vingt-neuf ans sans l'intervention d'une voyageuse temporelle (*Et un temps pour mourir*) mais, comme Dartal rétablit l'Histoire telle que nous la connaissons, son roman relève plus de l'Histoire secrète que de l'uchronie. Il y a également McIntyre qui dans son roman propose que la sirène existe véritablement et que l'une d'entre elles est capturée et ramenée en 1693 à Versailles. Le roi déjà âgé cherche à lui arracher le secret de l'immortalité. Et enfin, la série de *L'Âge de la déraison*, de J. Gregory Keyes, est certainement l'uchronie la plus développée de son long règne. Keyes livre là un cycle *steampunk* avant l'heure : le savant Isaac Newton découvre, en 1681, l'existence du *mercure philosophal* comme principal moteur de la force de gravité. Grâce à ce nouvel élément, lui et d'autres alchimistes parviennent à effectuer la symbiose des quatre autres, la terre, l'air, l'eau et le feu. De formidables progrès scientifiques découlent de cette découverte qui rapidement traverse les frontières. *L'éthérographe* apparaît pour faciliter les communications à distance puis des lampes alchimiques dans les villes permettent la Révolution industrielle. En outre, la vie de Louis XIV est prolongée et il se livre à une guerre titanesque contre son voisin George Ier pour le contrôle de cette nouvelle source de puissance. Keyes utilise toutes les recettes classiques de l'uchronie mettant en scène de très nombreux personnages historiques (Benjamin Franklin, le pirate Barbe Noire etc.) dans des rôles décalés et amusants. Voici donc une série de romans très exotiques et originaux dont nous ne pouvons que conseiller la lecture.

La première moitié du XVIIIe siècle n'est guère plus riche en points de divergence, du moins peut-on le constater à la faible production de fictions la concernant. *If : A Jacobite Fantasy* de Petrie traite du mouvement jacobin et d'une possible restauration des Stuart vers 1745, et c'est également le cas du roman de Stross puisque Charles Stuart, plus prudent, ne marche pas sur Londres et par cet acte déclenche toute une succession d'événements aboutissant à la conquête de la Grande-Bretagne par la France ! C'est Mauméjean qui nous offre de loin le texte le plus intéressant et le plus original. Dans son roman *La Vénus anatomique*, il revisite la France de Louis XV tout en évoquant fortement *Frankenstein* et *Les Trois Mousquetaires*. Son héros est Julien de la Mettrie, médecin éclairé, qui se rend en Prusse pour un concours d'inventions organisé par Frédéric II. Son chemin est semé d'embûches mais, avec d'autres célébrités telles que Fragonard ou Vaucanson, il va mettre tout son art au service de la fabrication d'une nouvelle Ève, sorte d'automate organique.

Mozart n'est pas épargné par les uchronistes. Il est enquêteur à Londres en 1820 à la manière d'un Holmes, dans les deux romans de Bastable où il ne décède pas en 1791. Chez Sterling et Shiner, c'est lui qui découvre le *rock and roll* (*Mozart en verres miroirs*). Enfin, le Japonais Fukuyama l'imagine au féminin dans son manga *Mademoiselle Mozart*.

Dans *L'Âge des lumières*, le britannique MacLeod exploite le même filon que Keyes, cependant il situe la découverte de la substance éther en 1768. La Révolution industrielle éclate en Grande-Bretagne un siècle plus tôt et elle est magique dans tous les sens du terme ! Gébé dessine une autre révolution dans le journal *Pilote* où il propose six planches « *spécial fardier* » qui, comme le résume Versins, repose sur l'hypothèse du « si, en 1770, le roi d'alors et ses sujets avaient fait un triomphe au fardier Cugnot, si ce succès ne s'était jamais démenti et si l'industrie du fardier avait connu un essor sans cesse croissant, si enfin on avait jugé ce véhicule tellement au point que le perfectionner ne soit jamais venu à l'idée de personne… En 1970, un milliard de fardiers rouleraient dans le monde, le "Salon 70 du Fardier" fermerait ses portes » (Versins, 1984 : 907).

Et on parvient tranquillement en 1776 et à la déclaration d'indépendance des États-Unis. Sur ce point, on ne compte plus les uchronies écrites par les Américains ! Certaines imaginent une issue pacifique avec une Amérique restant sous contrôle britannique, soit directement, soit comme *dominion* au sein d'un *Commonwealth* comme le roman de Turtledove et Dreyfuss. D'autres au contraire prévoient une guerre plus longue ou d'autres guerres au cours du XIXᵉ siècle entre la couronne d'Angleterre et son ancienne colonie, comme nous le verrons dans la question concernant ce siècle. Ces deux types d'uchronie restent souvent limités dans le temps et l'espace. Une troisième catégorie d'uchronie, plus originale, étend au reste du monde les conséquences d'une divergence au cours de l'année 1776. La série *Draka*, de l'auteur américain S.M. Stirling, qui débute par le roman *Marching Through Georgia*, présuppose qu'en « 1782, les Loyalistes fuirent la Révolution américaine ; leurs régiments, accompagnés de leurs femmes et de leurs esclaves, prirent la mer dans les ports de Savannah et Charleston. En Afrique du Sud, ils trouvèrent un nouveau foyer et bâtirent une nouvelle nation – la Domination de Draka, un empire de cruauté et de beauté, un peuple guerrier possédé par une insatiable volonté de puissance » (traduction d'Alain Huet). L'auteur, spécialiste de science-fiction militariste, développe ensuite son univers par le biais de romans, nouvelles, anthologies et des sites Internet avec moult cartes et détails. Stirling situe le début de l'action en 1942 lorsque Draka, pour asseoir sa domination mondiale, doit se débarrasser de l'Allemagne nazie, fournissant même au lecteur une chronologie détaillée des événements entre 1782 et 1942. À propos de la guerre d'Indépendance américaine, notons que la bataille de Saratoga a fait l'objet d'une attention particulière des uchronistes. Robert Sobel lui a consacré un livre hallucinant en 1973, dans lequel il décrit, sous la forme d'un manuel scolaire pour écolier, l'histoire de la Confédération de l'Amérique du Nord et des États-Unis du Mexique de 1775 à 1971 ! Cette bataille, où dans notre réalité, Gates vainquit Burgoyne le 17 octobre 1777, est également le point de départ de la génialissime uchronie napoléonienne d'H. Beam Piper. Le cas où la rébellion dite « du whiskey » a réussi aux États-Unis (en 1793) est aussi un point fort des uchronies de cette période. Charles Coleman Finlay par exemple l'imagine dans sa nouvelle *We Come Not to Praise Washington* où George Washington meurt prématurément et son successeur John Adams tente de réprimer plus durement la rébellion, ne faisant qu'envenimer les choses.

Mais avant de traiter du cas de l'Empereur, n'oublions pas 1789. Depuis qu'on écrit des uchronies, on a produit périodiquement des textes imaginant une révolution française qui échoue. Delisle de Sales dans sa *République* fut sans conteste le premier dès 1791, à en entrevoir un cours différent. Quilliet l'a réécrite complètement à la manière de Sobel, c'est-à-dire sous forme d'un manuel scolaire. Quant au critique et essayiste Joseph Altairac, il a été le premier à en étudier les textes dans un article. Il note fort à propos que « D'une façon générale, les guerres inspirent davantage les faiseurs d'uchronies, quelle que soit leur nationalité, que la Révolution, pourtant présentée comme un événement majeur et même fondamental non seulement de l'Histoire de France mais par contrecoup de l'Histoire mondiale » (Altairac, 1989 : 130). Très peu sont les auteurs, en particulier en France, à s'être intéressés à cette révolution au mode uchronique. Le fameux recueil de Squire contient une nouvelle d'André Maurois, d'abord publiée en langue anglaise avant d'être traduite l'année suivante. Il s'agit d'une parabole philosophique dans laquelle un archange fait visiter à un historien défunt la bibliothèque du Paradis qui contient les « Archives des Possibles non Réalisés ». Chaque uchronie imaginable se trouve développée là sous forme d'un livre. L'historien repère le volume intitulé « *Si Louis XVI avait eu un grain de fermeté* » qui correspond à sa spécialité et dans lequel ce roi règne jusqu'en 1820 grâce, comme on l'a déjà vu plus haut avec Gérard Klein, à une bonne gestion des finances et à des réformes essentielles de la part de Turgot.

La capture du roi à Varennes lors de sa tentative de fuite a fait l'objet de plusieurs uchronies dont *Si j'étais à Varennes* d'Albérès et *Varennes, le Roi est libre!* de La Marck. Dans la première, c'est un voyageur temporel qui empêche le maître de poste Drouet de reconnaître le souverain tandis que, dans la deuxième, publiée dans une revue royaliste, pas d'intervention extérieure mais un concours de circonstances historiques. Ce sont également des explorateurs du temps qui sont à l'origine de la divergence historique dans le chef-d'œuvre de Noël-Noël, *Le Voyageur des siècles*, que Dreville a adapté pour la télévision française avec Robert Vattier et Hervé Jolly dans les rôles principaux. Philippe d'Audigné, en explorant le passé, tombe éperdument amoureux d'une de ses aïeules, Catherine, qu'il sait devoir mourir décapitée pendant la Terreur.

Il entreprend alors de modifier l'Histoire pour la sauver en avertissant le roi Louis XVI et son entourage de la survenue prochaine d'une révolution, allant jusqu'à leur montrer des manuels d'histoire et des informations concernant certaines techniques futures. Cependant les marées de l'Histoire l'emportent et la Révolution éclate tout de même, mais en Prusse. Dans cette alternative, Louis XVI meurt en 1800 d'indigestion et ce qui doit arriver arrive, la désirée Catherine meurt en essayant une des nouvelles inventions techniques que Philippe a provoquées ! Récemment est paru un roman de Benoziglio qui explore un point de divergence inédit jusqu'alors : lors de son jugement, Louis XVI est condamné au bannissement dans le canton de Vaud, près de Berne, en Suisse. Ce ne sont qu'ennui et brimades qui l'attendent là-bas. Si on ajoute deux-trois fictions uchroniques supplémentaires et quelques scénarios à peine développés par une poignée d'historiens, la Révolution française inspire vraiment très peu, à part peut-être les comiques et les publicistes. Jean Yanne en donne une version délirante dans son film *Liberté Égalité Choucroute* où Marat n'est pas tué, prend le pouvoir et où Louis XVI s'enfuit et termine calife de Bagdad ! Quant à la marque de yaourts La Laitière, elle a produit, au début des années 2000, un spot publicitaire dans lequel on voit le peuple se diriger vers la Bastille mais, attiré en chemin par l'odeur alléchante des yaourts, il en oublie sa colère.

Si on exclut la guerre d'Indépendance américaine amplement abordée par les historiens et auteurs de fictions américains ou britanniques, on est surpris au final de constater que de 1638 à l'avènement de Napoléon, très peu d'hypothèses ont été explorées. La réponse à ce mystère nous échappe car il y a là assurément un terreau fertile pour qui a un tant soit peu de connaissances historiques et d'imagination.

Waterloo : et si Grouchy était arrivé à temps ?

Qui n'a pas entendu un jour cette question prononcée par un admirateur de l'Empire ou par un joueur de jeu de simulation stratégique ? Selon eux, si Grouchy avait progressé en marche forcée et était arrivé à temps sur le champ de bataille de Waterloo, il en aurait assurément changé le cours et évité au vicomte Cambronne de prononcer son célèbre mot. Au lieu de cela, il ignore l'ordre, reste sur place et par son inaction met un point final à l'épopée napoléonienne. Cette uchronie maintes fois rêvée par les nostalgiques, Robert Aron en a fait un livre. *Victoire à Waterloo* présente l'Empereur qui, pour tenter d'éviter l'étau qui se referme sur lui, se porte personnellement à la tête de ses troupes en lançant un retentissant « Vive la Nation ! » et c'est à ce moment-là que surgit le maréchal Grouchy, le sauveur, « débouchant au hameau de la Maison du roi » (Aron, 1937). Tout comme Geoffroy, Aron imagine ensuite que l'Empereur triomphe définitivement de ses ennemis, mais finit par s'ennuyer par manque de nouvelles conquêtes et abdique en faveur d'un régime parlementaire avant de s'exiler, de lui-même, à Sainte-Hélène ! Ce livre d'Aron a fait l'objet de plusieurs traductions à l'étranger, certaines comme en Argentine dotées d'une préface d'André Maurois, auteur et historien bien connu des amateurs d'uchronies, puisque seul Français à avoir participé à l'anthologie de Squire, en 1931, aux côtés d'un Churchill et d'un Belloc. De fait, la notoriété de cette uchronie française dépasse amplement nos frontières.

Napoléon est l'homme providentiel par excellence pour les uchronistes. Il est aux fondements du genre avec Geoffroy mais également Méry. Les écrivains français mais également francophones produisent des uchronies napoléoniennes essentiellement sur le mode des regrets. Regrets de l'absence d'une victoire française sur les britanniques et, par conséquence, d'une culture française s'imposant en particulier outre-Atlantique. Regrets d'une vente de la Louisiane. Regrets de la gloire militaire perdue de la France surtout après la piteuse campagne de 1940... Emmanuel Carrère note avec justesse dans son essai ces motivations à l'origine des uchronies sur l'Empereur : « On entre en Uchronie [...] sous l'empire d'un mécontentement [...]. Napoléon a été vaincu à Waterloo, il est mort à Sainte-Hélène. C'est intolérable – du moins l'uchroniste le pense – et nous subissons encore les conséquences de ce malheur. Il faut rectifier cette bourde de l'histoire » (Carrère, 1986 : 9). Napoléon est également un personnage privilégié de l'Histoire secrète et les romans imaginant son évasion de Sainte-Hélène pullulent. Daniel Walther a même imaginé qu'il s'en échappait, en 1817, avec l'aide de l'amiral Rubem Ouro dos Santos et qu'il rejoignait Recife. De là, incorrigible, il va se lancer à la conquête de l'Amérique du Sud avant de chuter, cette fois non à cause du froid moscovite mais d'une importante sécheresse.

Le nom de Napoléon reste dans l'imagination populaire associé à celui de la bourgade belge de Waterloo. Aron n'est pas le seul à avoir rectifié l'Histoire en 1815. Cami offre un texte hilarant où l'Empereur défait ses ennemis à Waterloo après un magistral « Crott ! » lancé par le major anglais « Cambrown » puis il a l'astucieuse idée d'interdire le port de l'uniforme dans l'armée prussienne. De fait, les Prussiens, bien connus pour aimer porter l'uniforme (!), ne supportent pas cela bien longtemps et s'engagent en masse dans l'armée française, ce qui permet à Napoléon d'asseoir définitivement son contrôle sur l'Europe. Cami développe ensuite son uchronie, narrant la fin tragique du grand homme en 1832 quand le navire sur lequel il effectue une croisière s'échoue à Sainte-Hélène, puis dans un magistral délire, décrit les règnes de Napoléon III, IV et V jusqu'en 1918. Le flamand Van Herck donne aussi dans l'uchronie comique. Avec *Caroline, Oh ! Caroline*, il nous propose une ballade dans un univers où Napoléon a gagné à Waterloo et où l'ensemble de l'Europe est sous influence française. Son action est située au XXᵉ siècle et Adolf Hitler, en mission en Amérique, trouve là l'occasion d'assouvir sa soif de pouvoir et de vengeance en devenant le chef d'une coalition hétéroclite d'amérindiens et de noirs affranchis. La couverture très réussie de ce roman montre la tête d'Adolf avec ses célèbres moustache et mèche, flanquée d'une coiffe de grand sachem et avec un os dans le nez ! On rit également aux éclats avec Rowan Atkinson (*Mister Bean*) dans l'épisode spécial *Back and Forth* réalisé pour le passage en l'an 2000 de son autre série célèbre *Blackadder*. La Vipère Noire et son imbécile d'acolyte utilisent une machine à voyager dans le temps pour récupérer différents objets historiques. Ce faisant, ils modifient sans le vouloir l'Histoire du monde et permettent la défaite de Wellington et la vision, ensuite, d'une Angleterre moderne sous contrôle politique et culturel français. L'autre grand moment de ce téléfilm est lorsque Blackadder rosse Shakespeare lui expliquant que c'est pour venger les millions d'écoliers qui vont devoir, dans le futur, étudier ses pièces ennuyeuses et, alors qu'il est plié en deux au sol, il lui assène un ultime coup de pied « pour l'interprétation de Kenneth Branagh » d'une de ses pièces ! Très british et Branagh appréciera !

Plus sérieux, Floriot reprend l'hypothèse d'une victoire à Waterloo pour la revue *Les Annales*. Jean-Pierre Marini autopublie un essai, *Comment les Français ont gagné à Waterloo*, dont le principal intérêt réside dans les nombreuses cartes uchroniques qu'il contient. L'historien militaire autrichien Herbert Zima se pose des questions : que se serait-il passé si Murat avait gagné à Tolentino ? Quelles répercussions sur la campagne de Waterloo ? Il offre une thèse stupéfiante publiée au sein d'un même volume en quatre langues différentes (italien, français, allemand et anglais). L'auteur est convaincu que si Murat avait triomphé près de Naples, le cours de la bataille de Waterloo aurait ensuite été différent. Il confronte pour le démontrer des sources anciennes de quatre nationalités.

S'il y a une uchronie napoléonienne qu'on ne peut pas qualifier de nostalgique, c'est bien celle de Raymond Iss (*Morne Plaine*). S'il met en scène une victoire à Waterloo, c'est pour mieux ensuite dénoncer le régime autoritaire et oppressant que met en place Bonaparte.

Si pour Marini, « la victoire de Waterloo était non seulement possible mais probable » (quatrième de couverture), ce n'est pas le cas de nombreux auteurs, Louis Geoffroy en tête, qui préfèrent placer le point de divergence de leurs uchronies avant 1815 pour permettre à Napoléon d'asseoir une victoire plus crédible. Geoffroy opte pour la campagne de Russie et la Berezina que son Empereur ne connaît pas. Moscou et l'Est conquis, Napoléon n'a plus qu'à se retourner contre les îles britanniques. C'est également d'une invasion de ces îles (par ballons) dont il est question dans *Pas par mer* de Morris. Autre point de divergence : *Si Nelson avait perdu la bataille de Trafalgar* de Fleuriot de Langle. Il y a également les divergences dès le début de l'épopée avec, par exemple, la prise de Saint-Jean-d'Acre en 1799. Joseph Méry, dès 1845, brode une longue nouvelle sur ce thème, mais également René Grousset ou encore récemment la série de bandes dessinées de Pécau, illustrée par Kordey (*Empire*). À l'instar d'une *Roma Æterna*, il y a ceux qui imaginent que le Premier Empire a perduré au point qu'un jour il s'étende dans les étoiles (Rheyss, *L'Apopis républicain*). On a également de nombreuses uchronies découlant de points de divergence anciens : invasion de la Russie par les Turcs, vers 1697, en faisant plus tard une proie plus facile pour Bonaparte (Pierce), absence de Révolution et donc d'Empire suite à un déroulement différent de la bataille de Saratoga (Piper), Lord Byron qui n'est pas infirme et qui capture Napoléon à Waterloo (Williams), un général Bonaparte royaliste (Erlanger), voire même un *Feld-maréchal von Bonaparte* (Dutourd). Il y a aussi le cas où Lavoisier met au point la dynamite en 1794, ce qui contribue pour beaucoup à la victoire de Waterloo (Dunyach). On peut également invoquer *L'Homme du destin*, écrit en 1935 par Benet, où Napoléon naît plus tôt que dans notre réalité, vers 1737, ou la chanson de Nicolas Peyrac qui dit : « Un jour se lève sur l'Empereur et son exil, À Sainte-Hélène, Napoléon dans sa piscine, Finit son crème bien à l'abri de Joséphine. Du bout des doigts, une Anglaise lui masse les reins, La chaîne 3 passe un film sur les Indiens. » Les uchronies sur Napoléon sont si nombreuses que nous n'aurions pas la place ici pour les passer toutes en revue. Van Herp leur a consacré un petit mais fort instructif essai et l'historien américain Jonathan North et neuf de ses collègues, une anthologie.

L'empereur lui-même serait l'auteur des réflexions uchroniques suivantes dans son Mémorial des 30-31 mars 1816 à Sainte-Hélène : « Les plus petites circonstances conduisent les plus grands événements. La faiblesse d'un capitaine de frégate qui prend chasse au large, au lieu de forcer son passage dans le port (empêcha) que la face du monde ne fût changée. Saint-Jean-d'Acre enlevée, l'armée française volait à Damas et à Alep, elle eût été en un clin d'œil sur l'Euphrate ; les chrétiens de Syrie, les Druses, les chrétiens d'Arménie se fussent joints à nous, les populations allaient être ébranlées […] J'aurais atteint Constantinople et les Indes ; j'eusse changé la face du monde ! » (Van Herp, 1984 : 11-12). Et le général Bertrand cite une seconde évocation uchronique du Petit Caporal dans ses *Mémoires* qui imagine ce que serait devenue l'Égypte sous domination française « après cinquante ans de prospérité et de bon gouvernement » (Van Herp, 1993 : 7).

Ainsi Napoléon a fait l'uchronie et l'uchronie a fait Napoléon. Les deux sont mariés pour le meilleur et pour le pire, et nul doute, pour longtemps encore…

31

Quelles autres alternatives au XIXe siècle et à la première guerre mondiale ?

La période allant de Waterloo à la capitulation de l'Allemagne en novembre 1918 est, du point de vue de l'uchronie, dominée par cinq grandes thématiques : le Far West américain et la guerre de Sécession, la première guerre mondiale, l'avènement du communisme et, enfin, et cela a fait l'objet d'une question spécifique, la période victorienne au Royaume-Uni ou du Second Empire en France, majoritairement exploitée par le courant *steampunk*. Il y a également ici ou là quelques autres événements qui ont été revisités que nous verrons en conclusion de cette réponse.

Commençons donc avec les États-Unis, ses guerres indiennes, ses légendes de l'Ouest et sa guerre civile. Et en premier, *Souviens-toi d'Alamo !* Cette bataille dont la légende doit beaucoup au cinéma a fait l'objet d'une multitude de réécritures outre-Atlantique mais, en France, c'est Christophe Lambert qui en propose pour la jeunesse une version très personnelle : le 5 décembre 1945, une patrouille aérienne décolle d'une base militaire de Floride et disparaît des radars au-dessus du triangle des Bermudes... pour se retrouver en 1836 dans le ciel d'Alamo. Après bien des péripéties et des hésitations quant à la question d'intervenir ou non dans le cours de l'Histoire, ses pilotes se trouveront engagés quand un des avions s'écrasera, tuant le général mexicain Santa Anna et faisant les affaires de Davy Crockett et de ses amis. Si le livre s'adresse avant tout à des adolescents, on peut regretter, comme souvent avec Lambert, qu'il se borne à n'être qu'un long synopsis de cinéma privilégiant les scènes de bataille et n'effleurant que superficiellement d'intéressantes perspectives historiques.

La guerre de Sécession représente pour les uchronistes américains ce que représentent les conflits du Premier Empire pour les Français. En particulier la bataille de Gettysburg a fait l'objet de tellement d'uchronies qu'elle détrône au classement celle de Waterloo. Dans sa trilogie *Stars and Stripes*, Harrison imagine que la Grande-Bretagne profite de l'incident du cargo arraisonné, le 8 novembre 1861, par un navire de guerre yankee pour déclarer la guerre à son ancienne colonie affaiblie par la guerre civile qui sévit déjà. Dans notre Histoire, c'est l'intervention pacifique du prince Albert qui a permis d'éviter cette escalade mais chez Harrison celui-ci est décédé prématurément de la typhoïde. Toujours en 1861, Robert E. Lee choisit de combattre du côté yankee et permet une victoire du Nord rapide : de fait Lincoln n'a pas besoin d'émanciper les noirs ! (Effinger) Même idée dans le roman *Terraplane* de Womack où Lincoln est assassiné en 1861 et où l'esclavagisme va, de fait, continuer plus longtemps. L'année suivante, 1862, a également ses points de divergence avec la bataille de Shiloh qui devient une victoire confédérée dans le roman de Ransom. La bataille de Shiloh est aussi le point de divergence du western dingue et magique en deux tomes de Sumner qui ressuscite les morts de la bataille de Shiloh. L'action se passe ensuite dans les années 1870. Jack Bird est shérif de *Medecine Rock* et il a maille à partir avec le général Custer et Buffalo Bill. Évidemment, c'est l'année 1863 et la bataille de Gettysburg qui sont bien souvent le tournant uchronique du conflit. Une anthologie lui est consacrée (Greenberg et Thomsen) et c'est l'objet principal du texte de Winston Churchill publié dans l'anthologie de Squire qui suppose une victoire du général Lee. C'est également le point de divergence retenu par Ward Moore pour *Autant en emporte le temps*, texte très érudit et aux nombreux clins d'œil. Gettysburg a tellement fait couler d'encre qu'il y a même un auteur italien, Prosperi, qui a écrit un roman s'intitulant *Garibaldi a Gettysburg* ! Les uchronistes américains ne limitent pas nécessairement leurs récits au conflit mais aiment à imaginer des XXe siècles si le Sud l'avait emporté. Et cela ne concerne pas uniquement la littérature ! Ainsi, le *wargame Mason-Dixon* propose de jouer la revanche du Nord sur le Sud en trois scénarios possibles : 1917, 1940 et 1995 ! Et que dire du stupéfiant téléfilm *C.S.A.* de Willmott qui se présente comme un documentaire sur la vie en Amérique confédérée de nos jours avec de vraies-fausses publicités télévisées où l'on peut apercevoir des esclaves noirs ! C'est tout le contraire chez Bisson car, dans son *Nova Africa*, il imagine que l'abolitionniste John Brown a réussi un raid libérateur d'esclaves et a déclenché une révolte massive des noirs et une guerre de Sécession qui aboutit à un monde coloré à l'inverse de celui de Willmott. Enfin n'oublions pas l'uchronie de fiction où Superman tombe sur Terre au XIXe siècle et intervient dans le conflit ! (*A Nation Divided*).

Outre la guerre de Sécession, on compte de multiples récits où la balle de Booth manque d'assassiner Lincoln en 1865. Par exemple, *What If Booth's Bullet Had Missed Lincoln* de Fadness. Par comparaison, les textes sur les guerres indiennes sont bien peu nombreux. Le roman de Martin Cruz Smith est à, tous les sens du terme, le plus coté. On trouve également un recueil de Cozort, un téléfilm de Jordan où Custer est jugé pour ses négligences après avoir survécu à *Little Bighorn* et un très intéressant roman de Fergus qui s'intitule *Mille femmes blanches* et dont la quatrième de couverture en dit presque trop : « Jim Fergus est parti d'un fait historique. En 1875, un chef cheyenne proposa au gouvernement américain [...] d'échanger mille femmes blanches contre mille chevaux [...], le but de l'opération étant de faciliter l'intégration du peuple indien à la société blanche. Comme de raison, la proposition fut jugée scandaleuse et l'échange n'eut jamais lieu. Jim Fergus [...] imagine qu'un programme secret d'échange fut entrepris malgré tout, avec un groupe restreint de femmes tirées des asiles et des prisons. » Par ailleurs, le western est souvent traité de manière loufoque avec des uchronies qui n'en sont pas réellement mettant en jeu des zombies, des vampires, de la magie indienne, voire des extraterrestres, que les amateurs appellent le *weird western* et dont l'intérêt est plus que limité.

La première guerre mondiale est bien moins revisitée que la seconde mais on constate un regain d'intérêt ces dernières années, surtout dans des essais et des jeux vidéo! Schnetzler a étudié plusieurs « et si » potentiels dans son essai sur *Les Erreurs stratégiques pendant la première guerre mondiale*. Tournier a brodé quelques lignes de développement sur « Si Guillaume II n'avait jamais songé à une quelconque hégémonie maritime, il aurait sans doute gagné la guerre de 14-18 et sauvé sa dynastie » (cité dans *Le Point* du 23 septembre 2004 : 114). Le magazine *Ça m'intéresse* s'est interrogé sur « Si Jaurès n'avait pas été tué en 1914 ». Du côté des jeux, *Ironstorm* fait durer la guerre cinquante ans de plus et *Enigma Rising Tide* voit l'Allemagne remporter la guerre, conséquence de la neutralité des États-Unis. Du côté des fictions, beaucoup de projets annoncés mais peu de réalisations récentes, si ce n'est *L'Équilibre des paradoxes* de Pagel, qui date déjà de 1999, *Tank* de Genefort et une nouvelle de Gévart. Pagel donne à lire un livre vraiment réussi avec une intrigue mêlant paradoxes temporels et journaux intimes et où Guillaume II est assassiné en 1905. Genefort fait durer le plaisir avec l'utilisation d'une bombe A sur la Lorraine en 1929 pour rompre le front. Quant à Gévart, il montre comment Adolf Hitler accède tout de même au pouvoir en 1934 et ce bien que dans son univers François-Ferdinand n'ait pas été assassiné. Les textes plus anciens ne sont pas légion non plus. Mayer avec son *Rétablissement de l'Empire d'Occident* montre comment les Allemands conquièrent l'Europe de manière pacifique et Messac, dans un *Voyage en Uchronie* datant de 1936, suppose une victoire allemande en 1918 et une révolution bolchevique qui gagne ensuite toute l'Europe. Si on ajoute à tout cela quelques nouvelles et romans anglo-saxons, dont une guerre entre l'Allemagne et les États-Unis en *1901* (Conroy), deux romans italiens traduits de Morselli et Masali, un poème d'Erich Kästner, quelques *wargames* sur cartes comme *Storm of Steel* qui propose un scénario « 1919 » ou la série *Great War at Sea* et enfin, quelques jeux, BD ou *comics* plus *weird* qu'uchroniques impliquant des zombies ou des dragons pendant le conflit, on a quasiment fait le tour du sujet.

Avec la première guerre mondiale survient la Révolution russe de 1917 et la prise du pouvoir par les bolchéviques que l'uchronie n'a pas oubliées. On ne sera pas surpris d'apprendre qu'il n'y a pas de texte soviétique en la matière. De manière générale, les Soviétiques ne produisaient pas d'uchronies. On ne plaisante pas avec les figures de la Révolution ni avec Karl Marx. Ce n'est pas le cas à l'Ouest : Chalker décrit un univers où la Russie a bien connu une révolution en 1917 mais démocratique. Karl Marx est mort en 1841. Un siècle plus tard, les Russes sont incapables de faire face au Reich. Des agents secrets remontent le temps pour éviter à Karl Marx de mourir (prématurément). La mort prématurée de Marx est également étudiée non de manière fictionnelle mais par le biais d'un essai de Minogue. À l'opposé, dans *La Longue vie des Marx*, l'espagnol Goytisolo a supposé que Karl Marx ne mourait pas en 1883 ce qui lui permet, devenu vieux, de commenter en famille et en pantoufles l'état du monde. Autre grande figure de l'URSS, Lénine s'est fait assassiner en mars 1917 en essayant de rentrer en Russie dans *Le Tombeau des lutteurs* de Fayard. Le monde de 1986 qu'elle décrit ensuite n'a pas non plus connu la prise de pouvoir nazie mais n'est pas pour autant pacifié. De même, dans *L'Historionaute*, Seabury fait assassiner Lénine par un voyageur temporel américain lors de son départ de Suisse. À son retour à son époque, en revanche, il retrouve son pays sous la botte allemande !

Lors de sa réponse au discours de Mme Hélène Carrère d'Encausse au palais de l'Institut, le 28 novembre 1991, Michel Déon s'interroge : « Lénine est mort jeune – à cinquante-quatre ans – et il est permis de se demander, après votre pénétrante analyse de son action, quel tour aurait pris sa pensée devant les réalités contraignantes et contrariantes du pouvoir » et développe ensuite son uchronie. Jean-Pierre Escande surprend en imaginant que le héros de la Révolution est resté à Paris et a fait carrière chez Gallimard comme écrivain. Dans *Back in the USSA*, la Révolution éclate mais aux États-Unis. Newman et Byrne racontent en plusieurs nouvelles l'histoire de ces États-Unis Socialistes d'Amérique. Et pour conclure avec l'avènement des Soviets, comme pour la guerre de Sécession, il y a une uchronie de fiction qui imagine que Superman a atterri en Union soviétique (*Red Son*) et devient le chantre du communisme !

Parmi les uchronies révolutionnaires de la période qui nous intéresse ici, on peut en trouver qui sont antérieures à 1917. Dans le chapitre XXII de ses *Taxis de la Marne*, Dutourd se lance dans un début d'uchronie communarde alors que Roy Lewis avec *La Véritable Histoire du dernier roi socialiste* en impose vraiment ! Les révolutions de 1848 ont réussi en Europe et c'est la doctrine socialiste qui s'est partout implantée, y compris en Angleterre qui a néanmoins conservé son roi. En 1949, Georges Akbar Ier est le dernier souverain britannique et empereur des Indes mais une contre-révolution se prépare…

Comme nous l'avons dit en introduction, si le siècle allant de 1815 à 1918 est largement dominé par les trois thématiques que nous venons de voir, on peut néanmoins trouver d'autres événements historiques revus. Outre-Manche, Lord Byron est un personnage important. On le trouve souvent dans les uchronies *steampunk* mais il est également au centre d'une uchronie historique telle que *If Byron Had Become King of Greece* d'Harold Nicolson dans le recueil de Squire. Beethoven intéresse moins les uchronistes que Mozart mais est néanmoins évoqué chez Stratmann où il compose une dixième symphonie en vivant plus longtemps. Concernant d'autres artistes, Van Gogh ne se suicide pas chez Pelchat, Rimbaud meurt en 1922 (au lieu de 1891) et Dutourd répond à *Que serait-il devenu?* Même bonus de vie pour Tchaïkovski qui émigre finalement à Hollywood dans la nouvelle *Andante Lugubre* de Malzberg.

On dispose également d'uchronies sur Victor Hugo (Millet) ou sur Napoléon III (Dansette). Qui peut le moins, peut le plus et c'est de Napoléon IV dont il est question dans la nouvelle très « art nouveau » de Sylvie Denis où le *steampunk* n'est jamais loin. Évidemment, pour la revue royaliste *Le Lys rouge*, La Marck lui préfère *L'Avènement d'Henri V*.

Pour conclure, citons pêle-mêle, *Les Lanciers de Peshawar* de Stirling dans un monde où les civilisations européennes et américaines ont été rayées de la carte, en 1878, par une pluie de météores, l'uchronie de Resnick sur Teddy Roosevelt l'Africain (*Épatant!*), le *Titanic* qui évite l'iceberg dans *Une tragédie en mer* de Debuisson, un univers sans moteur à essence imaginé par le Québécois Mehdi Bouhalassa et enfin, et heureusement dirions-nous car sinon on aurait déploré son absence, une seule (et bien courte!) uchronie où il n'y a pas d'affaire Dreyfus et où cet officier finit maréchal de France! Merci à Bernard Franck de lui avoir rendu, même uchroniquement, une carrière et des années injustement volées.

32 *Et si Hitler l'avait emporté?*

Voilà une question qui a fait et qui continue de faire couler beaucoup d'encre! Comme nous l'avons vu question 6, près du tiers des uchronies écrites présentent un point de divergence lié à la seconde guerre mondiale et, dans la très grande majorité des cas, imaginent une victoire des puissances de l'Axe. On peut distinguer trois grandes catégories parmi ces uchronies. Celles qui limitent leur propos à la période de la guerre et qui relèvent souvent du *wargame* ou du *kriegspiel*, avec description de batailles qui auraient pu être... Celles qui se situent quelques années après la fin de la guerre (dans les cas où elle se termine...) et qui ont principalement pour vocation de dénoncer le monde cauchemardesque qui aurait pu résulter d'une victoire nazie (ou japonaise). Enfin, celles qui se situent dans un futur lointain après la victoire du Reich et qui y font référence soit comme décor de fond, soit pour pratiquer l'ironie. Les textes de cette dernière catégorie sont peu courants et d'intérêt restreint. Il y a, par exemple, le cycle du *Monde de la Terre Creuse* d'Alain Paris ou la nouvelle percutante d'Andrevon, *L'Anniversaire du Reich de mille ans*. Cette courte nouvelle se situe le dernier jour de la 999ᵉ année du Reich (de mille ans). Le rêve fait par Hitler il y a très longtemps est sur le point de se réaliser et de très nombreuses fêtes sont organisées sur la planète pour le *grand* soir. Cependant « le Reich s'était refermé sur lui-même, se contentant de tourner à vide, comme une machine bien huilée, si parfaite dans son uniformité qu'elle ne peut plus rien produire. Et le temps lui aussi s'était refermé, ânonnant au seuil d'un avenir bouché. Pendant mille ans, un grand sommeil, un rêve de fer » et pendant que les descendants du Führer sont « seulement des hommes et des femmes nus jusqu'à l'âme » attendant l'aube d'un jour nouveau, arrivent une « roulotte d'une famille de tziganes [...] tirée par deux beaux chevaux pommelés » et « un homme mince et brun et une jeune fille rieuse [... récitant] tout bas le Chema Israël » (Andrevon, 1984 : 213).

Les uchronies militaires se déroulant pendant la guerre elle-même et prenant comme tournant de l'Histoire le résultat d'une bataille, la mise au point prématurée d'une technologie nouvelle, voire l'assassinat par un commando ou des putschistes d'un grand homme, situent bien souvent leur action juste après l'événement initiateur de l'uchronie. L'écrivain ou l'historien militaire imagine ensuite, au jour le jour, les conséquences de la bifurcation surtout d'un point de vue tactique, parfois stratégique. Ce sont de loin les uchronies préférées des amateurs d'engins militaires ou des joueurs de simulations historiques. Ainsi, les forums Internet français *Fantasque Time Line* ou *ATF40*, faits par des passionnés très compétents, développent plusieurs chronologies différentes !

Du côté des fictions sur papier, quelques textes sortent du lot. *L'Appel du 17 juin* d'André Costa est de ceux-là. La couverture représente le journal *L'Écho d'Alger* du lundi 22 juin 1940 titrant « La France continue la guerre », avec en dessous l'appel du maréchal Pétain et une photo du général De Gaulle passant les troupes en revue ! Le récit commence début juin 1940, avant la divergence donc. La France est attaquée sur son territoire depuis près d'un mois. La Hollande, la Belgique ont capitulé. Bientôt le gouvernement français se déplace hors de Paris devenu « ville ouverte » devant l'avancée fulgurante des panzers et l'Italie entre dans le conflit. Certains, comme De Gaulle, sachant la métropole perdue, veulent continuer la guerre depuis l'Algérie. Jusqu'à présent, Costa donne dans le roman historique mais, le 17 juin, il bascule en uchronie : « Le cabinet Pétain fut formé le 17 juin. [...] Le jugeant (Laval) trop compromettant le Maréchal parvint à l'écarter. Le général De Gaulle avait tout d'abord prévu de repartir vers la Grande-Bretagne [...] mais De Gaulle demeura à terre [...] il entendit la voix à la radio. Le Maréchal annonça qu'il faisait à la France le don de sa personne et que les combats allaient cesser. Vers 21 heures, alors que Pétain achevait de dîner au Splendid, il accepta de recevoir De Gaulle » (Costa, 1980 : 31). Et le général convainc son aîné de continuer le combat ! Pétain lance son appel du 17 juin et grâce à la flotte française, la Royale, De Gaulle fait organiser en hâte le transfert d'hommes et de matériel vers l'Afrique du Nord française pendant que la Résistance ralentit l'avancée des Allemands. Le commandement s'installe à Alger. La flotte aux ordres de Darlan est préservée d'un Mers El-Kébir. Le roman décrit ensuite de hauts faits d'armes dus à de Lattre, Leclerc, Kœnig et Noguès qui, loin d'être ridicules, font au contraire sérieusement reculer les Italiens en Afrique. Une épique bataille maritime opposant la flotte combinée anglo-française, aux ordres de Darlan, à celle de l'Italie est le point culminant du livre. Fin 1940, les actions des Français et de leurs alliés britanniques provoquent la chute de Mussolini et obligent les Allemands à réagir, et Guderian est envoyé pour essayer de mettre de l'ordre en Afrique. Le roman s'achève alors que l'URSS décide, début février 1941, d'attaquer les frontières orientales du Reich et, comble d'ironie, Hitler en est réduit à appeler au secours Britanniques et Français face à l'ogre Staline. L'uchronie de Costa est besogneuse et méticuleuse. Il conserve beaucoup de la situation et du cadre historique et développe point par point sa divergence, dont le but, nostalgique s'il en est, est de fournir une possibilité crédible et glorieuse à l'armée française et de se porter en faux contre le lieu commun qui consiste à dire qu'en 1940, la France était militairement dépassée et n'avait finalement aucune chance. André Costa s'amuse et nous avec lui !

Autre théâtre d'opération, le Pacifique, et autre régal de lecture avec *La Montagne de feu* d'Alfred Coppel. La mise au point de la bombe atomique a échoué. Le 29 février 1946, les Américains déclenchent l'opération *Downfall*, nom de code prévu pour l'invasion du Japon par les forces armées américaines. C'est (comme prévu) la plus grande opération amphibie de toute l'Histoire du monde et ce sont près de trois mille navires qui attaquent la côte Est du pays du Soleil Levant. La réaction ne se fait pas attendre et les flottes des amiraux Spruance et Nimitz ont maille à partir avec les kamikazes qui se jettent sur eux par avion ou au moyen de torpilles sous-marines. Mais bientôt, et grâce à la supériorité aérienne des escadrilles du général Curtiss LeMay, Douglas MacArthur et ses *boys* foulent le sol nippon et pénètrent plus avant. Et là, un autre cauchemar les attend : affronter des populations civiles fanatisées et prêtes à défendre mètre par mètre la mère patrie ! Fondé sur les véritables plans d'invasion, sur de nombreuses archives et témoignages, ce roman d'action qui n'oublie pas les jeux politiques dans l'ombre se dévore d'une traite et nous renseigne énormément ! Coppel, ou comment démontrer que les bombes atomiques d'Hiroshima et Nagasaki étaient peut-être bien un moindre mal. Sur le même thème, la revue *Strategy & Tactics* a sorti un numéro spécial comprenant de nombreuses études sur *Downfall* ainsi qu'un *wargame* uchronique permettant de jouer ce débarquement.

Nicolas Saudray s'inscrit également au plus près de la trame historique avec son uchronie *Les Oranges de Yalta* mais, dans son cas, le bruit des canons semble moins l'intéresser que les chuchotements des politiques ou les réactions des civils. Dans son roman, les Japonais n'ont pas attaqué Pearl Harbor mais la Sibérie orientale. Conséquence, les États-Unis ne sont pas intervenus en Europe et dès 1942, l'URSS capitule. Saudray raconte alors l'histoire du monde jusqu'aux années 1960, focalisant souvent avec humour noir et dérision sur le devenir des grands personnages de ce monde. La belle couverture montre la scène de la photo bien connue de Yalta mais modifiée : on y voit Churchill et Roosevelt dans leurs postures habituelles. Debout se trouvent Hitler triomphant et son homologue japonais. Quant à la silhouette de Staline, elle est blanche comme un fantôme ! Ce roman est à notre avis trop méconnu et c'est bien dommage car c'est assurément une des meilleures uchronies sur la période.

Avec Saudray, nous glissons vers la seconde catégorie d'uchronies, celles qui s'intéressent également à l'après-guerre et même si nous avons choisi de privilégier la qualité sur l'importante quantité et de ne donner jusqu'à présent que quelques exemples relevant de la fiction, insistons de nouveau pour dire combien il y a abondance d'uchronies militaires de 1937-1945, y compris par des chercheurs et historiens, comme ces nombreuses anthologies produites par Peter Tsouras, aux noms éclairants de *Rising Sun Victorious* ou de *Third Reich Victorious*, sans compter celles qui se restreignent à un seul événement tel que Pearl Harbor.

La collection « Anticipation » du Fleuve Noir est souvent regardée d'un air méprisant comme ne comportant que des « bouquins de quai de gare » et, pourtant, elle recèle de vrais petits bijoux comme le roman de Mazarin *L'Histoire détournée*. Le point de divergence est classique et sa crédibilité historique discutable puisque mettant en jeu des *wunderwaffen* encore plus merveilleuses que dans notre réalité mais qu'importe, l'objectif du livre est tout autre : Hitler s'est suicidé dans son bunker, le Reich semble cette fois définitivement à genou mais la bête immonde a plus d'un tour dans son sac et, le 4 avril 1945, des fusées V-6 (rappelons que les nazis se sont limités au développement des V-2 non sans peine) « atomisent » les villes de Londres, Moscou et Washington. La stupeur est grande et, face à une telle puissance, les Alliés capitulent ! Allemands et Japonais se partagent ensuite le monde. Le roman débute en avril 1989. L'oberstgruppenführer Krukemberger dispose de documents secrets tendant à prouver que leurs alliés d'hier, les Japonais, s'apprêtent à déclencher la troisième guerre mondiale en attaquant par surprise le Reich, mais ses supérieurs font la sourde oreille. Mazarin raconte ensuite le récit des trois jours qui ont vu basculer l'histoire de ce monde dans un Armageddon nucléaire fatal. On y voit les déchirements internes au Reich entre l'armée régulière et la Waffen-SS qui dispose depuis la victoire d'un royaume dans le royaume, l'État de Bourgogne. Mazarin s'amuse à montrer les éternelles tergiversations des Italiens pour choisir leur camp, ironise sur le double jeu de l'Église ou devient grave avec ce « conseil de la Résistance mondiale » qui, faute de mieux, aspire à voir les deux blocs s'affronter, espérant bâtir sur leurs ruines un monde meilleur. Quant aux rares juifs qui ont survécu dans ce monde horrible, environ cent cinquante mille, ils sont parqués sur l'île de Sainte-Hélène (hasard ?) où ils s'autoadministrent depuis 1968 (re-hasard ?). Ils sont néanmoins sous le contrôle de la dernière garnison SS dont chaque membre a le droit de tuer un juif par semaine et ce de manière arbitraire pour maintenir la terreur. Mais il y a de l'espoir quand deux jeunes parviennent à s'échapper de cette *Nouvelle-Israël* osant défier l'autorité ! Mais pour aller où ? Non, le monde décrit par Mazarin est à la hauteur de la folie de ses créateurs : les « Bourguignons » ont transformé le ghetto de Varsovie en « zoo humain » et les murs des maisons juives ont été remplacés par des vitres, ce qui permet aux Nazis d'emmener leur famille voir les « populations inférieures » ! Peut-on imaginer pire ? Le roman se termine de manière ouverte et le lecteur est libre de lui donner une touche finale optimiste ou pas.

Chez Éric Faye, le cauchemar est d'origine soviétique. Dans *Parij*, les Allemands ont réussi, lors de la contre-offensive des Ardennes fin 1944, à repousser les Alliés et à les fixer. De leur côté, les Soviétiques ont progressé à grand train et la jonction entre les armées alliées ne s'est pas faite à Berlin mais à Paris. En 1989, la même année qu'a choisie Mazarin, Paris/Parij est coupée en deux par un « mur de la honte ». À travers le quotidien d'un écrivain dissident, Morvan, passé à l'Ouest et qui essaye par tous les moyens de retrouver sa bien-aimée restée de l'autre côté, Faye s'adressant à un public français montre les difficultés, brimades, abattements qu'ont dû connaître les Berlinois de notre univers. Malheureusement, il manque à Faye, la verve d'un Mazarin ou le rythme d'un Coppel pour transformer ce bon roman en chef-d'œuvre.

En revanche, David Dvorkin fournit avec son roman *Budspy*, malheureusement inédit en France, le parfait exemple du roman uchronique original et réussi. Après la mort d'Hitler, en 1943, tué par des partisans russes alors qu'il effectuait une visite du front oriental, « Bormann a pris la direction de la politique de guerre à l'extérieur, il n'a pas pu éviter de transférer une grande partie de sa charge de travail sur Nebel [...], ce qui a provoqué l'expansion de la taille du Secrétariat et, en conséquence, la dilution de l'autorité de Bormann. Mais c'est tout de même lui qui restait au contrôle, avec l'aide de ses alliés, Keitel et Lammers, formant à eux trois le Comité des Trois [...]. Ce fut le fortuit complot raté du 20 juillet 1944 qui fournit à Nebel, soutenu par Speer et Goebbels et finalement Himmler, l'opportunité dont il avait besoin. [...] Ainsi, pendant une bonne quarantaine d'années, la nature du Reich a été définie par le national-socialisme de Kurt Nebel » (Dvorkin, 1987 :

92). Dvorkin nous invite à lire un *thriller* d'espionnage. En 1988, dans un monde où sévit une guerre froide entre les États-Unis et le Reich de Nebel, son héros Chic Western est une sorte de *007* américain avec toute la panoplie. Il travaille pour une organisation secrète, l'American Ombudsman – d'où le titre de *Bud-spy* – créée en 1957 par Joseph McCarthy. Il reçoit une nouvelle mission : se rendre à Berlin pour démasquer une taupe à l'ambassade américaine. C'est un Berlin résultant des projets de Speer qu'il découvre en endossant une nouvelle identité : Jesse Bourne (clin d'œil évident aux romans de Robert Ludlum). Là-bas, il découvre l'amour avec une collègue américaine mais également la richesse et la stabilité du Reich, qui, comparé à son Amérique appauvrie par la guerre, pleine de violences raciales, émeutes et crimes, le fascine. Dvorkin développe ensuite son intrigue : au lieu de montrer un Reich qui peu à peu va se réformer pour suivre les valeurs classiques américaines, ce à quoi on assiste habituellement dans la plupart des uchronies de l'après-guerre, Dvorkin montre, au contraire, une Amérique qui va devenir un Reich-bis et la chute du roman est décoiffante.

Nous pourrions continuer pendant de nombreuses pages à évoquer les « et si les nazis avaient gagné ». La littérature est abondante y compris dans la forme courte de la nouvelle. Les œuvres les plus connues, comme *Le Maître du haut château* de Dick, ne sont pas nécessairement les plus réussies. Et nous pourrions également invoquer ici les occurrences dans la bande dessinée, le manga, l'activité cinématographique, le jeu et même la peinture. D'ailleurs, nous donnons dans les autres parties de ce livre de nombreux exemples d'uchronies sur la seconde guerre mondiale et, dans la question suivante, nous abordons un sujet qui peut être plus sensible pour ce type d'uchronie que pour un « Et si l'Invincible Armada avait envahi l'Angleterre », celui du distinguo entre uchronie et négationnisme. En tout cas, concluons, en accord avec Carrère, en disant que nous avions dans cette question des « uchronies dont le ressort n'est pas la déception mais le soulagement rétrospectif » (Carrère, 1986 : 49).

33

En quoi l'uchronie se distingue-t-elle du négationnisme ?

Disons-le tout de suite et ne ménageons aucun suspense mal séant, l'uchronie se distingue en tout point du négationnisme. Comme l'écrivait Carrère, en 1986, dans son essai : « Si l'uchronie dédaigne les ressources pourtant nombreuses de la falsification, c'est parce que ses intentions sont plus pures, que son rêve n'est pas tant d'abolir ou de truquer la mémoire que de changer le passé. Or, on ne peut pas » (Carrère, 1986 : 39). En effet, l'uchronie revisite le passé, propose une réflexion sur l'Histoire et, à travers les alternatives possibles, les choix, le libre arbitre ou, comme Renouvier y aspirait tant, la liberté. À l'opposé, le négationnisme (trop souvent qualifié à tord de révisionnisme dans les médias), associé bien souvent à la propagande d'une thèse, nie l'Histoire pour mieux la refaire. Xavier Mauméjean a su très bien relever cette distinction. Dans son essai, *Théorie de l'inquiétude*, il précise : « Remarquons tout de suite, pour éviter les fausses querelles, que l'uchronie ne remet pas en cause le primat de l'advenu, ne cherche en aucune manière à nier l'existence du passé historique. Simplement, elle multiplie les possibles. L'uchronie affirme que ce qui existe n'épuise pas le réel. Que l'étant, ce qui est ou a été, n'est qu'une figure de l'être, à laquelle on peut rajouter d'infinies variations » (Mauméjean, 2005 : 82). Effectivement, l'auteur d'uchronie est pleinement conscient de l'Histoire ; il assume totalement sa fiction, car il s'agit bien d'une fiction. L'historien Éric Vial lève d'emblée, pour ses éventuels collègues peu familiers de l'uchronie, l'ambiguïté potentielle : « Il peut sembler paradoxal de défendre ici ce qui constitue *stricto sensu* un détournement de l'histoire. Mais ce type particulier de détournement est tout à fait avoué et ne peut se comprendre que par référence aux événements avérés, et il ne s'agit donc ni de manipuler un public ni de tricher avec les faits, mais au contraire de mettre ces derniers en relief, de réfléchir sur eux » (Vial, inédit : 1).

Dans le cas particulier de la Shoah, l'uchroniste de la seconde guerre mondiale qui imagine une victoire des nazis ne nie absolument pas les horreurs historiques avérées (et documentées) perpétrées par ces barbares. Au contraire, en situant son action dans un univers où ceux-ci ont pu pousser encore plus loin leurs atrocités, il recherche avant tout à en démontrer l'absurdité et l'ignominie. Ainsi Harris utilise un policier SS comme héros pour faire exploser de l'intérieur le système. Perrault a le même but en disséquant dans les moindres détails le système d'administration coloniale que les Nazis auraient certainement mis en place à l'Est une fois victorieux. Quant à l'écrivain-acteur Stephen Fry, il veut avant tout mettre en exergue que la barbarie nazie ne doit pas se résumer à l'action du seul chef, Hitler, mais que c'est bien un système complet, un contexte historique spécifique et un ensemble de petites actions (et de petites personnes) abjectes qui ont conduit *in fine* à tant de malheur. Fry imagine une uchronie dans laquelle Alois Hitler est stérile et de fait le petit Adolf ne vient pas au monde. Pourtant un autre *leader* encore plus charismatique survient pour mener un régime nazi à la victoire avec une solution finale bien sûr à la clef. Quant à *Rêve de fer* de Spinrad, cet « artefact uchronique » selon Saint-Gelais, il s'agit d'un « roman enchâssé… sans récit enchâssant » (Saint-Gelais, 1999 : 49). Ce livre est principalement constitué d'un roman apocryphe, *Le Seigneur du Svastika*, signé Adolf Hitler, qui aurait paru en 1954 peu après la mort de son auteur. Grâce à une courte biographie de celui-ci (on apprend ainsi qu'il a émigré aux États-Unis en 1919) et une postface d'un certain Whipple, psychanalyste de son état, étudiant les obsessions sexuelles du romancier, on en sait plus sur cet univers uchronique. Quant au *Seigneur du Svastika* (trop long à notre goût, de larges extraits auraient suffi), il permet à Spinrad un exercice de style intéressant : imaginer la science-fiction qu'un personnage tel qu'Hitler aurait pu produire : raciste, au ras des pâquerettes avec bien sûr apologie du surhomme blond et blanc !

La liste est longue de ces textes uchroniques cherchant à dénoncer les totalitarismes et autres folies de l'Histoire en leur donnant la « liberté » uchronique d'aller au bout de leurs délires. Parmi les plus notables, citons *Weihnachtsabend* de Roberts, *Complot contre l'Amérique* de Roth ou *Le Bateau de mariage* de Besnier qui, lui, traite du régime de Vichy. Ajoutons le film allemand *Nichts als die Wahrheit* dans lequel le sinistre docteur Mengele est jugé en Allemagne en 1979, le récent documentaire anglais *Hitler's Britain* ou encore l'émission parodique de télévision danoise *Die Nazitubbies* qui est un vrai-faux programme – avec des « teletubbies » à moustache et croix gammée – qui aurait pu ressembler à un programme télé pour enfants d'un Troisième Reich triomphant. Enfin, Rosenfeld est l'auteur d'une passionnante étude qui traite justement des uchronies portant sur le nazisme et l'Holocauste. Si on avait encore besoin d'une preuve pour mesurer combien l'uchronie peut permettre de combattre le totalitarisme sous toutes ses formes, remarquons avec Alexis Lecaye que ce type de régime ne porte pas l'uchronie et le jeu temporel en général dans son cœur. « Sauf un contre-exemple, la SF soviétique ignore le voyage dans le temps. Censure ou état d'esprit ? En l'absence de toute certitude, j'incline à croire que l'idéologie officielle fournit déjà un exemple trop réel de jeu avec le temps et l'histoire, en remodelant sans cesse le passé proche pour le rendre conforme aux nécessités de la pro-pagande » (Lecaye, 1981 : 149).

Toutes les uchronies n'ont pas cependant la blancheur d'âme d'un *Fatherland* ou d'un *Complot contre l'Amérique*. Certaines, sans être explicitement négationnistes, semblent véhiculer une cer-taine propagande. De fait, si on n'adhère pas aux thèses des auteurs, elles peuvent potentiellement choquer. Propagande poli-tique (selon certains) par exemple, chez un Québécois indépendan-tiste comme Denis Monière qui, avec *25 ans de souveraineté*, nous livre pourtant une intéressante réflexion sur son pays. Ambiguïté du courrier des lecteurs accompagnant le *comic* uchronique *Luftwaffe 1946*, qui fait partie de la série *Families of Altered Wars* de Nomura, et qui, de fait, rend cet auteur suspect, tout au moins de ne pas dénoncer suffisamment chez Hitler l'antisémitisme. Uchronie à scandale avec *Discours de réception* qui n'a pas laissé indifférents ceux qui l'ont lu. Son auteur, Yves Gosselin, est moins historique que littéraire. Son livre se présente comme le discours de réception d'un certain Abel Morandon à l'Académie française, en 1953, où il va occuper le siège de Louis-Ferdinand Destouches, c'est-à-dire Céline. Son discours porte sur la vie et l'œuvre de Céline, dans le contexte uchronique d'une victoire allemande en Europe. Certains y voient un second degré dénonciateur très fin, d'autres au contraire une forme d'apologie de la collaboration.

Mais, et nous finirons là-dessus, il y a malheureusement pire. Si, et nous le démontrons sans difficulté tout au long de cet essai, l'uchronie ne rime pas avec les élucubrations négationnistes de quelques tristes sires défrayant parfois la chronique, il n'en reste pas moins que certains d'entre eux peuvent détourner le procédé à leurs fins. Ainsi connaissons-nous un texte publié en son temps aux Éditions de la Table Ronde, dans lequel les Allemands remportent la bataille des Ardennes en 1944, et qui nous semble véhiculer une certaine sympathie pour le régime hitlérien, dissimulée, sans surprise, derrière un anticommunisme farouche. De même, on évitera de lire des uchronies imaginant De Gaulle mort en 1940 ou Pétain parti à Londres (et De Gaulle à Vichy) pour mieux glorifier et faire l'apologie du pétainisme. D'autant que ces textes, outre qu'ils sont nauséabonds sur le fond, sont d'une totale nullité littéraire, ce qui explique sans nul doute leurs publications à compte d'auteur (bien que nous soyons assurés que leurs auteurs ont une tout autre explication de type conspirationniste ou paranoïaque). Dans un autre genre, on a vu paraître récemment une uchronie de type « Algérie française » sérieusement revancharde.

Qu'on ne compte pas sur nous pour donner ici la référence de ces textes qui auraient mieux fait de ne jamais exister ! Ils sont une insulte au genre que nous adorons, un genre épris de liberté, d'esprit et d'honnêteté. Dieu merci, ils sont si peu nombreux au recensement que le simple fait d'en avoir parlé ici, c'est déjà leur donner une importance injustifiée. Mais que cela nous permette de mettre en garde notre lectorat sur le fait qu'il faut toujours avoir un regard critique sur les textes, spécialement lorsqu'ils abordent des périodes ou des sujets sensibles. En particulier avec l'immense « machin à compte d'auteur » qu'est Internet, capable du meilleur comme du pire, on constate régulièrement des tentatives pour glisser dans une liste bibliographique tout ce qu'il y a de plus honnête comme l'est par exemple l'article « uchronie » de l'encyclopédie en ligne Wikipédia, des références indignes. Heureusement, ces textes ne trompent pas longtemps et des amateurs éclairés veillent.

34 1945-2001 : *Est-il possible d'écrire des uchronies sur la période récente ?*

Est-il raisonnablement possible de faire de l'uchronie sur la période récente où l'on manque encore d'un certain recul pour apprécier l'importance de tel ou tel événement ? Les historiens semblent en tout cas ne pas trop s'y risquer mais, en revanche, les auteurs de fictions ne s'en privent pas.

Avec la fin de la seconde guerre mondiale, en 1945, s'ouvre une nouvelle ère sur fond de Guerre froide entre l'URSS et le monde libre. Et cette tension va pousser les deux blocs à une surenchère et à une course à l'armement et à l'espace. Aux États-Unis, on ne tarde guère, sous l'impulsion de Joseph McCarthy, à voir des communistes partout, mais que se serait-il passé si cet homme tristement célèbre n'avait pas été sénateur (Polsby)? Autre possibilité, un coup d'État communiste en France en 1948 (Jamet). L'affaire du canal de Suez, en 1956, intéresse peu de monde si ce n'est Aldiss qui imagine un magistral projet utopique au Sinaï sous l'égide de l'ONU après la crise (*Un dollar, ça vaut combien?*). La crise des missiles de Cuba, en 1962, demeure l'un des points culminants de la Guerre froide et un grand nombre d'uchronies imaginent une escalade catastrophique du conflit. Fuentes et Anthony entrevoient que les Soviétiques ont pu rendre leurs missiles opérationnels avant que les Américains ne les découvrent. Et c'est le feu nucléaire! Même Armageddon pour William Barton, Brendan DuBois, et Larry Niven, ou encore pour la française Lolita Le Namouric, une des rares non anglo-saxonnes, avec le brésilien Roberto de Sousa Causo, à s'être intéressée à ce point de divergence. La nouvelle brésilienne est plus originale que la moyenne car l'auteur suppose que le Brésil attaque le Guyana, au début des années 1960, et que les États-Unis et leurs alliés volent au secours de l'agressé pour finalement envahir le Brésil qui demande l'aide de l'URSS et la situation dégénère... Toujours à propos de la Guerre froide, on trouve des romans et *wargames* imaginant un conflit armé en Europe, comme le livre de Palmer ou le jeu de plateau *Twilight Struggle*. John Tiller propose également de nombreux logiciels uchroniques étudiant un conflit en 1985. Il existe un *comic* adapté par Mungia en film *culte*, *Six-String Samurai*, dont l'action se situe aux États-Unis quelques décennies après que ceux-ci ont été atomisés par l'URSS. Le pays est un désert. Elvis est le roi de Las Vegas mais décède. Des rockers-guerriers, dont le héros, convergent alors vers cette ville pour succéder au *King*.

L'effondrement du communisme dans la fin des années 1980 a également intéressé quelques auteurs. Almond discute d'une survivance de ce régime. Pas d'éclatement de l'URSS pour le Russe

Benilov car c'est Grigori Romanov, au lieu de Mikhaïl Gorbatchev, qui a été élu secrétaire général en 1985. Quant à Barnes, il fait mourir Boris Eltsine lors du coup d'État, non avorté cette fois, de 1991 (*Kaleidoscope Century*).

La conquête spatiale est liée étroitement d'une part à la seconde guerre mondiale et d'autre part à la Guerre froide. Alan Steele a beaucoup écrit d'uchronies sur elle. Dans *Goddard's People*, par exemple, les États-Unis démarrent, dès 1942, un projet en fuséologie dirigé par Robert Goddard pour contrer celui de bombe intercontinentale des Nazis. Le scénariste Warren Ellis donne une autre version de la conquête de l'espace dans le *comic Ministère de l'espace* : dans cette uchronie, ce sont les Britanniques et non les Américains qui se sont emparés des armes secrètes allemandes. Quant au sympathique pseudo-documentaire *The Old Negro Space Program*, disponible sur Internet, il repose sur l'hypothèse d'un programme spatial développé par la NASA avec des astronautes noirs. Dans sa nouvelle, Steven Mohan fait du programme Apollo un fiasco et l'URSS prend l'avantage. Au contraire, chez Baxter, le programme Apollo aboutit à d'autres programmes spatiaux plus ambitieux car, dans son roman *Voyage*, Kennedy a survécu pour voir l'alunissage de 1969. La NASA met le premier homme sur Mars en 1986.

JFK est indubitablement la *star* uchronique de la période moderne. Une anthologie *Alternative Kennedys* lui est consacrée par Resnick, qui contient des textes très célèbres comme *The Winterberry* de Dichario. Sa survivance a souvent une conséquence immédiate sur la guerre du Viêt Nam. Influence positive pour l'historien suédois Ohlsson pour qui JFK trouve une solution au conflit mais au contraire désastreuse chez Bormand. Rusch fait bien mourir JFK en 1963 mais c'est son frère Robert qui est élu en 1964 (*The Best and the Brightest*). Pour Shwartz, le conflit du Viêt Nam est plus meurtrier pour les Américains et c'est finalement George McGovern qui l'emporte aux élections de 1972. Changement de donne présidentielle également chez Barton car, dans *Harvest Moon*, Richard Nixon est élu dès 1960 et il lance un important programme spatial qui aboutit à l'alunissage en 1965. Nixon est de nouveau battu par McGovern, en 1972, pour Thomsen (*Paper Trail*) suite aux articles des journalistes Woodward and Bernstein qui, dans cette uchronie, ont été virés du *Washington Post* et ont pu faire éclater le scandale plus tôt ! Nixon encore, qui passe en jugement d'*impeachment* chez Tally. Nixon enfin, qui parvient à étouffer l'affaire du Watergate dans *Hail to the Chief* de Cores.

1968 est une année féconde pour les points de divergence. Le Printemps de Prague se termine mieux pour Windsor. Et si les conséquences d'un Printemps de Prague réussi avaient été si positives à l'Est qu'elles aient permis l'ouverture de l'URSS ? (Gerner).

Les protestations sociales des années 1960 sont réprimées plus sévèrement aux États-Unis et la donne politique change lors des élections de 1968 dans deux textes qui imaginent également que Robert Kennedy n'a pas été assassiné : le premier est une fiction de Cadigan et le deuxième un essai de Polsby. Sur 1968, les écrivains français ne sont pas muets. Les événements de mai 68 conduisent à une véritable révolution chez Bon et Burnier dans un petit livre rouge publié quelques mois après. Dans un texte délirant, bourré de références au milieu de la science-fiction française, l'écrivain René Durand suggère que la révolution des étudiants réussit grâce aux collaborateurs du magazine *Fiction* ! L'écrivain espagnol Jorge Semprun a également écrit un roman humoristique sur ces événements qui, chez lui, aboutissent à une véritable guerre civile en France. Dans une scène d'anthologie, Mireille Darc (ne serait-ce pas plutôt d'Arc) libère Orléans à la tête d'une compagnie de CRS !

Beaucoup moins drôle, le Proche-Orient a ses uchronies qui vont de la guerre des Six Jours (Chesnoff, Klein et Littell) à la crise des otages de Téhéran, en 1980, où Robinson dans sa *Leçon d'histoire* imagine le tournage du *remake* d'un film « classique » avec Robert De Niro qui s'intitule *Escape from Teheran*.

Concernant les années les plus récentes, on trouve en vrac une réflexion uchronique de Valéry Giscard d'Estaing sur sa défaite en 1981 (*Le Figaro et vous d'aujourd'hui* du 27 août 2007), une uchronie de Rand Lee sur la guerre des Malouines, des réflexions journalistiques sur un deuxième mandat de George Bush senior en 1992 par Maureen Dowd et un assassinat de Bill Gates au cinéma par Jack Perdue.

En France et concernant l'élection choc de 2002, on dénombre deux uchronies cyniques que sont le récit des *Cents jours* par Konopnicki et la bande dessinée *Fallait pas faire les cons*. Bien peu de chose sur la politique française récente si ce n'est Goldring et il faut aller à l'étranger pour trouver des réflexions uchroniques sur nos politiciens, comme l'essai de Criddle qui n'est pas sans défaut ni partis-pris. Peut-être finalement faut-il voir dans le roman *La Croix de ma mère*, de Gaston Bonheur, l'uchronie française la plus aboutie de la période. Bonheur offre un texte original sur une cause régionaliste : le 13 avril 1962 est proclamée la République populaire romane qui reflète une Occitanie libre, de Toulouse au Rhône, avec l'aide de l'OAS. Mais le rêve des Occitans sera de courte durée et s'arrêtera avec le siège de Carcassonne par les CRS en septembre.

L'Histoire n'est pas finie et l'uchronie non plus par voie de conséquence. On a, par exemple, déjà beaucoup écrit sur le 11 septembre 2001. Le *New York Magazine* du 21 août 2006 a ouvert ses tribunes sur le thème du « pas de 11 septembre » à plusieurs écrivains, dont Bernard-Henri Lévy qui, de loin, ne livre pas la réflexion la plus intéressante. Son texte est reparu en France. Quant au *comic DMZ*, pour *Demilitarized Zone*, qui marche très fort outre-Atlantique et dont la traduction a débuté chez Panini, le point de divergence semble bien être à *Ground Zero*.

Terminons tout de même avec un texte français qui fait, de ce qui n'est encore qu'une catastrophe potentielle, une uchronie. *La Fuite* de Xavier Froment imagine que le virus H5N1 (de la grippe aviaire actuelle) a muté en 2004 en un H5N2 et une pandémie s'en est suivie. Souhaitons que cela ne reste que de la fiction...

Comment se porte l'uchronie dans le reste de l'Europe ?

Tout au long de cet ouvrage, nous avons mentionné de nombreuses uchronies francophones en priorité, anglo-saxonnes au regard de l'importance de la production et occasionnellement d'autres nationalités quand cela semblait pertinent. Le monde entier, ou presque, écrit de nos jours de l'uchronie. Très souvent les thématiques abordées par les Allemands, Brésiliens, Russes, etc. ne diffèrent guère de celles des autres et chez eux également la seconde guerre mondiale vient bien sûr en tête. Toutefois, certains auteurs explorent des points de divergence propres à l'Histoire de leurs pays. Ce sont ces approches plus locales que nous allons parcourir dans cette question et la suivante. Commençons tout d'abord par nos voisins européens.

Les Italiens connaissent l'uchronie depuis Pignotti (1813) mais c'est surtout depuis la fin des années 1960 que paraissent régulièrement des fictions et des essais dans le domaine. Cavaterra imagine un pape noir en 1968 et, l'année suivante, Pasolini dans un poème fait une ode à Charles Martel bien anachronique. Les décennies suivantes, on écrit chez nos voisins transalpins de nombreuses uchronies divergeant pendant l'une des deux guerres mondiales. Certaines, parmi les plus récentes, présentent selon nous des arrières pensées fascisantes et nous les écartons, mais précisons que ce n'est pas le cas du texte d'Orfei qui est un roman de guerre haletant, où l'auteur, sur quelques lignes, explicite sa chronologie alternative de la Paix de Salerne, signée le 8 septembre 1943 (jour, pour nous, du limogeage de Mussolini par le roi), au Mondial de l'été 2002 au Japon et en Corée, remporté par l'Italie grâce à une victoire en finale sur l'Allemagne ! Rien de très original si on omettait de mentionner deux anthologies comprenant un grand nombre de textes aux points de divergence variés, mais portant exclusivement sur l'histoire de l'Italie ou de la Rome antique. Elles sont dirigées par Gianfranco de Turris.

En Espagne, évidemment le thème phare est la guerre civile de 1936, abordée dans un roman d'Alba ou dans une anthologie qui lui est consacrée par Julián Díez. Notons au passage que l'éditeur Minotauro qui édite cette anthologie le fait dans une collection intitulée « Uchronie » ! En outre, ce livre présente la particularité importante pour l'amateur du genre de proposer une liste bibliographique des uchronies en langue espagnole compilée par Solá. Autre anthologie capitale pour qui s'intéresse à l'histoire espagnole, celle signée VV.AA. qui étudie de très nombreux points de divergence de 1870 à l'intervention en Irak, en passant par la guerre contre les États-Unis en 1898 ou par l'ETA. La guerre de 1898 d'ailleurs a son roman (Bilbao et Sanchez-Reyes). On trouve également des approches très locales comme cette nouvelle sur l'assassinat du *leader* du parti communiste, Santiago Carillo, en 1977 qui aboutit à une nouvelle guerre civile (Marin).

Au Portugal, on peut surtout lire des uchronies en provenance du Brésil. Néanmoins, un auteur comme José Saramago, connu internationalement, a décrit une surprenante *Histoire du*

siège de Lisbonne et, très récemment, on a vu paraître une anthologie de textes réunis par Octávio dos Santos où plusieurs auteurs
se livrent à l'exercice du « et si Charles Iᵉʳ du Portugal n'avait pas
été assassiné en 1908 ».

L'Allemagne est une nation importante qui n'hésite plus à
présent à écrire des uchronies sur le nazisme, même si pendant
longtemps ce sujet a fait outre-Rhin l'objet de la plus grande retenue. *Der Consul*, écrit en 2003 par Von Ditfurth, en est un parfait
exemple : Hitler est assassiné fin 1932 puis un certain nombre de
ses acolytes subissent le même sort. L'uchronie tourne au polar
puis au *thriller*. Vivement une traduction ! L'Histoire ancienne est
également un sujet de fiction. Ainsi, Von Boeheim livre, en 1960,
un roman dans lequel l'empire des Habsbourg survit aux révolutions. Les Allemands n'ont pas peur de s'attaquer à l'histoire très
récente comme avec Hammerschmitt et son roman *Polyplay* dont
on annonce une traduction prochaine chez L'Atalante. La divergence est en 1987 et le monde décrit présente une Allemagne de
l'Est qui s'est imposée à l'Ouest. Cependant, la fin du roman
réserve une surprise que nous ne dévoilerons pas ici mais qui, pour
un puriste, suffit à retirer ce roman du corpus des uchronies. Ceux
parmi les lecteurs qui lisent la langue de Goethe se reporteront
également à l'anthologie d'essais d'historiens de Salewski ou à la
thèse d'Helbig qui est certainement l'une des premières études
d'envergure du domaine.

En allant vers le nord, on trouve aux Pays-Bas un intéressant
recueil de textes de Tais Teng, dans un univers où Christophe
Colomb a rapporté des maladies en Europe, qui ont décimé la moitié de celle-ci, laissant le champ libre outre-Atlantique aux Aztèques
et Incas et aux calvinistes hollandais qui ont bâti un immense
empire. En Norvège, ce sont deux romans qui nous interpellent. Le
premier, d'Odd Munk, est très ancien puisque datant de 1906, un
an après la dissolution pacifique de l'union entre la Norvège et la
Suède. Munk imagine qu'au contraire, cela s'est mal passé et a
abouti à une guerre. Le deuxième signé Melkior Pedersen date de
1980. Il raconte l'histoire de la République indépendante de
Bergen, de 1929 à 1972. Chez le voisin suédois, ce sont également
deux romans que nous souhaitons mettre en avant. Strömberg
imagine une Suède jamais convertie au christianisme tandis que
Bernstrup et Westerhov supposent qu'elle a été absorbée par

l'URSS en 1949. Un texte finlandais est traduit en français. Il s'agit de *Avant que l'histoire ne commence*, de Paavo Haavikko, où les communistes ont pris le pouvoir dans le pays, à la fin des années 1930. Sinon, les Finlandais sont très actifs. *Matka Neuvosto-Suomessa*, du collectif Joulukuun ryhmä, est un recueil de voyages en Finlande soviétique. Remes décrit également une Finlande sous influence des Rouges qui ont gagné la bataille de Tali-Ihantala. Niemi et Pernaa ont dirigé une anthologie récente contenant dix essais uchroniques d'historiens finlandais sur leur Histoire. Enfin, et c'est suffisamment original pour mériter d'être signalé, *Kansakunnan käännekohta* est une série télévisée réalisée par Erkko Lyytinen en 2006, estampillée 100 % uchronies finlandaises ! Le Danemark est de loin le pays du nord de l'Europe le plus productif en uchronie, en particulier sous l'influence d'historiens du crû qui affectionnent le genre, tel Rasmus Dahlberg qui a réuni dans le recueil *En Anden historie* une dizaine d'essais uchroniques sur l'histoire du Danemark. Dahlberg y aborde par exemple le cas où le Danemark ne vend pas ses possessions indonésiennes aux États-Unis en 1917. Dan H. Andersen traite de la possibilité d'un Danemark allié à la Grande-Bretagne pendant les guerres napoléoniennes, etc. Côté fictions, on peut citer la nouvelle de Jørgensen dans laquelle le Danemark conserve ses colonies et où il n'y a ni Révolution d'octobre ni guerres mondiales. Enfin, on trouve également une série de trois bandes dessinées uchroniques débutant par *1. Maj Mysteriet* et où, cette fois, la révolution communiste éclate au début des années 1920 au Danemark.

En Europe de l'Est, même si le Polonais Teodor Parnicki avait fait paraître, en 1944 à Jérusalem, son uchronie *Srebrne orly* décrivant un état polonais dès le Xe siècle, les uchronies ne commencent véritablement à percer que depuis la chute du mur de Berlin. Le roman d'un autre Polonais, Dukaj, voit les Bolcheviques intégrer la Pologne dès 1920. Le Hongrois László prend une divergence originale puisqu'il décrit un monde dans lequel l'URSS a connu une révolution informatique importante depuis la fin des années 1960. Pour le Tchèque Nesvadba, c'est en 1938 que l'Histoire diverge. Son pays n'est pas envahi par les Nazis et passe la période tranquillement ! La Slovaquie est dans le camp des vainqueurs en 1944-1945, celui d'Hitler (!) dans le roman du Slovaque Otčenáš. Il y a également cette vidéo disponible sur Internet et qui s'intitule *Imagine a World without Romania*. En Russie enfin, plusieurs textes. Le premier est un roman de Pervuhin datant de 1924 où le cosaque Yemelyan Ivanovich Pugachov prend Moscou. Le tsar Nicolas Ier est renversé par les décembristes en 1825 dans la nouvelle de Vershinin. La Russie a conquis l'Empire ottoman à la fin du XIXe siècle chez Krusanov et la Crimée d'Aksyonov est réellement une île où, depuis 1917, les Russes blancs ont réussi à tenir contre les Bolcheviques. Pour finir, Bushkov explore de nombreuses possibilités d'Histoire russe alternée dans son essai *Rossiya Kotoroi ne Bylo*.

Avant de quitter l'Europe, il ne faudrait pas oublier nos amis les Belges qui sont très actifs dans le domaine de l'Histoire revisitée. De manière générale, ils ne se différencient guère dans leur approche des écrivains français, cependant il leur arrive parfois d'explorer des points de leur Histoire locale, à l'instar de la principauté de Liège décrite par Dominique Warfa. En 1977, Wesoly évoquait un éclatement dramatique de son pays. Dans *C'est la lutte finale*, il décrivait une guerre civile sur fond de lutte des classes entre un empire flamand, le Duché de Wallonie et la « Libre Ville de Bruxelles ». La question de la partition de la Belgique est plus que jamais d'actualité comme on a pu le constater avec la politique fiction en forme de faux-journal télévisé que la RTBF a diffusé le 13 décembre 2006 et qui annonçait la déclaration d'indépendance de la Flandre. Le choc dans le pays a été presque aussi important que lorsqu'Orson Welles s'est amusé à annoncer l'arrivée des Martiens sur les ondes américaines, le 30 octobre 1938. Prenant cette hypothèse comme point de départ, l'écrivain Alain Le Bussy a fait parvenir à moult correspondants, pour ses vœux début 2007, un texte uchronique hilarant qui se passe dans une Belgique ayant éclaté en cinq nations après que la Flandre a pris son indépendance en 2006.

Ainsi donc, il se passe beaucoup de (bonnes) choses dans le domaine des uchronies chez nos voisins européens. Qu'en est-il dans le reste du monde ? C'est ce que nous allons voir dans la question suivante.

36

Les uchronies conçues sur les autres continents présentent-elles quelques particularités?

Après avoir eu un aperçu de la production européenne hors domaines français et anglo-saxons dans la question précédente, traversons à présent l'Atlantique et intéressons-nous aux uchronies canadiennes. Comme pour les Belges en fin de question précédente, il n'est pas inutile de rappeler que nous avons eu l'occasion dans d'autres parties de cet ouvrage de voir que nos cousins Canadiens francophones mettent parfois en scène une Amérique française. Nous ne reprendrons donc pas ce point ici. En revanche, il est amusant de constater que les Canadiens francophones limitent parfois le sujet de leurs uchronies à des considérations très locales. Ainsi Alain Ducharme imagine, dans *Montréal : trois uchronies*, plusieurs possibilités pour la ville de Montréal. Son premier tableau impose au lecteur de connaître la politique québécoise des années 1960-1970 afin d'en savourer toutes les allusions : le développement économique de Montréal (et par la même occasion du pays) est accéléré grâce à un maire très dynamique et très « Kennedien », Jean Drapeau. Sa seconde vision est plus accessible : un pape québécois est élu après Jean XXIII et le Québec retrouve ses démons catholiques d'antan. L'Église devient plus qu'omnipotente. Quant au dernier tableau enfin, ce n'est pas à proprement parler une uchronie mais un texte rabelaisien, sauf à le lire comme une relation de la révolution d'Octobre écrite sous Staline (autrement dit en idéalisant/déifiant tous les personnages historiques qui sont ici présentés comme des super-héros). Ducharme, lors d'une passionnante conférence donnée le 27 avril 2007 à l'université Concordia, qu'il a intitulée « La construction d'uchronies et le *zeitgeist* d'une époque : une étude pratique », a pu présenter au public la genèse de ses textes, et ainsi éclairer le Français que nous sommes sur les subtilités québécoises, pour ne pas dire montréalaises qui avaient pu nous échapper.

Autre exemple typiquement québécois, *25 ans de souveraineté. Histoire de la République du Québec* de Denis Monière sur la question du « et si le référendum de 1980 s'était conclu sur une victoire du oui » ? Enfin, il existe une anthologie de langue anglaise,

Arrowdreams, par Dupuis et Shainblum, qui présente beaucoup d'uchronies canadiennes allant de la victoire de Montcalm à des sujets plus originaux, comme avec Choi qui imagine que le constructeur canadien d'avions militaires *Avro* s'est également développé, dès les années 1950, dans l'aviation civile ou encore l'OVNI littéraire de Laurent McAllister. Sous ce symbionyme se cachent deux auteurs de talent, Joël Champetier et Jean-Louis Trudel. Le texte se présente comme un article qui analyse un feuilleton d'anticipation québécois oublié, *De Québec à la Lune*, datant du XIXᵉ siècle. L'auteur, Veritatus, y présenterait une révolte du Québec, au XIXᵉ siècle, aboutissant à son indépendance. La société en résultant aurait bien sûr comme pilier le catholicisme. Elle aurait ensuite développé le chemin de fer et connu une révolution industrielle. Au regard de la date de publication du texte, le critique (n'oublions pas que c'est une analyse) se demande ensuite s'il ne s'agit pas là de la première uchronie québécoise avant de conclure que non. Un nouvel exemple de mise en abyme du genre et, au passage, un chef-d'œuvre à lire absolument.

Passons à présent à l'Amérique latine. Yoss est un écrivain cubain dont une des nouvelles a été traduite en français. *Les Interférences* sont celles d'un téléviseur cubain qui capte des images d'un futur proche et qui permet au Cuba de Castro de connaître un essor technologique considérable. Pas grand-chose au Mexique si ce n'est la nouvelle uchronique de Chavarria et celle de Schaffler Gonzalez où Christophe Colomb, lors d'un quatrième voyage, débarque au Mexique. Le Chili nous procure un recueil très intéressant traduit en français et signé Roberto Bolaño, sorte de Kerouac d'Amérique Latine. C'est un livre stupéfiant qui se présente sous la forme d'une encyclopédie avec des biographies d'auteurs fictifs néanmoins inspirées de faits réels, prétexte pour Bolaño à dépeindre toute la cruauté du régime de Pinochet.

Quant au Brésil, nous continuons de prétendre qu'il s'agit aujourd'hui d'une nation majeure de l'uchronie. Le genre est devenu populaire là-bas avec le roman de Veiga, dans lequel le *leader* révolutionnaire Antônio Conselheiro n'est pas abattu en 1898. Ensuite, c'est surtout grâce aux fictions et aux études de Gerson Lodi-Ribeiro que l'uchronie brésilienne sort de ses frontières. Dans *Le Prix de la conscience*, Lula accède au pouvoir dès 1989 et le pays se réforme jusqu'au coup d'État de 2004. Dans une autre nouvelle,

Crimes Patrióticos, Lodi-Ribeiro explique comment le Paraguay aurait pu gagner la guerre de la Triple Alliance en 1865. Cette nouvelle se situe dans le même univers que son chef-d'œuvre, *L'Éthique d'une trahison*, dont nous ne saurions que trop recommander la lecture. Auteur d'une série d'articles sur l'uchronie pour la revue *Megalon*, il est également le co-auteur, avec Martinho, de l'anthologie *Phantastica Brasiliana* qui réunit des histoires de Brésil uchronique, dont celle de Tartari où le coup d'état républicain de 1889 a échoué et l'empire brésilien a perduré jusqu'à nos jours. Enfin, un grand nombre de textes de Lodi-Riberio relevant de l'Histoire alternative ont été réunis en recueil dans *Outros Brasis*. Sous l'impulsion d'un autre auteur, fan d'uchronie, Octávio Aragão qui est l'auteur d'une uchronie footballistique (autre spécialité brésilienne sur laquelle nous reviendrons question 46), le genre de la *Police temporelle* se développe également au Brésil avec une anthologie *Intempol*, une tentative avortée de jeu vidéo éponyme et des bandes dessinées dans le même univers telle que *The Long Yesderday*. Pour conclure sur le Brésil, on ne manquera pas de lire l'étude lumineuse d'Elizabeth Ginway.

Par comparaison, l'Océanie et l'Asie offrent bien peu de chose. C'est une Nouvelle-Zélande française que nous propose Geoff Cush avec *Graine de France*. Dans ce pays est parue une anthologie d'universitaires dirigée par Levine et on trouve son pendant en Australie (Scalmer et McIntyre). Pour l'Australie, on peut ajouter le roman de Chandler qui fait diverger l'Histoire à la fin du XIXe siècle et aboutit à une guerre du Viêt Nam où les Australiens sont impliqués à la place des Américains. Signalons également le travail acharné de John Baxter qui, dans le domaine de l'uchronie aéronautique, a publié d'innombrables livres superbement illustrés, dont un où l'Australie guerroie en Asie entre 1951 et 1975. *La Meilleure Part* est une nouvelle française de Nouvelle-Calédonie dans laquelle ses auteurs, Ohlen et Desanges, font de l'uchronie double : « uchronie politique limitée d'une part, en l'occurrence l'absence partielle de présence française dans le Pacifique Sud et ses conséquences en termes culturels ; uchronie sociétale universelle d'autre part, absence du concept même de guerre et de ses diverses manifestations » (*e-mail* à l'auteur).

En Asie, on trouve tout d'abord un superbe *manhwa* sud-coréen, *Palais*, adapté en série télévisée (*Goong*) : la monarchie coréenne a été rétablie ou n'a jamais disparu. Toujours en Corée, le film *2009 Lost Memories* se situe de nos jours en Corée, occupée par le Japon suite à l'assassinat empêché par un Japonais venant du futur d'un haut dignitaire dans les années 1920. Outre ses innombrables mangas uchroniques, ou plutôt *a-chroniques* comme dirait Olivier Paquet, tels que *Amakusa 1637* portant sur le soulèvement chrétien de 1636-1637 ou *Spirit of the Sun* où le Japon est presque rayé de la carte, le 10 août 2002, par un gigantesque tremblement de terre, on mentionne l'existence d'un roman de Yoshiaki Hiyama dans lequel le cuirassé Yamato, fleuron de la flotte, n'aurait pas été coulé. Il y a également le film *Samurai Commando 1549*, *remake* du génial *Guerriers de l'Apocalypse*, où soldats modernes et samouraïs s'affrontent. Enfin, dans un passage de *L'Éloge de l'ombre* de Tanizaki, l'auteur rêve à ce qu'aurait pu être le stylo, s'il avait été inventé par un japonais !

En Inde, une seule nouvelle à notre connaissance, écrite en anglais par Narlikar : le point de divergence se situe à la bataille de Panipat que les Marathes, soutenus par les Français, remportent contre les Afghans. Toujours à notre connaissance, rien en provenance de Chine ! Enfin Israël, où sont publiées beaucoup d'uchronies, tant en romans/nouvelles que dans ses journaux où l'on imagine bien souvent le cas où les Nazis ont gagné la guerre, à l'instar de Weinshall dès 1946. Dans un poème, Sivan imagine une Palestine sous contrôle français après la première guerre mondiale. L'essai d'Harkabi étudie l'hypothèse de l'invasion de la Syrie, après celle du Liban en 1982, par Tsahal ; Yitzhak Rabin n'est pas assassiné en 1995 chez Ziblin. Pour une vue plus large et si on lit l'hébreu, on pourra se reporter à l'article de Marcus qui passe en revue vingt et un tournants de l'Histoire hypothétique israélienne.

Notre tour du monde se termine avec l'Afrique pour laquelle, sans surprise, il n'y a rien à dire si ce n'est *Schorpioen* de Bolger qui, à défaut d'être un auteur sud-africain (puisque de nationalité américaine à notre connaissance), décrit une Afrique du Sud sans apartheid en 1986, mais où les femmes sont les esclaves des hommes !

Tous les pays partagent la même Histoire mondiale, mais la regardent selon des angles différents, un peu comme ces cartes géographiques du monde qu'on peut trouver dans les classes d'école et qui, d'un pays à l'autre, peuvent nous paraître si troublantes dès lors qu'elles sont centrées sur un autre pays que le nôtre. Même si dans cette partie nous avons passé sous silence la France, le Royaume-Uni et les États-Unis, il y a là également matière à l'uchronie locale parfois inexportable. L'Américain Jake Coyle suppose, par exemple, que le costume de Janet Jackson est cette fois bien ficelé, pendant la finale du Super Bowl 2004, et ne laisse pas entrevoir son sein droit. En voilà une uchronie intéressante !

37 *L'uchronie a-t-elle été inventée avant le thème du voyage dans le temps ?*

Historiquement, le voyage dans le temps apparaît très tôt dans la littérature de fiction. Ainsi, dans les *Memoirs of the Twentieth Century* de Samuel Madden (1733), l'auteur propose à ses lecteurs une série de lettres supposées écrites par des ambassadeurs de la couronne britannique aux quatre coins du monde, vers 1997. Le narrateur de Madden reçoit ces courriers par l'intervention d'un ange qui les lui remet. Dans sa fameuse nouvelle, *Chant de Noël*, Charles Dickens utilise le rêve ou la vision comme moyen pour voyager dans le temps. Son héros, Ebenezer Scrooge, assiste sans intervenir à différentes périodes de Noël, passées, présentes et futures. D'autres auteurs utilisent la méthode de *La Belle au bois dormant*, à savoir une sorte de sommeil suspendu ou de suspension de la vie (par voie cryogénique par exemple), pour permettre à leur personnage d'atteindre le futur sans véritablement vieillir. C'est bien sûr le cas de Louis-Sébastien Mercier et de son *An 2440* mais également de Wells dans *Quand le dormeur s'éveillera*. Son dormeur, Graham, se réveille deux cent trois ans dans le futur et son compte en banque a bien travaillé car, du fait de ses intérêts cumulés, le voilà l'homme le plus riche du monde ! Après un choc culturel bien légitime à son réveil, il réalise que les personnes en charge de sa fortune n'ont jamais imaginé son réveil. Il était devenu un dormeur légendaire et le voilà qui attise la curiosité des foules. Bientôt tenu à l'écart de tout contact avec autrui par ses proches, il est quasiment assigné à résidence. Peu à peu, il comprend que ses chargés d'affaires gouvernent en son nom le monde ! Cette dystopie permet à Wells une farouche attaque contre le système capitaliste. D'autres moyens de voyager dans le temps utilisent la magie comme *Paris avant les hommes* de Pierre Boitard où le héros est magiquement transporté à la Préhistoire. Le saut temporel peut rester sans explication comme dans le cas du *Yankee à la cour du roi Arthur* de Mark Twain.

Théophile Gautier exploite la possibilité d'une drogue permettant de voyager dans le temps (*Le Club des Hachichins*). Dans le Paris de 1845, un groupe d'artistes et d'écrivains auquel participe l'auteur se réunit régulièrement pour discuter en fumant du haschisch. Véritables voyages ou simples délires ? Edgar Allan Poe recourt au mesmérisme, théorie fondée sur le magnétisme et l'hypnose pour envoyer son héros, Auguste Bedloe, dans le passé.

Tous les procédés utilisés dans ces textes précurseurs, mais également dans des textes plus récents, relèvent plus du fantastique que de la science-fiction. Qu'il s'agisse de sommeil, de rêve, de magie ou encore de théories ésotériques, d'hypnose ou de l'influence de drogues, le voyage est souvent une conséquence imprévue et on est bien loin d'un appareillage volontairement conçu pour l'exploration d'autres époques, tel qu'Alfred Jarry s'est amusé à le décrire dans un essai où il tente, à sa manière, de palier l'absence de description de la conception d'une machine temporelle dans le roman de Wells. Il n'est pas inutile de s'attarder quelques instants sur *La Machine à explorer le temps* d'Herbert George Wells car, après lui, le thème du voyage dans le temps va vraiment prendre son essor.

Publié en 1894-1895 dans *The New Review* sous le titre de *The Time Machine : An Invention*, ce roman est le premier de Wells. Il va le révéler en tant qu'écrivain et lui donner rapidement une aura internationale en étant vite traduit et critiqué à l'étranger. Une première version en a été publiée en trois parties en 1888, sous le titre *The Chronic Argonauts* dans le journal d'école *Science School*, dont Wells était un des fondateurs. Entre 1888 et 1894, une seconde version partielle a également été publiée en magasine. Ainsi Wells a travaillé pendant plusieurs années, corrigeant et améliorant son style avant d'aboutir. L'action débute à Londres en fin de XIXe siècle et le narrateur prétend, devant ses meilleurs amis réunis, avoir accompli le premier voyage dans le temps. Il revient de l'année 802701 où il a vu une Terre bien différente de la sienne :

toute trace de civilisation industrielle semble avoir disparu et elle est habitée par une race qui se nomme les Elois, descendants directs des hommes, vivant pacifiquement de la cueillette des fruits et passant leur temps à jouer et à batifoler paisiblement dans les forêts et prairies du futur. Le monde ressemble au Paradis si ce n'est que la faune semble avoir également disparu. Cependant, la vérité est tout autre et le narrateur le découvre peu à peu. Sous terre, dans des cavernes et galeries auxquelles on accède par des puits profonds, vit une seconde espèce, les Morlocks, antithèse de la première puisque agressive, ne supportant pas la lumière et fabriquant des machines. En outre, les Morlocks prélèvent régulièrement et de manière sauvage des Elois afin de les manger, les considérant comme du bétail. Le voyageur du temps tombera amoureux d'une belle Eloi qui, malheureusement, succombera lors d'un incendie qu'il a lui-même allumé pour combattre les Morlocks et récupérer sa machine temporelle.

Le monde futuriste décrit par Wells n'est donc pas gai et le roman a été immédiatement perçu, à juste titre, comme une attaque en règle du capitalisme, combat qui tient au cœur de Wells. Même si, de nos jours, ce livre apparaît surtout comme le grand roman précurseur du voyage dans le temps, il n'en demeure pas moins qu'à l'époque de sa sortie, les commentateurs se sont surtout attardés sur la critique sociale de l'époque victorienne, mais également sur la défense des théories de l'évolution de Darwin, sur lesquelles Wells fonde ses descriptions des races à venir. Pour lui, le constat est clair : sous l'effet de l'exploitation des uns par les autres, les classes sociales les plus basses, comme celles des dirigeants, vont évoluer en s'adaptant à leur environnement et, en se projetant loin dans le futur, vont dégénérer en esclaves souterrains et bestiaux (les Morlocks) ou en jouisseurs oisifs et infantiles (les Elois). Notons, pour en terminer avec ce roman, qu'il a fait l'objet d'une suite écrite en 1979 par Jeter et considérée comme un des romans précurseurs du courant *steampunk*.

Une question taraude les spécialistes depuis longtemps : Wells est-il le premier à employer un procédé scientifique (ou pour le moins science-fictif) pour voyager dans le temps ? Edward Page Mitchell a écrit, en 1881, une nouvelle intitulée *L'horloge qui reculait*. Ce texte raconte l'histoire d'un voyage à reculons par le biais d'une horloge détraquée dont les aiguilles tournent à l'envers et qui entraîne son propriétaire dans la Hollande du XVIᵉ siècle. Page est un écrivain surprenant qui semble avoir eu beaucoup d'idées géniales à l'origine de grands thèmes de la science-fiction. Non content d'être l'auteur du premier récit de voyage dans le temps utilisant une machine, il a devancé Wells sur le thème de l'homme rendu scientifiquement invisible avec son autre nouvelle *The Crystal Man*. Il est également l'auteur de textes précurseurs sur les thèmes de « plus vite que la lumière » (*The Tachypomp*) ou encore du *cyborg* (*The Ablest Man in the World*). Page est, jusqu'à preuve du contraire, l'inventeur du thème. Jusqu'à peu, il semblait bien que Wells soit l'auteur du premier roman qui, rappelons-le, a été publié en 1888 dans sa première version. Mais depuis quelques années, certains avancent sur Internet qu'il aurait en fait été coiffé de peu par un auteur espagnol, Enrique Gaspar y Rimbau, qui a publié un an avant, en 1887, à Barcelone, un roman qui s'intitule *El Anacronópete*. D'après la description qui en est faite, l'anacronópete est une énorme boîte en acier, fonctionnant à l'électricité tout comme plein d'autres équipements mécaniques, le tout générant un fluide que l'auteur qualifie de *fluide Garcia*. Et ce fluide a pour conséquence de faire rajeunir les passagers de l'engin en les faisant voyager dans le passé. Bien que nous n'ayons pu encore lire l'ouvrage, les nombreux extraits donnés ou descriptions faites sur plusieurs sites du net ne semblent pas laisser la place au doute quant à la présence d'une machine temporelle dans ce roman. Gaspar y Rimbau, dont il est dit qu'il était un ami intime de Camille Flammarion dont l'œuvre, tout comme celle de Jules Verne, aurait pu l'influencer, est donc bien le premier, du moins en l'état des connaissances actuelles. Il n'en reste pas moins que sur le plan du retentissement international et, par voie de conséquence, de la fondation du thème du voyage dans le temps, l'influence de Wells est considérable là où le roman de Gaspar y Rimbau n'est resté connu que d'un cercle restreint d'hispanophones.

Nous sommes donc à présent en mesure de répondre à notre question : Geoffroy et Renouvier et leurs équivalents anglo-saxons ont bien jeté les fondements de l'uchronie quelques décennies avant l'« invention » du voyage dans le temps par Mitchell et Wells. Même si, comme nous l'évoquons à plusieurs reprises dans cet essai, les exemples de textes mariant voyages dans le temps et uchronies sont très nombreux, historiquement, ils n'apparaîtront qu'au XXe siècle avec l'exploitation du thème du voyage par les écrivains populaires qui vont successivement décliner le voyage à la manière de Wells (question 38), se confronter aux paradoxes qu'il génère (question 39), s'en absoudre en requérant l'existence d'univers parallèles (question 40) et par conséquence logique décrire des Terres uchroniques.

38 *En quoi le voyage vers le futur est-il différent du retour vers le passé ?*

Le voyage vers le futur débute avec les utopies, comme on a pu le voir avec le roman de Louis-Sébastien Mercier *L'An 2440, rêve s'il en fut jamais*, dans lequel un contemporain de l'auteur s'endort jusqu'en 2440 pour y découvrir à son réveil une société parfaite et juste. Un peu plus d'un siècle plus tard, l'écrivain américain Edward Bellamy écrivit également une utopie positive doublée d'un voyage dans le temps (*Cent ans après*). Son roman fut traduit dans maintes langues, enflamma les critiques et eut un écho considérable à l'époque, d'autant que Bellamy fut attaqué de toutes parts, sur sa gauche comme sur sa droite, pour sa description « socialiste » d'un monde futur pacifique. Dans ces cas comme dans bien d'autres, le voyage vers le futur est un prétexte qui permet aux auteurs de situer dans le temps et non pas sur une terre inconnue leurs utopies positives. Avec Wells, la vision du futur est bien plus noire. Il décrit sa société de l'époque victorienne, qui, si elle continue, court à sa perte. Le voyage dans le futur est ici un outil de mise en garde du lectorat.

Le voyage vers le futur est motivé essentiellement par la curiosité de découvrir ce que le monde va devenir, en particulier quand le voyageur est l'inventeur de la machine ou est doté d'un esprit scientifique. Le héros du roman des *Posthumes*, de Restif de la Bretonne, examine « en prévision de cent à cent ans, les changements qui étaient arrivés sur la face du Globe terrestre. Ils étaient prodigieux » (Versins, 1984 : 867). Chez Restif, le voyageur transfère son esprit dans le corps d'un habitant du futur. Dans sa version optimiste, le voyage permet de découvrir des avenirs radieux où les maladies sont guéries, les guerres ont disparu tout comme les famines, la justice règne, la technologie permet tout, les « voitures » volent dans les cieux, etc. En revanche, lorsque le futur est un cauchemar, le voyageur, lors de son retour à son époque de départ, peut avoir à cœur d'influer sur le cours des événements pour changer cela. En rentrant chez lui, il peut être également le germe d'une situation paradoxale.

Les motivations du voyage dans le passé sont tout autres. On ne va pas dans le passé sans une raison, un dessein particulier. Bien sûr, la curiosité peut également être une des motivations, comme dans *Paulette et Roger* de Picouly, où un enfant va observer ses parents cinq ans avant sa naissance. C'est la même curiosité qui anime le héros de *Retour vers le futur*, le premier film de la trilogie de Zemeckis, lorsqu'il va observer ses parents au début de leur fréquentation, mais la curiosité, c'est bien connu, est un vilain défaut quand celle qui va devenir sa mère tombe amoureuse de lui ! Néanmoins, dans ce film, la raison première du voyage dans le temps est, pour Marty McFly, de fuir l'Amérique reaganienne de 1985 et d'aller inciter son père, encore étudiant, à mieux réussir dans ses études.

Souvent le voyage vers le passé est effectué pour des raisons sentimentales. C'est pour revivre de doux moments avec son amour défunt que le héros du *Maître du temps*, de Cummings, revient sur ses pas. C'est également en expérimentant une méthode de voyage temporel fondée sur l'imprégnation dans une ambiance ancienne que le héros de Finney va trouver l'amour. Pourtant, au départ, son objectif était tout autre : lever le mystère entourant le suicide d'un aïeul de son amie (*Le Voyage de Simon Morley*).

Si le voyageur est lui-même historien, son but peut être simplement de se documenter sur l'époque sur laquelle il travaille (Willis). Il peut s'agir également de faire du tourisme temporel, de passer ses vacances dans le passé (Curval), voire de faire un safari et de chasser le dinosaure (Bradbury) ou encore de venir assister à un tremblement de terre célèbre (Kuttner et Moore).

Cependant, tous les voyageurs temporels ne sont pas animés de bonnes intentions. Ils peuvent aller dans le passé pour l'appât du gain, soit en investissant en bourse sur les valeurs qu'ils savent prometteuses, soit en pariant sur des résultats de courses qu'ils connaissent déjà, mais ils peuvent vouloir commettre des crimes de plus grande envergure. Chez Barbet, des voyageurs du futur se rendent à l'époque des guerres puniques pour kidnapper des enfants. Et c'est d'un vol à grande échelle dont il est question dans *Le Dernier Jour de la création*, de l'Allemand Jeschke, puisqu'il explique comment les Américains, dans le plus grand secret, retournent à la Préhistoire pour pomper et exploiter le pétrole du Moyen-Orient ! La volonté de changer l'Histoire à des fins politiques ou idéologiques est au cœur de deux romans inédits en français, *A Rebel in Time* d'Harrison et *The Guns of the South* de Turtledove : le voyage dans le temps permet aux Confédérés d'obtenir des armes automatiques et la guerre de Sécession suit un autre cours ! Signalons enfin que notre liste des motivations de retour dans le passé n'est pas exhaustive et de nombreux autres prétextes ont été exploités comme d'imaginer des « déportés du Cambrien », criminels politiques abandonnés à la Préhistoire !

Enfin, et on aurait tort de l'oublier, le voyage temporel peut ne pas avoir été souhaité par celui qui le subit. C'est ce qui arrive à ce noble chevalier du Moyen Âge et à son écuyer, transportés par magie malgré eux à l'époque moderne dans le film *Les Visiteurs*. Dans un autre film, *Idiocracy*, c'est une expérience militaire sur l'hibernation qui tourne mal et le héros, américain moyen à son époque, se réveille cinq cents ans dans le futur et découvre que l'espèce humaine est devenue totalement stupide (à force de trop de télévision et de progrès de la médecine évitant aux « abrutis » de mourir de leurs idioties !) et qu'il est en fait désormais l'homme le plus intelligent du monde ! Enfin, Andreas Eschbach propose une explication temporelle aux disparitions inexpliquées dont la presse se fait périodiquement écho dans un *thriller* époustouflant, certainement l'un des derniers romans parus à avoir su renouveler avec brio le genre. La lecture de *Jésus vidéo* est chaudement recommandée !

 Qu'est-ce qu'un paradoxe temporel ?

Selon le dictionnaire Larousse, un paradoxe, c'est un « être, chose ou fait qui paraît défier la logique parce qu'il présente en lui-même des aspects contradictoires ». Et le moins qu'on puisse dire, c'est que lorsque l'on s'amuse avec le concept du voyage dans le temps, on est très vite pris dans un tourbillon vertigineux de paradoxes temporels.

Il existe un principe en physique qui s'appelle le « principe de causalité » et qui impose que tout événement soit précédé d'une cause. Dans un écoulement linéaire du temps, du passé vers le futur, comme chacun d'entre nous le vit à tout instant, la cause précède donc naturellement la conséquence. Cependant, dès lors qu'on introduit la possibilité d'un voyage dans le temps et plus exactement d'un voyage vers le passé, donc de notre présent vers notre passé ou d'un voyageur provenant de notre futur nous visitant, ce principe de causalité peut se retrouver violé. Surtout si le voyageur intervient ou perturbe d'une manière ou d'une autre l'époque antérieure où il parvient.

Deux types de situations contradictoires, de paradoxes temporels, apparaissent alors. Par ses actions, le voyageur peut supprimer la cause d'un événement à venir ou faire en sorte de créer lui-même les causes de l'événement.

Le premier paradoxe temporel est appelé « paradoxe du grand-père ». Cette dénomination vient du roman de René Barjavel, *Le Voyageur imprudent* (datant de 1943), dans lequel l'auteur narre les aventures d'un voyageur temporel, Saint-Menoux, qui essaye à plusieurs reprises de changer l'Histoire et constate qu'à chaque fois, une force mystérieuse semble s'opposer *in extremis* à ce qu'il modifie le passé. Interloqué par ce phénomène et pour lever le doute une bonne fois pour toutes, il décide à la fin du roman de frapper un grand coup : se rendre au siège de Toulon et assassiner Napoléon Bonaparte qu'il considère comme un tyran avant que celui-ci n'entre véritablement dans l'Histoire. Mais au moment fatidique où il a le futur empereur dans son viseur et s'apprête à provoquer l'uchronie, un grognard qui passe reçoit la balle et meurt. Et cette victime n'est pas n'importe qui puisqu'il s'agit du propre ancêtre de Saint-Menoux qui participait à ce siège. Le héros disparaît alors dans le néant et toute trace de lui est effacée ! Dans l'édition de 1943, publiée en feuilleton, Barjavel n'énonce donc pas le paradoxe résumé par ces phrases :

Il a tué son ancêtre.
Donc il n'existe pas.

Donc il n'a pas tué son ancêtre.
Donc il existe.
Il a tué son ancêtre, etc.

Ce n'est que dans la réédition de 1958 qu'il les ajoute en guise de conclusion à son roman. Mais entre-temps, outre-Atlantique, d'autres ont exploité cette contradiction. Dans sa célèbre nouvelle *Un coup de tonnerre*, Ray Bradbury suppose que l'agence de voyage temporel qui organise des safaris à l'époque de la préhistoire a recours à plusieurs procédures strictes pour s'absoudre des paradoxes : les chasseurs restent sur une barge en lévitation afin de ne pas toucher le sol et abîmer les plantes ; un voyage préalable permet de repérer les sauriens malades ou âgés, sur le point de mourir de mort naturelle, et le chasseur peut ensuite faire son « carton » sur l'animal, quelques secondes avant le moment de sa disparition. Évidemment, un problème survient et un des clients de l'agence tombe de la barge et écrase un papillon préhistorique. À son retour dans le futur, son univers est tout chamboulé. Uchronie dans ce cas. Mais quand bien même les protections imaginées par Bradbury n'auraient pas été violées suite à cet accident, la situation était, de toutes les façons, paradoxale : les voyageurs respirent et brassent de l'air et qui sait si cet air qui n'aurait jamais dû être déplacé ne va pas engendrer un cyclone plus tard. Ils modifient également l'énergie du système comme un physicien pointilleux pourrait le faire remarquer d'emblée. En outre, avant de mettre au point ces procédures pour des safaris temporels sans soucis, il a bien fallu faire un premier voyage. Sans oublier toutes les bévues qui ont dû se produire fatalement lors de soucis techniques rencontrés pendant la mise au point du voyage dans le temps. Quant à la barge, en se matérialisant dans des forêts jurassiques, combien de moustiques et autres insectes a-t-elle pu perturber, sans compter les micro-organismes et autres spores dans l'air qu'elle a éradiqués.

Le lecteur pointilleux qui a un minimum de bon sens l'aura vite compris : il est parfaitement vain d'essayer de trouver des procédures, justificatifs et autres contraintes car, dès qu'il y a voyage vers le passé, il y a modification de ce passé et par voie de conséquence du futur qui va en résulter. Dans le film *Retour vers le futur*, le héros empêche la rencontre entre ses (futurs) parents. Il est le troisième enfant du couple. Lorsqu'il fait la connaissance de sa mère jeune, celle-ci tombe amoureuse de lui au lieu de son père.

Cette bêtise cause progressivement la disparition de son aîné, de la cadette et... heureusement pour lui, il corrige son histoire familiale avant de disparaître à son tour et tout revient comme avant. Ce procédé qui laisse le temps au héros de rétablir le cours normal de l'histoire amuse assurément le spectateur, surtout s'il découvre pour la première fois le concept du paradoxe, mais ne résiste absolument pas à une analyse minutieuse. Les trois enfants devaient disparaître simultanément dans le néant, comme Saint-Menoux, dès que la rencontre de papa et maman était compromise mais, avec un tel scénario, le spectateur n'en aurait pas eu pour son argent. Et que dire du film *Fréquence interdite*, excellent *thriller* au demeurant, où le héros John communique avec son père dans le passé en utilisant une radio. Il permet à son géniteur d'éviter une mort certaine. En effet, John a perdu son père alors qu'il était encore enfant. Le réalisateur montre alors qu'au fur et à mesure que John donne à son père des informations lui permettant de changer son destin, l'environnement de John se modifie immédiatement. Par exemple, lorsque son père brûle la table en bois sur laquelle repose la radio, John voit, trente ans dans le futur, une marque de brûlure se former sur la même table devant ses yeux ébahis. *Idem* pour les photos de famille qui changent à plusieurs reprises. Tous les personnages dans l'environnement de John ne semblent pas avoir conscience de ces changements. Ils évoluent comme si de rien n'était avec des souvenirs modifiés. En revanche, John a la mémoire de tous les changements. Il est le seul (avec le spectateur) conscient de ce qui arrive. Pourquoi ? Voilà qui est bien paradoxal. Poussé à l'extrême, le paradoxe du grand-père peut amener des histoires qui deviennent plus complexes qu'une famille recomposée moderne ! Langdon, le héros de la nouvelle *Un petit saut dans le passé* d'Andrevon devient ainsi son propre géniteur !

Le deuxième type de paradoxe est celui du *circuit fermé*, que certains appellent le *paradoxe de l'écrivain*. Il intervient quand le voyageur est lui-même le germe de la situation paradoxale. Imaginons un écrivain qui remonte le temps avec le livre qui l'a rendu célèbre pour le donner à son double (ou l'expédie par la *poste temporelle*). La version plus jeune de lui-même n'a plus qu'à recopier le livre. L'apparition du livre est la cause même de son existence. Autre exemple, un voyageur temporel siffle un air célèbre de Mozart sans savoir que, par hasard, le compositeur, encore enfant, joue à côté de lui. Mozart qui a l'oreille fine ne va pas oublier un tel air et va le « redécouvrir » par la suite. Cette boucle de causalité est souvent générée suite à un retour de voyage vers le futur. Dans *Interférence*, Dick envoie son personnage dans le futur. Il découvre que la Terre est remplie d'insectes géants et s'interroge sur leur provenance. À son retour dans le présent, c'est lui-même, sans le savoir, qui rapporte une larve. Le circuit fermé peut sembler de prime abord très cohérent mais en fait le paradoxe réside dans le fait que l'absence de ce bouclage de l'histoire est tout aussi cohérente : pas de voyage dans le temps, pas de larves, pas d'insectes géants dans le futur mais aucun moyen pour le personnage de le savoir. C'est tout aussi logique que l'autre possibilité et c'est là qu'apparaît la contradiction. Les exemples de circuits fermés sont très nombreux. Ils nécessitent obligatoirement l'hypothèse d'une trame temporelle unique. Pas de ramifications possibles, pas d'univers parallèles. Le voyageur crée l'Histoire. Du moins il en a l'impression car, avant son voyage, toutes les actions qu'il va accomplir dans le passé préexistent déjà, même si lui n'en a pas conscience. Et le paradoxe du circuit fermé a permis d'excellents textes. Dans *Le Dernier Jour de la création*, Jeschke explique qu'une Jeep moderne a été découverte sous Gibraltar, en 1843. Évidemment, plus tard dans le roman, un voyage dans le passé a lieu avec une Jeep qui s'égare ! Dans le remarquable *Voici l'homme* de Moorcock, le voyageur temporel, Glogauer, n'a pas d'autre choix que de devenir le Christ ! Quant à *Histoire d'os* de Waldrop, il débute avec un groupe d'archéologues qui creusent en hâte (car une crue est en cours) dans un bayou de Louisiane. Ils font une découverte incroyable : un os, et pas n'importe lequel, un os de cheval dans un tumulus funéraire inviolé datant du XIIIe siècle. C'est paradoxal car il n'y avait pas de chevaux sur le continent américain à cette époque.

Concluons cette présentation des deux types de paradoxes avant de voir dans la question suivante les solutions pour en sortir avec la série des films *Terminator*. Dans le premier *opus*, il y a paradoxe du circuit fermé, le voyageur venant du futur devenant le géniteur de celui qui l'a envoyé. Dans le second film en revanche, c'est à un paradoxe du grand-père auquel nous avons le droit : l'androïde finit par provoquer la destruction du processus supposé aboutir à sa création dans le futur. *Terminator* ou comment faire deux films sur le même scénario mais avec deux approches radicalement différentes. Un cas d'école pour qui veut enseigner les para-doxes temporels.

 Comment sortir d'une situation paradoxale?

Avant de répondre à cette question, précisons que, pour bon nombre d'auteurs, elle ne se pose même pas. Ou bien ils n'ont pas conscience du paradoxe, ou bien cela ne les gêne pas. Ils font comme l'autruche qui met la tête dans le sol pour ne pas voir le danger. C'est d'ailleurs le cas de la très grande majorité des récits de voyage dans le temps, où les personnages en provenance du futur ne sem-blent pas affectés par les changements de l'avenir résultant de leurs actions dans le passé. Dans *Terminator 2*, par exemple, l'androïde revenu dans le passé élimine la cause même de sa construction future, mais cela ne change rien pour lui. *Idem* dans le film *Timecop* ou la bande dessinée *421 : les enfants de la porte* où les héros font plusieurs aller-retour dans le passé pour modifier/corriger les évé-nements. À leur retour dans le futur, celui-ci est modifié mais pas eux. Il leur arrive même, au fur et à mesure de leurs voyages, de rencontrer leurs doubles, triples, voire plus si affinités. Or s'il n'y a qu'une seule trame temporelle, par principe de simultanéité, on est en droit de se demander pourquoi tout ce monde-là n'est pas déjà présent sur place dès le « premier » voyage?

La première solution imaginée a été de tenter d'éviter les modifications ennuyeuses de l'Histoire en les interdisant ou en les corrigeant. Des corps spéciaux ont été créés pour cela : les gardiens ou policiers du temps. C'est certainement à Poul Anderson qu'on doit, avec son recueil *La Patrouille du temps*, le livre le plus mar-quant du thème. « L'exploration du temps était déjà chose ancienne chez nous quand ils ont surgi du futur; il y avait eu des occasions sans nombre pour les sots, pour les avides, pour les fous de remon-ter le cours de l'histoire et de la mettre sens dessus dessous. Les Daneeliens n'étaient pas venus interdire les voyages temporels, [...] on fonda la Patrouille pour faire la police sur les pistes du Temps » (Anderson, 1982 : 17). Setni, le héros de Barbet, est éga-lement recruté pour stopper des malfaiteurs qui vont enlever des enfants dans l'Antiquité. Lorsque plusieurs organisations voyageant dans le temps ont des visées différentes, cela peut aboutir à des guerres temporelles. Jack Williamson, dès 1938, est le précurseur en la matière de ce genre de conflits avec *La Légion du temps*. Mais malgré tout, que l'auteur en ait conscience ou pas, qu'il ne s'en soucie pas ou qu'il tente d'y remédier, il est quasiment impossible d'éviter une situation paradoxale pour peu qu'il y ait un voyage temporel vers le passé. Il y aura toujours une faille, en particulier avec le paradoxe du grand-père car, dans le cas du circuit fermé, la boucle de causalité se suffit à elle-même.

Il n'existe donc finalement que deux solutions acceptables et crédibles. Empêcher systématiquement le voyageur temporel de modifier quoi que ce soit d'important ou avoir recours aux univers parallèles. La première, qui suppose une résistance du temps, ne tient pas longtemps à l'analyse microscopique, comme on l'a vu avec la nouvelle de Bradbury. On peut toujours éviter d'abîmer les plantes, les animaux et les insectes mais la simple apparition d'un voyageur à une autre époque en modifie sa masse, perturbe son atmosphère, sa faune microscopique, etc. En revanche, et comme nous le verrons dans la prochaine question, l'existence d'univers parallèles présente l'avantage scientifique de reporter le problème de la conservation de la masse/énergie aux bornes d'un ensemble plus vaste que l'univers, un *multivers* qui serait un espace comprenant une infinité d'univers.

On peut résumer simplement cette solution avec le schéma suivant :

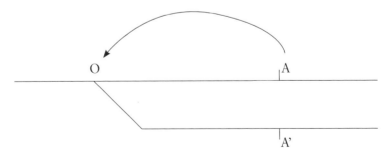

Un voyageur du temps part de A vers O dans son passé. Là il effectue quelques actions, anodines ou critiques comme de tuer son grand-père ou de donner la bombe atomique à Hitler avant sa mise au point par les Américains. À partir de là, l'Histoire diverge pour donner naissance à un nouvel univers, ramification du premier que nous faisons figurer parallèlement à l'originel. Si le voyageur retourne dans le futur résultant de sa modification, il va arriver en A' et non en A. Il découvrira un univers où on n'a jamais entendu parler de lui (sauf si sa grand-mère a finalement fauté avec un tiers, mais cela ne nous regarde pas comme on dit) ou, dans notre deuxième exemple, où Hitler a atomisé Moscou et Londres pour ne citer qu'une évolution possible parmi d'autres. Car on peut ainsi générer des ramifications à l'infini. Quant aux contemporains du voyageur vivant en A, ils constateront sa disparition à jamais de leur univers mais y demeureront, sans modification de leur passé à eux. Et la situation n'est plus du tout paradoxale !

Tout cela peut paraître théorique et austère, même avec un petit schéma, et il y a un moyen plus amusant pour digérer le principe de la génération d'univers parallèles uchroniques. Il suffit de lire *Un paysage du temps* de Gregory Benford. Comme nous allons devoir déflorer ce roman dans les lignes qui suivent, nous invitons notre lecteur qui ne l'a pas déjà lu à poser quelques heures notre livre pour se plonger dans ce pur bijou. Ce roman présente en parallèle deux trames narratives. D'un côté, nous suivons les expériences d'un groupe de scientifiques en Californie, en 1963, et, de l'autre, une équipe de physiciens dirigée par un certain Peterson dans une Terre futuriste en 1998 (le livre a été écrit en 1981). Les premiers, dont le physicien Gordon Bernstein, essayent de démontrer l'existence des tachyons, particules élémentaires prévues par la physique fondamentale et supposées remonter le temps. Leurs appareils commencent à capter des tachyons, porteurs d'un message venant de 1998 et les informant que, dans trente-cinq ans leur Terre se meurt : elle est dévastée par la pollution, l'économie mondiale est en banqueroute et surtout l'espèce humaine elle-même est menacée. Les seules denrées qui lui restent, les algues des océans, sont en voie de disparition suite à une mutation virale due à certains produits chimiques. C'est afin d'empêcher la mise au point de ces produits chimiques désastreux que les scientifiques de 1998, qui connaissent les tentatives de Bernstein en 1963, lui envoient des messages. De fait, ils modifient l'Histoire car initialement, Bernstein avait échoué en essayant vainement de détecter le moindre tachyon.

Benford nous fait suivre les difficultés qu'éprouvent Bernstein et ses condisciples à mettre au point leur expérience et à trouver des crédits mais également leurs doutes lorsqu'ils commencent à capter quelque chose. Ensuite, lorsqu'ils ont écarté le canular possible et compris les enjeux du message qu'ils reçoivent, ils décident de passer à l'action et d'alerter l'opinion publique de la menace qui guette l'humanité. Aidés par Ramsey, un chimiste, ils parviennent ainsi à reproduire les conditions de la mutation virale et en mesurent effectivement le danger. Au fur et à mesure des actions de Bernstein et des siens, on s'attend à voir le futur changer dans un sens positif, or il n'en est rien : le virus continue de se répandre de plus en plus vite, trouvant de nouveaux vecteurs. L'agriculture est bientôt touchée dans son ensemble tout comme l'eau. La situation empire. Pendant ce temps, si l'on peut dire (!), Bernstein est prêt : il publie ses résultats. Et les conséquences ne se font pas attendre. Le 22 novembre 1963, un étudiant en physique, envoyé par son professeur à la bibliothèque de Dallas pour consulter les résultats de Bernstein, perturbe la tentative d'assassinat du Président Kennedy. JFK, bien que blessé, survit à l'attentat. Un nouvel univers, divergent de celui de Peterson, naît devant les yeux du lecteur et, de manière très logique, le contact tachyonique observé par Bernstein cesse immédiatement et définitivement. Le livre se conclut alors sur deux visions. Le monde originel de 1998 en train de s'éteindre où cependant, Benford conserve une note optimiste puisque Peterson rejoint une retraite préparée à l'avance, sans savoir que, juste avant que l'électricité soit coupée, un de ses collègues physiciens capte sur leur appareil un message tachyonique en provenance de 2349 ! Quant au chapitre final, il évoque l'évolution du nouvel univers : en 1974, Bernstein reçoit le prix Enrico Fermi des mains du président William Scranton, qui vient de battre à la course à la présidence Bobby Kennedy ! Ainsi, « [n]ul, dans l'un ou l'autre univers, ne pouvait penser que le monde où il vivait était paradoxal. »

41

Un peu de physique : quid *des fondements scientifiques des univers parallèles et du voyage dans le temps ?*

Loin de nous l'envie, dans cet essai, de nous lancer dans un long exposé des diverses théories scientifiques à propos des univers parallèles, du voyage dans le temps ou de la notion de boucle temporelle. Concernant les univers cependant, il nous semble important de préciser ce qu'est la théorie d'Everett et qui était Hugh Everett. Il est souvent fait référence, dans les études portant sur les fictions qui utilisent des univers parallèles, à l'influence de cette théorie sur les écrivains du genre et sur la notion de *multivers*.

Hugh Everett III est né le 11 novembre 1930 aux États-Unis. Après de brèves études en génie chimique, il se tourne vers les mathématiques puis la physique à l'université de Princeton, où il rencontre le célèbre physicien Niels Bohr. Il y prépare une thèse de doctorat sous la direction de John Wheeler, qu'il soutient en avril 1956. Dans la prolongation de cette thèse paraît, en 1957, un article cosigné Everett et Wheeler qui présente ce qu'on nommera ensuite l'interprétation d'Everett, à savoir une théorie des mondes multiples en physique. Everett se tournera ensuite vers l'enseignement des mathématiques et sera célèbre pour ses « multiplicateurs de Lagrange », qui lui permettront de fonder sa société et de travailler sur des applications concrètes pour l'industrie de la défense, avec des études portant, par exemple, sur l'optimisation du nombre de morts lors d'une attaque nucléaire ! Vers la fin des années 1960 et le début des années 1970, tout en continuant les mathématiques appliquées, il s'intéresse également à l'informatique. Pendant la vingtaine d'années qui s'écoule après sa publication de 1957, il a donc pris ses distances avec les univers multiples. John Wheeler, quant à lui, au départ sceptique sur le fond de la thèse de son étudiant, continue ses travaux et publie toute une série d'articles qui aboutissent au fait, que, vers 1976-1978, la communauté scientifique va (re)découvrir leur théorie et c'est à ce moment-là qu'Everett et Wheeler vont réellement devenir célèbres. Everett décède en 1982 des suites d'une crise cardiaque.

L'hypothèse d'Everett repose sur l'interprétation du rôle de la fonction d'onde en mécanique quantique. Pour lui, elle décrit la réalité. Deux états simultanés de cette fonction décriraient donc deux réalités parallèles, ou deux réalités dans deux univers parallèles. Leur parallélisme devrait rendre le passage (la communication) de l'une à l'autre impossible. En fait le terme « parallèle » est inapproprié car, si de tels univers divergent, il ne demeure pas moins qu'ils ont au moins un point commun dans leur passé. En mécanique quantique, un objet peut avoir plusieurs états au même instant résultant des probabilités de chacun d'entre eux. Ainsi le chat de la fameuse expérience de Schrödinger, qui est enfermé dans une boîte opaque, peut être dans un « état mort » ou un « état vivant ». Tant que personne n'ouvre la boîte pour vérifier ce point, le chat est virtuellement dans ces deux états en même temps. En revanche, une fois la boîte ouverte et l'état du chat constaté (mesuré), il est figé. Admettons qu'on le voit « vivant », le chat continue alors sa vie dans un univers qui correspond à cet état et qui diverge à jamais de celui qui aurait résulté d'un « chat mort ». Dans le *multivers*, ces deux univers et une infinité d'autres coexistent, et certains ont des passés en commun puisque chaque particule élémentaire à chaque instant peut avoir plusieurs états simultanés et donc créer plusieurs univers correspondant à chaque état. Une ramification à l'infini... On imagine aisément que ce concept scientifiquement difficile mais explicable par des images simples ait emballé les écrivains de fiction, et en particulier de science-fiction, et qu'après la publication de 1957, leur imagination fertile ait permis la production de nombreux textes, uchroniques ou pas, mettant en jeu des univers parallèles. On lira, par exemple, le célèbre roman de Pohl, *L'Avènement des chats quantiques*. De nos jours, la théorie d'Everett et Wheeler n'est plus la seule à permettre des univers « parallèles » ou divergents. Andrei Sakharov a imaginé, en 1967, un univers « miroir » ou « négatif » du nôtre, composé d'antimatière et en fiction cet anti-univers a souvent été utilisé dans les *comics*.

La possibilité de passer d'un univers à un autre relève toujours plus de la science-fiction que de la science. Certains physiciens ont imaginé des « ponts » ou des « tunnels ».

Depuis la théorie de la relativité restreinte d'Einstein en 1905, on sait que le temps n'est pas absolu. Deux événements peuvent paraître simultanés pour un certain observateur, mais ne plus l'être pour un autre qui se trouverait en translation à vitesse constante par rapport au premier. En outre, Einstein a postulé que rien ne peut se déplacer plus vite que la lumière. Une des conséquences de sa théorie c'est que plus un objet se déplacerait vite, plus le temps s'écoulerait lentement pour lui et ceci a été illustré de manière spectaculaire par Langevin et son fameux *paradoxe des jumeaux* : un des frères reste sur Terre et l'autre fait un aller-retour de deux ans à vitesse très élevée (proche de la lumière) dans l'espace. À son retour, le voyageur aura vieilli de deux ans. Son frère en revanche sera certainement un vieillard, voire décédé. Einstein compléta ensuite sa théorie, en 1916, avec la notion d'espace-temps et de courbure de celui-ci au voisinage d'une masse. Lorsque la masse est énorme, elle peut trouer l'espace-temps et donner un trou noir. Stephen Hawking a imaginé que ces trous noirs pouvaient être des tunnels à partir desquels de la matière-énergie de notre univers s'échapperait. À l'autre bout, cette matière-énergie jaillirait d'une fontaine dans... un autre univers. Ce passage, appelé *trou de ver* ou *pont d'Einstein-Rosen-Podolski*, serait donc la solution pour passer d'un univers à l'autre et c'est la solution utilisée par les héros de la série *Sliders*. Mais ce n'est pas si simple scientifiquement. Ces trous de vers seraient microscopiques (donc difficile d'y glisser un humain dans un vaisseau) et les énergies et pressions en jeu rendraient ce voyage périlleux. Le physicien Roy Kerr a imaginé que ces trous noirs étaient en rotation et a démontré ainsi la possibilité théorique d'y pénétrer. La solution ? Non, car entre l'entrée et la sortie, la différence de vitesse est proche de la lumière et donc le temps s'écoule différemment à un bout et à l'autre du pont. Théoriquement, le trou de ver permettrait donc d'accéder à d'autres univers ou, si le trou dispose d'une entrée et d'une sortie dans le même univers, à voyager dans le temps.

Mais s'il est possible de voyager dans le temps et si un jour un scientifique va enfin mettre au point le procédé, pourquoi ne sommes-nous pas entourés d'une multitude de nos descendants venus nous rendre visite ? Cette question et sa contraposée est l'objection majeure de bon nombre de physiciens qui considèrent qu'on tient là la preuve de l'impossibilité du voyage dans le temps ou bien, s'il est un jour rendu possible, de l'incapacité à remonter plus tôt que la date de sa mise au point. Même si certains auteurs se sont amusés à construire une machine à voyager dans le temps ou un vaisseau pour passer les trous de ver, il semble bien que tout

185

ceci demeurera théorique encore longtemps. Dans un article du numéro *Spécial Einstein*, de mars 2008, de la revue *Discover*, Michio Kaku commence par expliquer qu'en 1997, Bernard Kay et Marek Radzikowski, de l'université de York en Angleterre, et Robert Wald, de l'université de Chicago, ont montré que le voyage dans le temps était compatible avec toutes les lois connues de la physique sauf une, à l'entrée d'un trou de ver. Il affirme qu'ici précisément, la théorie d'Einstein s'efface devant la mécanique quantique qui s'applique au niveau subatomique : « Le problème est que lorsque nous essayons de calculer les effets des radiations, quand nous entrons dans une machine à voyager dans le temps, nous devons aboutir à une théorie qui combinerait la théorie générale de la relativité d'Einstein avec la théorie quantique des radiations. Et quand nous tentons naïvement de le faire, la théorie qui en résulte n'a pas de sens. [...] Ainsi la clef pour comprendre le voyage dans le temps est de comprendre la physique de l'horizon (du trou noir), et seule une théorie du tout qui unirait la relativité d'Einstein et le domaine quantique pourrait l'expliquer. » La conclusion de l'auteur est donc que pour savoir si les nombreuses machines de science-fiction sont possibles ou pas, il faut attendre que les physiciens développent une théorie de l'univers qui transcende celle d'Einstein...

Le retour dans le passé, comme on vient de le voir, n'est pas aisé en physique et suppose des conditions cosmiques précises induisant des effets néfastes sur le voyageur. Pour faire plaisir à Barjavel, il semble bien que tout est construit pour empêcher le retour en arrière et la modification du passé. Rappelons que nous n'avons pas recherché ici l'exhaustivité et nous n'avons pas parlé, par exemple, de la théorie des cordes, des univers multi-domaines et autres multivers au sens d'Ellis et Kirchner, de la théorie des univers-bulles, etc. Et nous renvoyons le lecteur intéressé aux innombrables articles et études à ce sujet dans les journaux scientifiques ou de vulgarisation, ainsi que sur les nombreuses présentations disponibles sur Internet auprès d'encyclopédies en ligne, de sites universitaires ou de banques de données scientifiques. Quel que soit l'avancement de la science à la date, la conclusion est claire : nous ne sommes pas près, semble-t-il, de voyager dans des univers parallèles ou de remonter le temps (car pour ce qui est de le descendre, il suffit de se laisser vivre).

Comment voyager entre les mondes parallèles ?

Que l'accès aux mondes parallèles ne soit pas concevable facilement en science n'a pas empêché les écrivains d'inventer de multiples moyens fictifs pour y envoyer leurs personnages. Que le monde d'arrivée soit une Terre parallèle uchronique ou autre chose comme un univers de *fantasy*, avec des créatures merveilleuses, importe peu et n'a aucune influence sur le moyen de transport uti- lisé. Sauf, peut-être, pour les écrivains ou scénaristes des produc- tions les plus récentes qui prétendent doter leurs voyageurs d'une technologie se référant aux dernières théories scientifiques et qui, de fait, toujours par souci de cohérence et recherche de crédibilité, les envoient dans des mondes où la structure et la topologie ne sont finalement pas trop éloignées de celles de notre univers.

Historiquement et antérieurement aux années 1950 et à l'énoncé de la théorie d'Everett et Wheeler, les procédés employés relèvent plus du fantastique ou de l'onirisme que d'appareils d'ori- gine (pseudo-)scientifique. En cela ils s'apparentent aux procédés utilisés pour voyager dans le temps avant l'« invention » de Wells. C'est le cas du miroir d'*Alice au pays des merveilles* ou du rêve de *Peter Pan*. Le processus mental a continué d'être utilisé au XXᵉ siècle à l'époque de l'âge d'or de la science-fiction où les pouvoirs extra- sensoriels étaient de mode comme chez Simak (*La Chaîne autour du soleil*). La magie est également employée et évidemment c'est un moyen privilégié pour voyager vers des mondes féeriques ou peuplés eux-mêmes de créatures magiques. Zelazny en donne un exemple avec sa série des *Princes d'Ambre*. Toujours relevant du fantastique et s'apparentant au miroir, on trouve la porte (Masterton). La « porte » en question peut être une véritable porte comme celle de cette chambre d'hôtel de *The Lost Room* ou un ascenseur, un escalier menant à un *entre-étages* dans une autre dimension (Andrevon et Cousin), une rue, un jardin comme celui « aux sentiers qui bifurquent » (Borges), une ville (Lovecraft), *La Carte* de Weiner et bien d'autres objets ou lieux anodins.

Évidemment, pour beaucoup d'auteurs et de lecteurs modernes, le gadget science-fictif fait plus sérieux que la porte en bois ou le miroir. Le petit boitier qu'utilisent les héros de la série *Sliders* est ainsi bien pratique, à condition de ne pas l'égarer ou se le faire voler. On appuie sur un bouton et hop! On bascule *via* un pont d'Einstein-Rosen-Podolski, sorte de tunnel lumineux à l'écran évoquant le final de *2001, L'Odyssée de l'espace*, vers une autre Terre. *Idem* pour les deux héros de *Voyagers*. Dans les deux cas, l'appareil est en fait détraqué et les aventuriers de l'espace-temps errent d'une Terre à l'autre une fois leurs tâches accomplies, sans véritablement contrôler la *glisse* et surtout sans pouvoir réintégrer leur univers d'origine. Ce boîtier qui se glisse dans la poche et permet le transport de quelques personnages a cependant, dans les deux cas présentés (et cela laisse entendre que les scénaristes de *Sliders* devaient bien connaître *Voyagers*), un inconvénient majeur : le tunnel s'ouvre à l'arrivée à quelques mètres au-dessus du sol ce qui leur vaut une belle chute! Pourquoi? Mystère. Le *kronoscaphe* de Dartal n'a pas cet inconvénient et permet des dématérialisations temporelles sans risque. Avec une bonne « vieille » navette comme la science-fiction des années 1960 pouvait en imaginer, le voyage devient plus confortable. C'est le mode de transport retenu par Laumer.

La technologie est soit mise au point par les protagonistes eux-mêmes (le « p'tit génie » de *Sliders*), soit d'origine extraterrestre. Les portes de *Stargate* trouvées par les Terriens sont de cette origine et si la bleue ne permet que de voyager au sein du même univers, la rouge qui apparaît dans quelques épisodes envoie sur des terres parallèles uchroniques (de fiction). Dans *Le Grand Jeu du temps* de Leiber comme dans le cycle des *Faiseurs d'univers* de Farmer, ce sont des êtres supérieurs, des presque-dieux qui permettent les passages d'un univers à un autre en jouant une immense partie d'échecs cosmique. C'est encore plus explicite chez Zelazny (*Le Jeu de cendre et sang*) : Cendre joue « mise à nu des gisements de métaux dans le sud de l'Europe au paléolithique ». Sang tue Caron avant qu'il ne prononce « *Carthago delenda est* ». Cendre tue Julius Ambrosius le lion de Mithra au IVe siècle. Sang tue Abou Iskafar au VIIIe siècle à Damas. Cendre fait disparaître les traces des expériences interdites du laboratoire de Newton. Sang tue Charles Babbage.

Selon les cas, le voyage à travers les univers parallèles peut être voulu ou involontaire. Dans *Sliders*, à l'exception du premier épisode, la *glisse* n'est pas souhaitée mais subie par les protagonistes dont le *minuteur* s'est détraqué. C'est également une erreur de conception de la machine à voyager dans le temps (Waldrop,

Histoire d'os) qui est à l'origine du transfert d'une troupe de militaires vers une Amérique uchronique. Chez Brown (*L'Univers en folie*) ou Moorcock (*Le Seigneur des airs*), c'est une bombe qui éjecte le héros dans un monde différent. Dans la série des moyens de transport traumatisants, on trouve également les catastrophes naturelles (Baum), l'accident de la circulation (Donaldson), la foudre ou une barrière lumineuse qui s'y apparente (Sarban) et, bien sûr, l'orage magnétique qui emporte dans le temps le porte-avions du film *Nimitz, retour vers l'enfer* ou le croiseur du manga *Zipang*. À l'extrême, la mort est parfois l'occasion de changer de dimension. C'est ce qui arrive à Holger Carlsen, le héros d'Anderson qui se « réveille » dans un Danemark parallèle fantastique (*Trois cœurs, trois lions*).

Reste l'inexplicable ou l'inexpliqué. Le voyageur de *Jésus vidéo* d'Eschbach ou le héros malgré lui de Piper pourraient s'écrier « pourquoi moi ? ». Toujours est-il que, sans raison apparente, ils disparaissent de leur univers d'origine définitivement pour ailleurs…

Certains auteurs ne permettent pas le voyage de personnes physiques mais d'informations sous forme d'ondes ou de particules. Chez Benford, ce sont les tachyons qui transmettent à rebrousse-temps les messages du futur ; dans le film *Fréquence interdite*, le héros communique par radio avec une autre époque.

Enfin, il n'est parfois pas nécessaire de voyager à travers les dimensions pour atteindre une Terre uchronique. En 1872, c'est en prison qu'Auguste Blanqui écrit son traité d'astronomie dans lequel, au chapitre VII, il discute des systèmes solaires qui pourraient être similaires au nôtre, parmi lesquels il s'intéresse ensuite à ceux qui ont une troisième planète de taille proche de la Terre puis, au sein de ce sous-ensemble, Blanqui entrevoit d'innombrables « Terres » qui diffèrent cependant pour la plupart par leur histoire géologique. Selon lui, on finira par trouver statistiquement des Terres comme cette « Terre compatissante, (où) le prince royal, arrivant trop tard sur Sadowa, […] permit au malheureux Benedeck de gagner sa bataille » (Blanqui, 2002 : 91). Blanqui n'est pas le seul à avoir décrit des *Terres doubles* ou *jumelles*. C'est presque un genre à part entière de la science-fiction dans lequel on distingue encore les anti-Terres, Terres qui graviteraient sur la même orbite que la nôtre mais à l'antipode, donc masquées par le soleil (*Danger*

Planète Inconnue). Dans ces histoires, il faut attendre l'invention du vol spatial pour que la communication s'établisse. Toutefois, ce genre est en perte de vitesse depuis les années 1970 et la montée en puissance des univers parallèles.

43 *Tous les récits de terres parallèles sont-ils uchroniques?*

Au sein du multivers, il y a une infinité de Terres parallèles qui ont une histoire proche de la nôtre. Certaines sont explicitement uchroniques et répondent à la définition du dictionnaire Larousse du XIXe siècle qui précise pour « uchronie » : « utopie appliquée à l'histoire; histoire refaite logiquement telle qu'elle aurait pu être. » D'autres en revanche seraient à exclure de cette dénomination. En premier lieu, par exemple, les Terres qui présentent des vues futures de ce que pourrait devenir notre Terre et qui relèvent clairement de l'anticipation. Mais même parmi celles restantes et dont l'histoire diverge à un moment passé de notre Histoire, il existe des catégories qui ne peuvent être qualifiées d'uchroniques au sens noble du terme, bien que présentant des caractères uchroniques. Ce sont ces familles, aux limites du genre, que nous allons rapidement survoler ici de manière non exhaustive car le *steampunk* que nous traitons dans une question spécifique relève également de ces limites.

Peut-on qualifier d'uchronie un récit qui met en scène une Terre dont l'histoire a divergé dans le passé mais où la magie fonctionne? Au sens de Renouvier certainement pas. Ce que les spécialistes de *fantasy* qualifient de *fantasy* historique n'a, dans le pire des cas, rien à voir avec l'uchronie et au mieux présuppose un univers dont la structure et la topologie sont différentes pour permettre la magie. De fait, cela impose un point de divergence aux origines de l'univers (ou antérieurement). *Les Chroniques d'Alvin le Faiseur*, de Card, mettent en scène une conquête de l'Amérique uchronique, cependant certains des personnages ont des capacités magiques. *Tous des magiciens* de Garrett et toutes les nouvelles de cet auteur appartenant au même univers, où Richard Cœur de Lion n'est pas tué à son retour de Terre sainte, décrivent un Empire anglo-français au XXe siècle où la magie est érigée au rang de véritable science. Ces romans sont clairement à caractère uchronique, mais de là à les qualifier d'uchronie, les puristes s'y refusent. Les exemples en la matière sont trop nombreux pour être listés en détail ici. Tout ou presque a été revisité à la sauce magique. Les pièces de Shakespeare tout d'abord qui deviennent histoire véritable dans la fable écologique d'Anderson (*Tempête d'une nuit d'été*). Richelieu et ses gardes deviennent extraordinaires dans le roman de Pevel (*Les Lames du cardinal*). Le même Pevel avait déjà donné une version magique de la guerre de Trente Ans avec sa trilogie de *Wielstadt*. Des sujets plus modernes intéressent également les auteurs. Vilà décrit une révolution d'Octobre bien prodigieuse avec un sorcier Raspoutine qui pratique la magie noire. C'est la Révolution française qui est abordée par le jeu de rôle *Brumaire* : « Que se serait-il passé si Louis XVI et la noblesse française avaient disposé d'une puissance occulte capable de repousser les prétentions des sans-culottes ? » Magie toujours qu'utilisent les Zoulous pour conquérir les îles Britanniques, en 1879, dans une « uchronie » très peu crédible de Lambert (*Zoulou Kingdom*).

Outre-Manche, les Londres fantastiques sont monnaie courante. Wooding a écrit une *fantasy* horrifique se situant dans la capitale britannique sous influence prussienne post-1870. Le dernier roman très médiatisé de Susanna Clarke débute en 1806 et Londres, capitale magique, est gouverné par Lord Byron, devenu fou. Outre-Atlantique, Lovecraft se trouve être le héros de deux téléfilms, *Détective Philip Lovecraft* et *Chasseurs de sorcières*, dans lesquels il est supposé être un détective dans une Amérique où la magie a envahi le quotidien. Pas sûr que le maître de Providence eût apprécié ces fantaisies.

Le western fantastique ou *weird western* est un thème qui a ses fans. Plutôt que gnomes et dragons, il affectionne de mettre en scène des zombies et autres vampires. Un jeu de rôle explore ce type d'univers : *Deadlands*. Moins *gore* que le *weird* moderne, Colin propose néanmoins une fin très sombre à sa *Malédiction d'Old Haven*. Chez lui, les catholiques ont imposé une nouvelle Inquisition sur le territoire nord-américain. Le même Colin a également commis une *fantasy* sur le Japon (*Le Réveil des Dieux*) et une autre où le Japon pourrait bien envahir les États-Unis en 1967 (*Sayonara Baby*).

Avec ce dernier texte, il nous faut évoquer un courant qui est très à la mode ces dernières années. Celui qui consiste à réécrire les grands conflits de l'Histoire à la mode féérique. Dans *Retour de flamme* par exemple, Lambert mieux inspiré qu'avec ses Zoulous décrit des Japonais secondés pendant la guerre du Pacifique par des Ryû, dragons volants! Que se serait-il passé si les plus grands héros de la seconde guerre mondiale avaient été les petites créatures des contes de fées? C'est à cette question que répond le roman d'O'Donohoe. C'est au tour de la première guerre mondiale de voir s'opposer elfes, leprechauns, dragons, gnomes, orcs et autres créatures dans le roman d'Anfosso ou le *comic Arrowsmith*. Quant à la période napoléonienne, elle a tout simplement la préférence des auteurs. Dans *Dragonne* de Quesne, on a affaire à un roman de *fantasy*, qui semble se situer au début du XIXᵉ siècle sans que ce ne soit précisé autrement que par des allusions aux guerres napoléoniennes. Un des personnages est un ancien dragon. Novik revoit l'intégralité de ce conflit avec des dragons à n'en-plus-que-voilà, ceux-ci ayant été domestiqués dans l'Antiquité. Quant au *wargame* avec figurines *Flintloque*, il fait s'opposer d'innombrables armées issues du *petit peuple* (elfes d'Armorique, orcs d'Albion…).

Il existe une seconde catégorie mettant en scène des lois de la physique alternée et qui est donc également aux frontières du genre. Au fond, elle diffère peu de la précédente car si la magie fonctionne, c'est bien que la structure même de notre univers est différente depuis son origine, mais nous la distinguons tout de même. Les récits d'apparence uchronique mettant en scène une Terre creuse relèvent de ce domaine. Ils contiennent une Terre dont l'intérieur est un espace concave, éclairé par un soleil miniature (le noyau) et abritant souvent des habitants. Ces récits sont magistralement étudiés dans le monumental essai d'Altairac et Costes dont nous ne saurions trop recommander la lecture. Un exemple de fiction à caractère uchronique mettant en scène une telle terre est la série du *Monde de la Terre creuse*, d'Alain Paris, qui « commence en l'année 799 du Reich ». Les nazis ont gagné la guerre en 1945 en ayant recours à l'arme nucléaire. Dans son article *Lavoisier a tort et Lucrèce a raison*, Altairac propose de qualifier de *science-fiction-fictions* les textes dont le monde repose sur des fondements et théories scientifiques différents ou révolus, comme la théorie phlogistique du chimiste allemand G. E. Stahl, les notions d'éther ou de pierre philosophale des alchimistes ou l'idée, longtemps crue, d'une Terre plate. Dans *Voyage au pays des bords du gouffre*, Nadaud situe l'action dans l'Antiquité et un navigateur arrive au bord du monde, qui est plat. Dans un texte uchronique, datant de 1952, fort célèbre et régulièrement repris dans les anthologies, *Faire voile!* de Farmer, Christophe Colomb n'atteint jamais l'Amérique mais parvient au bord du monde. C'est également *Le Bord du monde* que trois adolescents partent explorer chez Swanwick. L'éther est très souvent employé par les auteurs *steampunk*. Mais il apparaît également dans des *science-fiction-fictions* situant leur action avant l'époque victorienne. Ainsi, dans *Into the Aether*, Lupoff décrit des galions espagnols spatiaux voguant entre les planètes. Autre cas dû à Garfinkle, la science de Ptolémée et d'Aristote se révèle véridique en tout point et définit un univers étrange. Ajoutons le récit superbe de Chiang où *La Tour de Babylone* atteint vraiment la voute céleste, coquille qui entoure la Terre, celui d'Heurtel où Apollo percute la Lune décidément bien plus petite que prévu et conforme à sa taille apparente et l'extraordinaire diptyque de Lupoff, encore lui, *Circumpolar/Countersolar*, qui met en jeu un univers où les astres et les planètes ont la forme de tores aplatis tels des pneus de voiture ou mieux des pièces trouées. L'imagination est sans bornes!

La dernière catégorie que nous distinguerons ici est celle des *Terres décalées*. Il s'agit de récits de planètes, pays, villes... qui rappellent étrangement ceux que nous connaissons sans pouvoir pour autant être rattachés explicitement par un point de divergence ou une histoire commune à notre Histoire. Le plus connu en France est sans doute *La Gloire de l'empire* de Jean d'Ormesson, dans lequel l'académicien évoque la création d'un empire eurasiatique, l'Œcumène. De prime abord, il semble que nous ayons affaire à un royaume imaginaire mais la géographie des lieux et le nom du créateur, Alexis, évoque clairement un autre conquérant. *Eurique et Amérope* de Daninos se situe sur la planète Anthurne à la géographie proche de la Terre avec, comme son titre l'indique, des continents bizarres. Le décalage n'est pas systématiquement global et planétaire. Ainsi, dans *Papa est au Panthéon*, Alix de Saint-André fait la biographie uchronique de Malraux. Cependant, dans le roman, elle le nomme Berger, utilisant son pseudonyme de résistant. Les limites du domaine sont mouvantes et il n'est pas rare de voir des mélanges de genre : les intéressantes trilogies de *fantasy* de Lœvenbruck se déroulent dans une France décalée au XIIe siècle, le nom des villes et comtés rappelant des noms réels. En bande dessinée, les exemples sont nombreux. *La Fille de Wolfland* décrit un monde qui a l'air de résulter d'une victoire nazie mais l'uchronie n'y est pas explicite, tandis que *Totendom* est une évocation intemporelle d'un empire romain éternel aux accents shakespeariens, le tout mâtiné de légendes celtiques et grecques. Qui dit mieux ? *Le Cycle d'Ostruce* se passe en 1894 dans un vaste pays enneigé qui n'est pas sans rappeler la Russie, dominé par une dynastie de tsars-dragons et arpenté par des engins très *steampunk*. Quant au *comic The Red Star*, il s'agit d'un univers décalé dans lequel on trouve des magiciennes dirigeant des mastodontes volants, où les dieux interviennent dans les affaires humaines et où *The United Republic of the Red Star* fait office d'URSS *steampunk*. Mais la plus grande réussite des univers décalés est sans conteste la série « art nouveau » des *Cités obscures* par Peeters et Schuiten.

Les limites du genre uchronique restent donc bien floues et nous, qui ne sommes pas puriste, ne saurions blâmer ceux qui considèrent certains des textes mentionnés ci-dessus comme de véritables uchronies. À leur opposé, il existe des « extrémistes » du genre pour qui des textes comme *Un coup de tonnerre* ou encore le roman *A World of Difference* de Turtledove n'en sont pas car ces textes ne décrivent pas d'« histoire refaite logiquement telle qu'elle aurait pu être ». Il est vrai que situer son point de divergence à la Préhistoire, ou même avant, à la création du système solaire chez Turtledove, et ensuite décrire une Terre de la fin du XXe siècle, somme toute fort peu différente de la nôtre, relève plus de la gageure que d'une véritable approche historique.

44 À l'inverse, toutes les uchronies utilisent-elles des Terres parallèles ?

La réponse est clairement non. Il existe des uchronies, à commencer par celle de Geoffroy, qui ne font référence à aucun univers parallèle ou divergent qui pourrait contenir *notre* Terre.

En clair, les auteurs de ces textes se placent *a priori* dans un monde où l'Histoire a divergé de la nôtre, sans que les personnages de leurs récits aient une quelconque conscience de notre référentiel. Ces récits sont qualifiés par le canadien Pierre Corbeil d'*uchronies pures*. Au début, remarque-t-il, les auteurs ont simplement imaginé la possibilité de voyager dans le temps, puis ils ont imaginé la possibilité de changer les événements menant au présent : « Une fois cette idée lancée, il n'est pas surprenant que quelqu'un ait imaginé que les changements puissent se multiplier et s'annuler [...]. Puis, des auteurs proposèrent la coexistence, pacifique ou pas, de plusieurs univers avec des histoires différentes. Il ne restait qu'à couper le cordon ombilical avec "notre" univers et à élaborer dans un scénario un univers cohérent, aussi complexe que celui né de ce que nous appelons l'histoire, mais qui serait, pour ses membres, le "vrai" univers » (Corbeil, 1994 : 30-31). Et l'auteur de conclure que le scénario qui installe ses personnages dans un univers complet et cohérent, sans lien aucun avec un autre univers quel qu'il soit, représente le pôle de l'uchronie pure. Si Corbeil résume très bien à peu près un siècle de littérature populaire, de Wells à la science-fiction moderne, il omet (mais ce n'est pas son propos) de rappeler que l'uchronie pure est en fait née avec Geoffroy et que, tout au long du XXᵉ siècle jusqu'à aujourd'hui, on a régulièrement connu des textes relevant de ce *pôle* en littérature générale même si, il faut bien le constater, ils ne sont pas majoritaires.

Mais même en *uchronie pure*, on aime à rappeler l'Histoire officielle au lecteur. Renouvier par exemple, par le jeu de ses appendices, place son uchronie comme une sorte de rêve transmis par écrit à plusieurs générations d'hommes vivant dans notre trame temporelle. Avant Geoffroy comme dans la plupart des essais d'historiens après lui, l'uchronie intervient sous forme d'hypothèses, de scénarios se bornant à quelques lignes ou paragraphes, voire parfois un chapitre entier. En revanche avec Geoffroy, on est dès les premières lignes ailleurs. Les seules références faites à *notre* Terre sont sous forme de clins d'œil aux lecteurs ou de mises en abyme. Quand Geoffroy décrit l'anéantissement de Sainte-Hélène par les escadres de l'Empereur, il insiste bien sur l'étonnement des amiraux et des généraux qui reçoivent cet ordre et qui ne comprennent pas que le despote s'acharne contre cette petite île qui ne leur a rien fait. C'est suite à un mauvais pressentiment, une sorte de cauchemar que Bonaparte exige cela. Si le lecteur que nous sommes relève bien l'allusion à *notre* Histoire, celle-ci reste étrangère aux protagonistes du récit. Lorsque Geoffroy, Amis ou Dick placent dans leurs uchronies l'allusion à l'existence d'autres uchronies qui, par effet miroir (mise en abyme), renvoient à *notre* Terre, il s'agit de fictions dans la fiction et nullement d'univers parallèles.

L'*uchronie pure* apparaît aussi bien en roman qu'en nouvelle. Dans sa forme courte, on peut citer par exemple *La Crosse et l'épée* de Warfa, *La Concession* de Corbeil ou *La Dynamique de la Révolution* de Dunyach. En roman, on trouve bien sûr *Le Maître du haut château* de Dick, *Victoire à Waterloo* d'Aron, *L'Histoire détournée* de Mazarin et *La Machine à différences* de Gibson et Sterling.

Pavane de Keith Roberts est souvent cité comme exemple d'*uchronie pure* et pourtant... vers la fin de ce roman composé de nouvelles mises bout à bout, on peut lire ce passage : « Les voies de l'Église étaient mystérieuses, sa politique, jamais claire. Les papes savaient comme nous le savons que, une fois qu'ils auraient l'électricité, les hommes seraient attirés par l'atome. Qu'une fois qu'ils disposeraient de la fission, ils découvriraient la fusion. Parce qu'une fois en deçà de notre Temps, en deçà de la mémoire humaine, il y avait une grande civilisation. Il y eut un Avènement, une Mort et une Résurrection ; une Conquête, une Réforme, une Armada. [...] L'Église savait que l'on n'arrête pas le Progrès ; mais on peut le ralentir, [...] tel est le cadeau qu'elle fit à l'homme [...] pas de Buchenwald » (Roberts, 1987 : 310-311). Est-ce à dire que *Pavane* se situerait dans notre futur très lointain et que *notre* Histoire (histoire quasi-cyclique au demeurant) relèverait de la légende antédiluvienne, auquel cas *Pavane* ne serait plus une uchronie mais une anticipation ? Ou bien doit-on comprendre que les papes disposeraient comme certains des seigneurs et *ladies* du roman d'une technologie proscrite qui dans leur cas leur servirait à observer des univers parallèles ? Ce clin d'œil au lecteur est peu banal dans sa forme et ce chef-d'œuvre du genre laisse un mystère bien agréable à l'amateur de classification.

De manière générale, quelles sont les raisons d'écrire une uchronie?

Dans un article intitulé *Pourquoi écrit-on de l'uchronie?* et paru sur Internet début 2007, nous avons étudié les différentes motivations qui poussent un écrivain, un scénariste ou un essayiste à recourir au procédé uchronique et nous en avons dénombré six.

La première raison est celle des historiens. Il s'agit d'utiliser l'uchronie comme outil expérimental en Histoire. Cette première forme d'uchronie peut revêtir différents aspects de l'anthologie d'historiens expérimentant sous forme d'articles le « et si... » sur un domaine historique précis qui correspond généralement à leur spécialité (Tsouras, *Rising Sun Victorious*), jusqu'à l'expérience ultime du livre de Sobel, évoqué question 29, ou son équivalent en langue allemande, *Hitler auf dem Rütli* (Lewinsky *et alii*). Dans ce livre qui se présente comme un essai publié dans un univers parallèle, pour le 45ᵉ anniversaire de l'invasion de la province du Rütli, en Suisse, par les armées allemandes le 10 mai 1940, les auteurs proposent cinquante témoignages présentant tous les aspects de la vie sous l'occupation. À l'instar du livre de Sobel, on a le droit à une bibliographie (de livres et articles de cet univers) et à une présentation de l'ouvrage même qui en fait un objet uchronique comme sorti tout droit de cet univers! C'est l'expérience de l'historien poussée à son paroxysme puisque, non contents d'expérimenter par écrit un sujet hypothétique, les auteurs vont jusqu'à créer l'objet lui-même. L'uchronie en tant que jeu d'esprit apparaît également sous forme de courtes réflexions au détour des pages d'une étude qui n'a pas *a priori* vocation à en faire. Par exemple, Gibbon écrit dans son étude à propos de la défaite de Charles Martel : « Une colonne victorieuse avait marché un millier de miles du rocher de Gibraltar aux rives de la Loire; la répétition d'une telle distance aurait pu amener les Sarrasins aux confins de la Pologne et des Highlands en Écosse; le Rhin n'est pas plus infranchissable que le Nil ou l'Euphrate et la flotte arabe aurait pu faire voile sans un seul combat naval jusqu'à l'embouchure de la Tamise. On pourrait peut-être maintenant enseigner dans les écoles d'Oxford l'interprétation du Coran et ses commentateurs pourraient démontrer à un peuple circoncis la sainteté et la vérité de la révélation de Mahomet » (Ferguson, 1997 : 8).

Le deuxième cas d'uchronie est constitué par les textes de fiction ayant pour but de faire passer au lecteur un message à simple vocation pédagogique ou dans l'optique d'alerter, voire d'alarmer, sur un danger potentiel. Czerneda et Szpindel le rappellent : « George Santayana, le philosophe et romancier hispano-américain, est célèbre pour avoir couché par écrit la phrase souvent citée, "ceux qui ne peuvent se rappeler le passé sont condamnés à le répéter". Alors que celle-ci est souvent interprétée comme un avertissement, on peut également la considérer comme une invitation à créer un futur meilleur en tirant les leçons des erreurs du passé » (Czernada, 2004 : 1). Déjà Compayré disait, en 1876, de Renouvier : « Si l'histoire vraie, avec ses fautes et ses hontes qu'on ne peut cacher, est tout de même considérée comme la leçon de l'avenir, que dire de l'histoire fictive, imaginaire, conçue et pour ainsi dire reconstruite d'après un plan rationnel ? En nous montrant quel tour auraient pu prendre les événements, M. Renouvier nous indique quelle direction il dépend de nous de leur donner dans l'avenir. Supposer dans le passé d'autres actions chez les mêmes hommes, c'est, sous une forme déguisée, donner des conseils à ceux qui agissent aujourd'hui ou qui agiront demain » (Compayré, 1876 : 296). C'est en cela que l'uchronie peut se révéler également un outil prédictif et qu'elle peut parfois empiéter sur les plates-bandes de l'anticipation ou de la politique-fiction. Elle puise dans le passé les leçons à retenir : décrire des mondes cauchemardesques dans lesquels les Nazis ont gagné la guerre et ont mené à bout leurs visées exterminatrices n'a pas d'autre but que de sensibiliser le lecteur au risque qu'il y aurait à laisser, demain, de nouveau s'installer de tels régimes. Et quand un auteur de talent, comme Harris, réutilise les personnes historiques à l'origine de la mise en œuvre de la solution finale, allant jusqu'à reprendre les horaires des trains pour Auschwitz, il enseigne la Shoah et prend une position critique nette contre le nazisme (et au passage contre une forme d'administration américaine et contre la CEE, n'oublions pas qu'il est britannique !). D'autres mises en garde classiques sont celles contre les dérives à venir d'une surpollution, en imaginant un monde qui aurait connu cette dérive et ses conséquences plus tôt (Anderson, *Tempête d'une nuit d'été*), contre le racisme (Turtledove, *A Different Flesh*) et contre l'intolérance (Boireau).

La troisième motivation pour faire de l'uchronie est historiquement la plus ancienne. C'est la nostalgie qu'évoque Carrère dans son mémoire : on entre en uchronie « sous l'empire d'un mécontentement [...]. Napoléon a été vaincu à Waterloo, il est mort à Sainte-Hélène. C'est intolérable – du moins l'uchroniste le pense – et nous subissons encore les conséquences de ce malheur. Il faut rectifier cette bourde de l'histoire. Annuler ce qui a été, le remplacer par ce qui aurait dû être (si l'on se charge, au nom d'une ferme conviction, de faire la leçon à la Providence), ce qui aurait pu être (si l'on se borne à expérimenter une vue de l'esprit, sans être partisan) » (Carrère, 1986 : 9). Et il est parfaitement légitime que le jeune Carrère ait conclu cela de ses lectures de Renouvier qui rêve d'un monde sans catholicisme ou de Geoffroy, nostalgique (selon certains) du Premier Empire. Carrère ajoute même : « L'uchronie n'est qu'un jeu. Injouable par nature, car on ne révoque pas l'irrévocable, sérieux néanmoins. Et triste à tous les coups » (*ibid.* : 48). La nostalgie sera d'ailleurs pendant longtemps le principal moteur des fictions uchroniques. Squire lui-même notait dans son introduction, en 1931 : « Dans nos propres vies, "Si" prend souvent la forme "Si seulement", et implique généralement des regrets » (Squire, 1972 : VII). Et c'est si vrai que certains auteurs en sont amenés à faire une sorte d'autopsychanalyse en exorcisant leurs regrets au moyen de l'*uchronie personnelle*. L'exemple de Penelope Lively, qui revisite certains épisodes de sa propre vie, est caractéristique de cette démarche et montre que, de nos jours, l'uchronie nostalgique a glissé du champ de l'Histoire avec un grand « H » à la petite histoire, encore que... lorsque Isabelle Rivière et Caroline Babert écrivent *Lady D.*, c'est de la princesse Diana dont il est question et elles ne font rien d'autre que ce que décrit Carrère. La mort de Diana leur est insupportable mais à la différence des nombreuses personnes qui, années après années, déposent des bouquets de fleurs sous le pont de l'Alma, elles décident de franchir le Rubicon et d'inventer le monde de leurs rêves : « Et si son destin avait pris un autre cours ? Nous sommes le 1er septembre 1997 au matin et Lady Di n'est pas morte... » (quatrième de couverture). Et dans ce type d'uchronie la romance n'est jamais loin.

Les trois raisons restantes que nous distinguons sont plus marginales. La première est ce que nous appelons l'uchronie divertissante, sorte d'acte gratuit n'ayant pour autre but que de faire rire. Elle est souvent publiée comme poisson d'avril ou conte de Noël, dans des quotidiens ou des journaux satyriques. En 1904, Beerbohm amuse son lecteur avec sa courte pièce *A Panacea* : Édouard VII décide, le 1ᵉʳ avril 1904 (il n'y a pas de hasard !), de faire fermer pour dix ans tous les théâtres anglais, ce qui se révèle la meilleure décision qui soit pour donner un second souffle à l'art dramatique anglais que Beerbohm considérait comme décadent ! Et Andrevon met fin à l'Histoire au sens propre le jour de *L'Anniversaire du Reich de mille ans*. Comme quoi on peut rire en restant sérieux ! Dans cette catégorie, on peut ajouter quasiment toute l'*uchronie de fiction* et des films comme *Jean-Philippe* changeant le destin de la star Johnny Hallyday.

La cinquième forme est à oublier très vite et nous l'avons brièvement approchée dans la question 33. Il s'agit de l'uchronie propagandiste, voire négationniste, perversion nauséabonde de l'uchronie nostalgique. Quant à la dernière catégorie, c'est celle de l'uchronie prétexte. Là les exemples sont rares et disons le tout de go, tant mieux car franchement l'intérêt est très restreint. Pour l'illustrer, considérons le texte de Bruno Masure, *Enquête sur mon assassinat*. Ancien journaliste vedette du 20-heures de la télévision nationale française, son uchronie est prétexte à régler des comptes : il met en scène son propre assassinat, fin 2004, et décrit ensuite l'enquête policière qui en découle. À travers les interrogatoires de tous les « suspects potentiels » qui pourraient vouloir sa mort, Masure égratigne, commère, dévoile des vérités (?) graveleuses, et les suspects sont nombreux car, bien que leurs noms soient dissimulés par des initiales comme Michel D., on retrouve tout ce que Paris compte d'important en hommes politiques, intellectuels et bien sûr ex-collègues du PAF ! Le livre est indigeste tant Masure en profite également pour se justifier ou se glorifier, même s'il force le trait pour pouvoir se dédouaner et qu'il fait par exemple tenir à ses enquêteurs des propos assez durs contre lui-même. À part pour les gens cités (qui doivent enrager) et les amis intimes de l'auteur, le livre est absolument sans intérêt tant pour l'amateur d'uchronie que pour l'amateur de littérature tout simplement.

Avec ces six catégories, nous n'avons pas bien sûr la prétention de classer toutes les uchronies, d'autant que certaines peuvent avoir de multiples desseins, mais constatons tout de même que nous avons là les grandes lignes qui conditionnent un auteur à choisir la fiction ou l'essai, la forme longue ou courte ou à recourir à une autre forme d'expression pour parvenir à ses fins.

 Peut-on dire alors que l'uchronie est un genre ?

Comment pouvons-nous oser poser cette question, nous qui dans le présent ouvrage, comme dans de nombreux articles ou interventions, avons précédemment parlé d'un genre de l'uchronie ? Nous serions bien présomptueux de répondre à présent par la négative ! Et pourtant… s'il existe tout un corpus d'œuvres littéraires ou pas, de nature fictive ou pas et présentant des caractères uchroniques, comme nous l'avons largement démontré dans les questions précédentes, ont-elles, à part ce trait, suffisamment de points communs pour justifier d'appartenir à un même genre ? L'uchronie est-elle une fin en soi ?

Il faut croire que non quand on constate tous les jours que, dans des collections spécialisées, collections dites parfois de genre (polars, *thriller*, *fantasy*…), des uchronies paraissent et que leurs lecteurs ignorent bien souvent tout ou presque du sujet qui nous intéresse ici quand ce n'est pas tout simplement le mot « uchronie » ! Le parfait exemple illustrant ce cas est certainement le roman *Fatherland* d'Harris. Publié en collection de poche, il a déjà fait l'objet de plusieurs réimpressions et semble s'être bien vendu. L'action débute en 1964. Adolf Hitler va fêter ses soixante-quinze ans et, après deux décennies de Guerre froide avec les États-Unis, une amorce de dégel est visible : le président Joseph P. Kennedy, le père de l'autre, qui brigue un second mandat, doit se rendre à Berlin pour les cérémonies. Le héros Xavier March est Sturmbannführer dans la Kriminalpolizei. Ancien sous-marinier pendant la guerre, il s'est reconverti en enquêteur de police et il est connu pour avoir de sérieux soucis de famille et de bouteille ! Par un concours de circonstances, il se voit confier une enquête sur un cadavre retrouvé sur les berges de la Havel. Le Berlin uchronique dans lequel il se déplace est évidemment celui qu'avait imaginé l'architecte favori d'Hitler, Albert Speer, avec son nouveau Reichstag colossal et son interminable avenue de la Victoire. Le mort se révèle ne pas être n'importe qui. C'est un des habitants privilégiés de l'île de Schwanenwerder, haut dignitaire du régime, qui a été chargé du peuplement de la Pologne par les vainqueurs. Rapidement, March découvre qu'il n'est pas le seul haut dignitaire à avoir trouvé la mort depuis peu dans des circonstances étranges. Ainsi Wilhelm Stuckart est mort trois jours auparavant et un certain Martin Luther, relation des deux autres, se dit menacé et essaye de le contacter. Dès lors que March avance un peu trop loin sur ce terrain miné, on le dessaisit de l'affaire. Mais il s'obstine...

C'est un véritable polar qu'il nous est donné de lire, dans un univers inquiétant et surprenant pour l'amateur de polar qui entre sans le savoir pour la première fois en uchronie. Et l'enquête n'est pas banale : tous ces hauts fonctionnaires, disparus ou en passe de le devenir, ont un point commun : ils ont tous participé à la conférence de Wannsee qui a réuni, le 20 janvier 1942, autour de Reinhard Heydrich quinze hauts responsables militaires et civils pour organiser, sous tous ses angles, la solution finale en Europe. Qui les élimine et pourquoi ? *Fatherland* n'est pas la seule uchronie policière. *SS-GB*, de Deighton, se situe en Grande-Bretagne sous domination nazie et un policier de Scotland Yard, Douglas Archer, enquête sur un meurtre étrange tout en restant sous la surveillance étroite des unités SS d'occupation. Le roman policier se transforme vite en *thriller* haletant.

L'uchronie est roman d'espionnage avec *K*, d'Easterman, qui se déroule dans un univers où le héros de l'aviation Charles Lindbergh, soutenu par le Ku Klux Klan, a remporté les élections de 1932 et préside toujours, en octobre 1940, des États-Unis amis du régime hitlérien. Il ne fait pas bon y vivre quand on est noir ou juif. Churchill envoie son meilleur espion pour abattre Lindbergh ! Ce livre est un régal, en particulier son entrée en matière où un sous-marin dépose de nuit le héros à plusieurs centaines de kilomètres au sud de Washington et où il découvre (et le lecteur avec lui) cette Amérique de cauchemar !

Dans un livre que les critiques qualifient de roman-puzzle ou de puzzle dans le puzzle, Bello raconte une enquête policière dans le milieu des professionnels du puzzle. Dans son univers, des compétitions internationales sont organisées par une association, le *JP Tour*, circuit professionnel du puzzle de vitesse, et certains de

leurs meilleurs joueurs sont assassinés. Roman policier assurément, uchronie certainement car notre monde ne connaît ni ces
stars ni ces compétitions médiatisées, mais c'est surtout un pur
exercice de style, Bello construisant les nombreux chapitres de son
livre comme autant de pièces d'un puzzle.

Les lecteurs de romans policiers ne sont pas les seuls à connaître
quelques uchronies. Il existe d'innombrables œuvres de *fantasy* et
autres fictions fantastiques historiques à caractères uchroniques.
Le roman sentimental n'est pas exempt non plus de ce type de
procédé. Maura Seger, plusieurs fois traduite en France dans la
collection Harlequin, est l'auteur d'un roman à notre connaissance inédit, *Perchance to Dream*, uchronie où les Confédérés ont
gagné la bataille d'Antietam puis la guerre de Sécession. Celle-ci
fait rêver les dames, on le sait, depuis *Autant en emporte le vent*,
et un autre auteur de romans à l'eau de rose, Deborah Gordon,
exploite les mêmes ficelles. Voyage chez les Vikings du Xᵉ siècle à
des fins uchroniques et amoureuses, tel est le programme du roman
de Samantha Gail. Sans oublier le film *Quest for Love* avec Joan
Collins, romance uchronique tirée d'une nouvelle de Wyndham et
qui se passe dans un monde sans seconde guerre mondiale.

Le roman uchronique permet parfois des scènes cocasses et
des situations comiques. À l'inverse, l'humoriste peut avoir recours
à l'uchronie pour divertir, tels Pierre Dac qui fait de la météo alternative, Bechtel et Carrière et leur *Dictionnaire des révélations* ou
encore Debuisson qui délire tous les quatre ans dans *La Bougie du
Sapeur*.

Si l'historien a recours à l'uchronie, il n'est pas le seul scientifique à recourir à ce moyen pour procéder à des expérimentations
de l'esprit ou de la plume. Ouvre-t-on en général un livre tel que
La Vie dans l'univers de Darwin de Bylinsky car on y recherche
l'uchronie ? Le lecteur-cible de ce genre d'ouvrage n'est-il pas l'étudiant ou l'amateur de biologie et de théories de l'évolution ? Quant
à *Many Skies* d'Upgren, n'est-il pas destiné aux férus d'astronomie ? Et de l'uchronie scientifique ou plutôt pour inverser le genre
de référence, de la science uchronique, on en trouve dans tous les
domaines : philosophie (Stengers), physique (Gamow), électricité
(Jammer et Stachel), automobile (The Consumer Guide), aéronautique (John Baxter) et même psychiatrie (Olson et Roese) ! Une
science uchronique peut également apparaître dans une œuvre de

fiction : la médecine est très en avance avec clonage et transplanta-
tions dès les années 1950, dans un roman du Japonais Ishiguro ; de
nombreux écrivains imaginent un monde sans la mise au point
d'Internet dans l'anthologie dirigée par Anders et Alexander Gode,
dans son poème *Amata*, fait de la linguistique parallèle. Gode est
un linguiste germano-américain et son poème est rédigé en
Interlingua, latin tel qu'il aurait pu nous parvenir si les grammai-
riens de la Renaissance n'en avaient pas stoppé l'évolution.

Les politologues et les diplomates, comme leurs collègues historiens, n'hésitent pas à revisiter leurs domaines. Le doyen de
Sciences Po, Georges Vedel, a publié deux études, en 1984, où il
imagine des hypothèses et des décomptes des voix circonscription
par circonscription, permettant d'inverser les résultats des élections de 1962 et 1969. Borden et Graham réunissent en un volume
plusieurs essais uchroniques de gens « sérieux » sur l'histoire politique de leur pays. En diplomatie alternative, c'est le recueil d'études *Paths Not Taken* de Nielson qu'il faut lire. Quant au journaliste
philosophe Michel Field, frustré d'avoir été privé de débat télévisé
entre Chirac et Jospin en 2002, il s'est amusé à l'imaginer !

Nettement moins sérieux, encore que ce soit une affaire de
goût, le *supporter* sportif qui aime refaire les matchs au café du
commerce a de la lecture pour la plage pendant la trêve estivale,
en particulier s'il est anglais ou brésilien. Le premier se procurera
le livre de l'acteur et présentateur de télévision Nick Hancock,
quant au deuxième, c'est toute une valise qu'il emportera avec
des ouvrages de poids tels que *Outras Copas, outros mundos*
(Branco), tant il est vrai qu'au pays de Pelé on peut bien parler
de sous-genre pour qualifier les uchronies footballistiques ! En
France, Tollemer a tenu un temps une rubrique intitulée *Réécrivons
l'histoire* dans les *Cahiers du football*. Outre-Atlantique, ce sont
évidemment le baseball avec son joueur mythique Babe Ruth
(Szarka) et le football américain (Reilly) qui font les choux gras
des uchronistes du sport.

Il existe encore un domaine qui produit de nombreuses uchronies. Celui des biographies d'écrivains, de chanteurs ou d'acteurs.
Le Figaro a par exemple proposé deux séries d'été, l'une intitulée
Que serait-il devenu ? en 1999, prolongeant uchroniquement la vie
d'écrivains tels que Balzac ou Rimbaud, l'autre, *Oui, ils se sont
rencontrés*, imaginant des rencontres fictives comme celle de Staline

avec Gide. Lardreau propose en roman une uchronie dans le domaine de la création littéraire : Albert Einstine (*sic* !) a inventé la machine à voyager dans le temps pour devenir le plus grand écrivain du XXᵉ siècle ! Et Rambaud invente des inédits d'*Apostrophe* et relate deux émissions qui auraient pu avoir lieu dans les années 1950 avec les écrivains célèbres du moment. Quant à la série hilarante de Fforde, elle propose de suivre les aventures excentriques d'un enquêteur très spécial dans un monde littéraire, au sens propre du terme, puisque tous les grands (et certainement les autres) personnages de la littérature y coexistent ! L'idée de prolonger la vie d'artistes illustres morts trop tôt est le thème principal d'un recueil comme celui conçu par Viner : Anne Frank, James Dean ou encore l'actrice Natalie Wood y bénéficient d'un bonus de vie. Acteurs, réalisateurs ou producteurs, comme les écrivains, sont la cible d'uchronistes. Walt Disney délaisse le dessin animé pour un art plus noble, la peinture (Kress). Chez Mauméjean, *exit* Alain Delon qui a été défiguré en Indochine (*Cinépanorama*).

En musique, outre Mozart et Beethoven mentionnés questions 29 et 31, ce sont surtout les stars du rock'n'roll qui sont revisitées : Jimi Hendrix (Gogola), John Lennon et les Beatles (MacLeod) et bien sûr Elvis Presley qui, dans le téléfilm *Un monde trop parfait*, est toujours en vie en 1998. Une anthologie signée Josh Rountree est sortie en 2008 aux États-Unis, ne comprenant que des histoires alternées du rock. Du côté des Français, pas de rock dans *Le Temps du twist* de Joël Houssin. Quant à Johnny Hallyday, il est resté *Jean-Philippe* (Smet) dans le film de Laurent Tuel, au grand dam de son meilleur fan joué par Fabrice Luchini, qui vient de basculer dans ce monde parallèle et vit, de fait, un pur cauchemar !

Quel rapport peut-il bien y avoir entre *Fatherland*, un poème en *interlingua*, un gag de Pierre Dac, un Elvis sexagénaire et la Cliométrie ou *Nouvelle Histoire économique* (Andreano), branche de l'économie ayant recours à l'uchronie pour simuler des richesses ou des flux tels qu'ils auraient pu exister et, de fait, approfondir la réflexion sur l'économique historique, tout en perfectionnant les outils prédictifs ? Absolument aucun si ce n'est que leurs auteurs, romanciers ou scientifiques, recourent au procédé uchronique pour parvenir à leurs fins : démontrer une thèse, délivrer leurs éventuels messages ou se procurer un décor exotique. Mais toutes ces œuvres invitent leurs lecteurs à la réflexion sur l'Histoire, la liberté et à un jeu d'esprit. C'est leur point commun et c'est pourquoi on peut parler de genre uchronique, genre qui a également ses fans dont nous sommes. Et s'il fallait encore des preuves pour enfoncer le clou, il y a eu ou il existe depuis peu de temps des collections dédiées aux uchronies comme *Il Naso di Cleopatra* chez Frassinelli en Italie (1984) ou *Ucronía* chez Minotauro en Espagne, et l'année 2007 a vu paraître la première collection de ce type en France ! Mais nous allons revenir sur ce point à la question suivante.

 Peut-on parler d'une explosion du genre ces quinze dernières années ?

Nous avons vu, questions 35 et 36, comment l'approche uchronique a commencé ces dernières années à intéresser les milieux artistiques et universitaires de nombreux pays et combien ce mouvement va en s'amplifiant, des pays comme la Suède (Andersson et Zander), la Norvège (Sørensen) ou le Brésil s'intéressant de près aux possibilités de leur Histoire. Quant aux États-Unis, c'est à un feu d'artifice que nous assistons depuis dix ans. En effet, si l'on considère dans un premier temps les fictions uchroniques, non seulement les romans et nouvelles ont continué à paraître chaque année à un rythme très soutenu, certains se classant même plus qu'honorablement dans les listes de meilleures ventes mais encore, ce sont les anthologies abondantes qui nous incitent à faire ce constat. Rien que depuis 2004, il y en a plus d'une dizaine. *ReVisions* (Czernada et Szpindel) contient une vingtaine de textes sur le thème des sciences et découvertes scientifiques alternées ; *Alternate Generals III* (Turtledove et Green), troisième du genre, tourne autour des grands soldats de l'Histoire ; *New Wave of Speculative Fiction* (Wright) contient quelques uchronies originales en provenance d'Australie, Nouvelle-Zélande et Afrique du Sud ; *Futures Past* (Dann et Dozois) réédite plusieurs grandes réussites du domaine ; *The Future We Wish We Had* (Greenberg et Lickiss) contient seize textes décrivant un présent différent, découlant de l'idée que certaines idées futuristes de la science-fiction ancienne ont pu aboutir ; *Sideways in Crime* (Anders) contient du polar uchronique ; *Ring of Fire II* est le deuxième recueil de textes par différents auteurs se situant dans l'univers uchronique du roman *1632*, de Flint, et on nous annonce prochainement *Other Earths* (Gevers et Lake) et *Extraordinary Engines : The Definitive Steampunk Anthology* que les amateurs de *steampunk* attendent avec impatience ! Bref, il en sort tous les ans et pour tous les goûts pour qui lit la langue de Shakespeare.

Mais le plus surprenant, qui nous convainc vraiment que le genre connaît une embellie, c'est que, dans le même temps, d'innombrables anthologies d'historiens sont parues. On a eu l'occasion par ailleurs, dans cet ouvrage, de mentionner *The Napoleon Options* contenant des études sur le Premier Empire ou encore les recueils écrits par des universitaires néo-zélandais et australiens sur leur histoire locale, mais la liste est encore longue. Quelques exemples intéressants sont les ouvrages dirigés par Tsouras :

- *Gettysburg* sur la grande bataille de la guerre de Sécession ;
- *Dixie Victorious* toujours sur la guerre civile américaine ;
- *Britannia's Fist* où l'Angleterre intervient dans la guerre de Sécession et le conflit devient mondial ;
- *Battle of the Bulge* sur la bataille des Ardennes fin 1944 ;
- *Hitler Triumphant : Alternate*, l'inévitable collection de *what ifs* 39-45 ;
- *Cold War Hot*, *idem* sur la Guerre froide ;
- Ou les collections dirigées par Cowley : *What if ?*, *What If? 2* et *What Ifs ?* : des dizaines d'essais excellents par des spécialistes reconnus dans leurs domaines.

Ces ouvrages sont accessibles, bien documentés, voire illustrés, et présentent un réel intérêt pour qui s'intéresse à l'Histoire en général ou en particulier. Outre ces séries d'anthologies, les volumes suivants sont également intéressants à consulter : *What Might Have Been* (Roberts), dont la très belle couverture montre un cosmonaute plantant un drapeau nazi sur la Lune, contient douze essais d'historiens ; deux recueils de spéculations uchroniques sur la politique britannique ou américaine de Duncan Brack ; un intéressant ouvrage, *History Revisited* (Markham et Resnick), qui présente la particularité de proposer, pour chaque fiction uchronique écrite par un écrivain, une critique sur sa pertinence historique par un spécialiste.

Et pour que la fête soit complète pour l'amateur anglo-saxon d'uchronies, des études sur le genre sont disponibles sous forme d'essais ou de travaux universitaires. Parmi les plus intéressantes, notons *Unmaking the West* (Lebow *et alii*), *Classic and Iconoclastic Alternate History Science Fiction* (Chapman et Yoke) et la thèse passionnante de Karen Hellekson.

Ce mouvement des universitaires américains vers l'uchronie fait des émules dans d'autres pays. En Allemagne, *Virtuelle Antike* (Brodersen) présente plusieurs essais sur la période antique et au Danemark, *Historiefagets Teoretiske Udfordring* contient un article de Dahlberg sur l'uchronie.

Si nous avons mentionné une longue liste de publications à l'étranger (et ce n'est que la partie apparente de l'iceberg), c'est qu'en France, il ne se passe pas grand-chose si ce n'est un léger frémissement. Certes, depuis 1999, on note l'émergence d'un *steampunk* à la française qui a vite contaminé la bande dessinée (question 23), mais pour ce qui est de la fiction uchronique classique, *nil novi sub sole*. Quant à trouver des ouvrages équivalents aux nombreuses études universitaires suscitées, nous cherchons encore.

Si, pour expliquer la faible production, on peut toujours se retrancher (et ils sont nombreux à le faire) derrière l'argument qui consiste à dire que les éditeurs préfèrent une bonne traduction sans risque à la publication d'un jeune talent, on reste en revanche sans voix devant l'absence de production universitaire. Gérard Klein expliquait, dans une conférence donnée il y a quelques années, l'absence en France de réelle œuvre de *hard-science*, sous-genre de la science-fiction spéculant sur la science la plus avancée, par le fait que, selon lui, très peu d'écrivains contemporains avaient une formation scientifique. Sur ce point il a toujours raison, lui-même étant à notre connaissance un des rares contre-exemples, talentueux de surcroît. Faut-il conclure de même que la faible quantité d'uchronies historiques (sans *fantasy* ni *steampunk*) serait due au faible intérêt pour l'Histoire ou à une absence de culture historique des écrivains ? Il y a bien quelques Mauméjean, Heliot, Bellagamba (parmi les jeunes) ou Dutourd pour démentir cette hypothèse, mais est-ce suffisant pour créer une émulation ?

Quant aux historiens, depuis la maîtrise de Carrère, rien ou presque sur l'uchronie. Pas d'enseignement officiel, pas de thèse, pas d'essai ni d'anthologie d'historiens francophones. Et on ne peut pas arguer qu'à l'inverse c'est un dada américain. Tous les pays développés ou presque disposent aujourd'hui de leur *Squire* sauf nous ! Il reste donc une étude sérieuse à faire sur cette lacune et, une fois de plus, cette exception française.

Frémissement, écrivons-nous quelques lignes plus haut, car au pays de Renouvier et Geoffroy, quelques initiatives nous font tout de même garder espoir. Initiative individuelle de quelques professeurs du secondaire (question 15), tentatives d'initier les adolescents à l'uchronie (*Sachem América* d'Heliot et Mauméjean ou cette collection, « Ukronie », que lance Alain Grousset chez Flammarion fin 2008), publications en hebdomadaires de textes (Jamet, *Huit grands romans avec des si...*), numéros spéciaux de revues sur l'uchronie (Phénix, Bifrost)... On a vu paraître, en 2003, une première tentative de recueil de textes français prétendument uchroniques (en fait fort peu de véritables uchronies), malheureusement ratée (Ruaud, *Passés recomposés*). Non que les idées et les auteurs soient mauvais, mais il apparaît très vite que l'ouvrage n'a fait l'objet d'aucun travail digne de ce nom de la part de l'anthologiste et, au final, on a le sentiment que la plupart des textes auraient mérité une relecture. Heureusement, certains sauvent l'honneur comme Mauméjean avec la première version de sa *Vénus anatomique*.

L'amateur français peut garder espoir car 2008 a vu paraître la première collection baptisée « Uchronie » en France. C'est chez PyréMonde « l'éditeur des cultures, des régions, des aventures, des histoires de France et d'ailleurs ». Pour l'instant, ce sont des rééditions de textes anciens, histoires secrètes ou uchronies, comme le Geoffroy et le Renouvier, dont certains quasiment introuvables, mais ne boudons pas notre plaisir et saluons cette merveilleuse aventure qui débute !

 En dehors de la littérature et du cinéma, quelles sont les manifestations de l'uchronie ?

L'uchronie se manifeste originellement en littérature puis, par extension, dans la deuxième moitié du XXe siècle au septième art, en bande dessinée et à la télévision. Si ces domaines représentent à eux quatre quasiment toute la production uchronique, il existe néanmoins quelques formes plus rares.

Les jeux et les jouets uchroniques sont longtemps restés un phénomène marginal. Tous les *wargames*, terme utilisé pour qualifier des extensions pour le grand public des *kriegspiels* militaires sur carte avec une multitude de pions colorés, sont par essence même uchroniques En effet, ils proposent bien souvent de revivre une bataille qui, par le choix des joueurs, peut aboutir à une conclusion différente de sa version historique. Mais il existe des *wargames* qui sont uchroniques *a priori* et qui partent d'une situation de départ fictive. Par exemple, *Group of Soviet Forces Germany (G-SOF-G)* est un jeu récent reposant sur l'hypothèse « Et si les Soviétiques avaient envahi l'Allemagne dans la seconde moitié des années 1970 ? » Les deux auteurs, Miranda et Bomba, sont d'ailleurs très connus des amateurs pour avoir à eux seuls conçu presque la moitié des *wargames* uchroniques existant. Là encore, la seconde guerre mondiale reste la période de choix. Bomba a proposé, en 2002, *Beyond the Urals* qui postule que les Allemands ont défait largement les troupes soviétiques lors de l'opération Barbarossa prenant Leningrad, Moscou et Stalingrad, mais Staline n'a pas capitulé pour autant et le jeu simule une deuxième offensive « au-delà de l'Oural » en 1942.

Avec l'avènement de l'informatique, les *wargames* classiques ont migré du papier au logiciel. Des jeux plus tactiques que stratégiques se sont popularisés, dont certains uchroniques. Il semble même que le genre soit à la mode récemment avec, en 2007, la sortie de deux *hits* : *Turning Point* et *War Front*. Dans les deux cas, les nazis ont soumis l'Angleterre et affrontent les États-Unis avec un armement avancé à un point défiant l'imagination. Dans *Turning Point*, Churchill n'a pas survécu à son accident, avec un taxi, en 1931 et, dans l'autre jeu, Hitler est mort prématurément au début de la guerre. Dans un troisième jeu, *Paraworld*, les dinosaures ont survécu dans un monde parallèle et développé une civilisation guerrière.

Autre type de jeu, le jeu de rôle invente parfois des univers uchroniques qui se veulent cohérents. Steve Jackson propose ainsi deux livrets s'intitulant *Gurps Alternate Earths I & II*. Dix mondes uchroniques y sont développés avec leur histoire, personnages, mœurs, coutumes, etc. tels que *Dixie* (victoire du Sud lors de la guerre de Sécession), *Reich 5* (assassinat de Roosevelt en 1933 et victoire des nazis) ou encore une Amérique sous contrôle aztèque. Un régal d'imagination même si on n'est pas amateur de ce type de jeu. Enfin, signalons l'existence de quelques *livres-dont-vous-êtes-le-héros* permettant des uchronies. Ce sont, rappelons-le, des livres interactifs développant plusieurs histoires ramifiées avec renvois de pages selon le choix du lecteur et *Vous êtes De Gaulle – refaites l'Histoire et changez le destin de la France* procure parfois au Général des fins tragiques.

Toujours dans le domaine ludique, n'oublions pas les figurines et autres maquettes. *AE-WWII Retro Sci-Fi* est un jeu proposant de très nombreuses figurines à peindre de l'Axe ou des Alliés pour simuler un conflit continuant en 1946 ! Chez Special Hobby, une boîte, intitulée *Ki 103 Randy 1/72*, permet de construire la maquette de ce qui fut dans la réalité un prototype d'avion et l'illustration de la boîte montre une version opérationnelle d'un Randy en combat contre un Skyraider ! On pourrait multiplier les exemples dans le domaine avec ces kits de Concorde aux couleurs de Pan Am ou de JAL chez Nitto, ou ces chars « Wehrmacht 1946 ». Il y a enfin, sur Internet, plusieurs sites proposant des personnages ou véhicules *steampunk* construits avec des *Legos* par des amateurs, tous plus amusants et délirants les uns que les autres !

Autre domaine artistique qui n'est pas exempt d'uchronies, le champ musical. Nous avons déjà eu l'occasion dans cet ouvrage de mentionner des chansons uchroniques (Charlebois et Peyrac) et même un opéra (Verdi). Nous avons également évoqué le projet fou des *Black Slavics* qui proposent des chants *a capella* des Africains de Russie ! Mais l'uchronie est parfois là, aux oreilles de monsieur-tout-le-monde, et pourtant lui échappe. C'est le cas pour un groupe internationalement connu depuis les années 1970, le groupe allemand *Kraftwerk*. Deux membres du groupe, Ralf Hütter et Florian Schneider, s'exprimaient ainsi, en 1976, dans une interview accordée à Paul Alessandrini de *Rock & Folk* (n° 118, novembre 1976) : « Ceux qui sont plus âgés que nous ont eu Elvis Presley comme idole, les Beatles… des choix qui ne sont pas mauvais, mais si l'on oublie totalement son identité, cela devient rapidement "vide", inconsistant. Il y a ainsi en Allemagne toute une génération, entre trente et cinquante ans, qui a perdu son identité, voire qui n'en a jamais eu. Dans les années 1930, tous les intellectuels d'Europe centrale sont allés aux États-Unis ou en France, ou alors ils ont été éliminés. Nous reprenons donc cette culture des années 30 au point où elle a été laissée, et cela spirituellement… ». *Kraftwerk* pousse son concept de musique rétro-futuriste à l'extrême, soignant ses costumes et ses mises en scènes avec des éléments architecturaux rappelant le Berlin d'avant-guerre. On a là un exemple de démarche artistique uchronique globale et affirmée rarement égalée.

Le théâtre et la scène sont également le lieu de quelques *revisites* de l'Histoire. *Balmoral*, par exemple, est une pièce de Michael Frayn où la révolution bolchévique de 1917 a eu lieu en Grande-Bretagne. Elle a été produite en 1980 sous le titre *Liberty Hall*. La pièce *1953*, de Raine, a été présentée à Paris en novembre 2000 au Bouffon Théâtre en version bilingue (!) avec une adaptation et une mise en scène de Rebecca Mor. Toujours en France, *Biographie sans Antoinette* a connu un réel succès fin 2007 et c'est de l'*uchronie personnelle* ! Sur les ondes, une pièce radiophonique telle que *La Nouvelle Ève*, d'après la *Vénus anatomique* de Mauméjean, relève du *steampunk*. Toujours sur scène mais pour un sketch humoristique, les Monty Python interprètent en 1970 *Mr. Hitler* qui est uchronique : Hitler et ses sbires ont survécu et sont en Angleterre. Ensuite, et comme toujours avec les Monty Python, c'est du délire total !

London As It Might Have Been est un livre de Barker et Hyde qui présente une vision d'un Londres résultant de projets architecturaux restés dans les cartons. En 1925 déjà, en Allemagne, Ponten procédait pareillement avec son ouvrage *Architektur, die nicht gebaut wurde*. Les architectes sont bientôt rejoints par les sculpteurs et les peintres. Daniel Edwards est un sculpteur britannique qui a fabriqué, en 2007, un « Mémorial de la guerre en Irak montrant la mort du prince Harry, martyr de la province de Maysan ». *Uchronies et autres fictions* est une exposition qui a eu lieu à la Frac Lorraine de Metz. Dans le catalogue, on peut lire : « les artistes nous invitent dans une nouvelle dimension et inventent des histoires de temps. Anticipation, simultanéité, répétition, révolution, contraction, le temps se donne à l'expérience. Et si la science-fiction s'immisce dans ces approches sensibles c'est pour mieux nous plonger dans la fiction du temps. » Toujours plus hallucinant, la lithographie *Neu-York* de Melissa Gould visible partiellement *via*

Internet. Cette carte en quatre couleurs est un travail obsessionnel supposé représenter ce que Manhattan serait devenue si les nazis avaient envahi les États-Unis. L'artiste s'est fondée sur une véritable carte de 1939 mais en a effacé toute trace de synagogue juive par exemple et a germanisé les noms des rues. La Première Avenue est devenue la *Kaiser Friedrich Strasse* et la Septième, la *Danziger Strasse*. Le résultat final est intéressant mais à pas moins de 2 500 dollars tout de même ! Plus sobre, et meilleur marché, *Uchronie* est une aquarelle de l'artiste belge Georges Moyses. Dans un *e-mail*, il nous explique : « Il s'agit d'une interprétation libre de l'entrée dans le New York contemporain, où la statue de la Liberté a été remplacée par une statue de Ramsès II. J'ai ajouté quelques pyramides pour préciser l'impression générale de culture égyptienne. (Point de divergence : Carthage l'a emporté sur Rome) »

On penserait en avoir fini avec les manifestations peu banales de l'uchronie et pourtant non ! La publicité a bien compris son potentiel humoristique et, par exemple, un spot pour les yaourts La Laitière, diffusé vers 2000, avait le scénario suivant : Ravaillac se prépare à assassiner Henri IV, quand soudain il hume l'odeur d'un yaourt de la marque, se précipite pour le déguster et oublie le carrosse qui passe ! Les frères Bogdanoff ne reculent devant rien qui réalisent en 2007 une publicité pour Club Internet sur le thème « et si Louis XVI avait eu un téléphone lors de la prise de la Bastille ? » *Uchronie de fiction* également au programme avec La Laitière lorsque d'Artagnan, toujours à cause des terribles yaourts, oublie les ferrets de la reine !

Enfin, il nous faut évoquer les domaines de la philatélie et de la numismatique. Les timbres ou pièces qualifiés parfois d'uchroniques sont en fait des occasions manquées, des anticipations rattrapées par les événements. Ainsi, cette pièce rarissime en argent d'un franc frappée « Henri V roi de France » et datant de 1831, ou encore cette série de six timbres « Azad Hind » (Inde Libre), fabriquée en Allemagne pour Subhas Chandra Bose, en février 1943. Mais il existe deux exemples au moins à notre connaissance proprement uchroniques. Le coffret de 9 essais en bronze comprenant des pièces marquées « Napoléon II » et datées de 1816 qui auraient été, selon les sites numismatiques, fabriquées plus tard, au début du règne de Napoléon III (vers 1860), par des bonapartistes. Ce sont donc techniquement des monnaies uchroniques. De même, la

Poste des Terres australes et antarctiques françaises (TAAF) a sorti, en 2003, une planche de quatre timbres intitulée : *Si les TAAF avaient été moins australes* ; totalement uchronique ! Et cerise sur le gâteau, les mêmes ont proposé ensuite une série de quatre télécartes. Décidément, on n'arrête pas le progrès… en Uchronie !

 Quelle est la bibliothèque idéale de l'amateur d'uchronie ?

Il n'est pas dans notre intention ici de faire un palmarès des meilleurs textes uchroniques qui ne saurait être que partiel et partial, ni de lister de manière exhaustive les plus belles uchronies, mais de fournir au lecteur désireux de découvrir le genre ou de compléter sa bibliothèque quelques pistes avec des œuvres qui nous semblent réunir des qualités reconnues.

Commençons par les deux livres fondateurs de l'uchronie puisqu'ils viennent d'être tous deux réédités chez Pyrémonde. Comme nous l'avons vu, le Geoffroy est certainement plus accessible et plus distrayant à lire que le Renouvier qu'on évitera de recommander à quelqu'un qui n'a jamais lu d'uchronie ou à un jeune lecteur. Mais il faudra tôt ou tard les lire si on aime le genre, tant ils comptent pour sa construction.

Dans les romans modernes, les incontournables sont *Fatherland* d'Harris et *L'Histoire détournée* de Mazarin pour la seconde guerre mondiale, auxquels nous ajoutons volontiers le roman de Saudray qui gagnerait à être plus connu (*Les Oranges de Yalta*). Hors seconde guerre mondiale, les romans uchroniques importants sont *Histoire d'os* de Waldrop, *Un paysage du temps* de Benford, *La Séparation* de Priest et bien sûr le « fix-up » *Pavane* de Roberts. Du côté des francophones, *L'Équilibre des paradoxes* de Pagel se dévore d'une traite. Quant à la série *Reine de Mémoire* d'Elisabeth Vonarburg, c'est tout simplement un chef-d'œuvre. La précision historique, en particulier architecturale, dont fait preuve l'auteur pour construire son uchronie fournit des décors exotiques et crédibles à une intrigue romanesque déjà envoûtante. Les amateurs d'uchronies magiques se jetteront sur *Tous des magiciens* de Garrett ainsi que sur toutes ses nouvelles appartenant au même univers. Quant aux adeptes du *steampunk*, ils ne bouderont pas leur plaisir en lisant *Les Conjurés de Florence*, roman policier dans lequel Léonard de Vinci a déclenché la révolution industrielle trois siècles plus tôt, *La Machine à différences* de Gibson et Sterling ou encore l'hallucinante *Ligue des Héros* de Mauméjean, premier tome d'un cycle si baroque et original qu'il n'est pas résumable en quelques lignes! Pour ce qui est de l'uchronie de fiction, nous recommandons *L'Empire couleur sang* de Côte. Quant à l'uchronie personnelle, elle est bien représentée avec le sympathique *Homme qui vécut deux fois* de Richard-Bessière, le mélodramatique *Échange* de Brennert et bien sûr, pour ce qui est des boucles temporelles, l'inégalé *Replay* de Grimwood. Enfin, on recommandera particulièrement aux adolescents *Sachem América* des sieurs Heliot et Mauméjean, ainsi que *La Porte des mondes*, et la nouvelle *Tombouctou à l'heure du lion* de Silverberg qui, à coup sûr, les dépayseront.

L'uchronie étant particulièrement percutante dans la forme courte (nouvelle) ou dans cette forme à mi-chemin entre la nouvelle et le roman que les Anglo-Saxons nomment *novella*, c'est là que nous allons trouver des textes inoubliables. *Un coup de tonnerre* de Bradbury est à lire pour l'influence considérable que ce texte a eue sur d'autres créateurs. On a vu comment le *Rapport au Reichsführer-SS* de Perrault pouvait être utilisé en classe pour réfléchir sur le nazisme et ses horreurs. Dans le même registre, on pourra consulter *Le Suicide* de Cheinisse qui est une dénonciation des horreurs de la guerre. *La Crosse et l'épée* du belge Warfa ou *L'Éthique d'une trahison* du brésilien Lodi-Ribeiro fournissent deux exemples réussis d'uchronies à points de divergence originaux qui soulèvent plein d'interrogations. En outre, ce sont des textes d'une grande qualité littéraire. Côté recueils, on se doit d'acquérir *La Patrouille du temps* d'Anderson et les *Histoires de la 4ᵉ dimension*, le premier ayant marqué son époque et le thème de la police temporelle, le second comprenant un beau panel de grands (par la qualité) textes uchroniques et une intéressante préface de Gérard Klein. On n'oubliera pas, enfin, ce qui reste, pour nou,s trois des plus belles uchronies jamais écrites : *Le Huitième Registre* du québécois Alain Bergeron, *As-tu vu Montezuma?* de l'inconnu Balthazars et notre favorite parce qu'elle nous a fait découvrir le genre, *L'Homme qui apparut* d'H. Beam Piper, qui raconte sous la forme épistolaire les mésaventures de Benjamin Bathurst, projeté, en novembre 1809, dans un monde où Napoléon n'a jamais été empereur.

Les lecteurs de la langue anglaise pourront ajouter à leur liste les romans suivants malheureusement inédits dans notre pays : *The Two Georges* de Turtledove et Dreyfuss, *Moon of Ice* de Linaweaver, *Aztec Century* d'Evans et le très récent, mais déjà acclamé par la critique, *The Yiddish Policemen's Union* de Michael Chabon.

L'uchronie étant également présente dans la littérature illustrée, nous invitons le lecteur à lire la bande dessinée hilarante de Larcenet, *Le Temps de chien*, où Freud découvre le western ou encore la série *Uchronie(s)*, commencée en 2008 et prévue en dix tomes. En *comic* traduit en français, la *Ligue des Gentlemen Extraordinaires* est l'œuvre culte du *steampunk*. *Planetary – D'un monde à l'autre* représente bien la catégorie des *elseworlds*. Quant à la série *Rex Mundi* elle montre que les Anglo-Saxons savent faire de l'uchronie avec l'Histoire de France.

Mais, dans le domaine de l'illustration, les deux plus belles réussites nous viennent du Japon avec tout d'abord le manga *Jin* dans lequel Jin Minakata, le responsable de la section neurochirurgique du CHU de Tôto, se retrouve projeté dans le passé à l'ère Edo, vers 1860. Avec les moyens du bord mais doté de ses connaissances en médecine moderne, il va changer l'histoire de la médecine, mais également l'Histoire tout court. Outre le scénario haletant, ce manga est très pédagogique et le lecteur, en s'amusant, apprendra énormément sur la médecine et sur les mœurs du Japon de l'époque. Le passage où il met au point la fabrication industrielle de la pénicilline avant l'heure est un morceau d'anthologie ! Quant au second manga, *Zipang*, c'est tout simplement la plus belle et la plus développée réécriture de la seconde guerre mondiale qu'il nous ait été donné de lire. Cela commence à la manière de *Nimitz, retour vers l'enfer* avec le retour, en 1942, d'un croiseur *Aegis* moderne japonais. Mais l'équipage reste coincé en pleine guerre du Pacifique. Dans un premier temps, les Japonais du futur essayent de rester neutres mais, happés par les événements, ils modifient peu à peu l'Histoire. Des dissensions apparaissent entre eux qui font que certains choisissent délibérément l'intervention dans le conflit là où d'autres font tout leur possible pour éviter les divergences. Critique implicite de la guerre et de l'attitude du Japon à l'époque, ce manga n'a rien d'ambigu et par sa recherche du détail, son souci de coller au plus près à l'Histoire, sa vingtaine de numéros déjà traduits en français, il est vraiment ce qui se fait de mieux cette date !

Terminons avec un essai, celui d'Emmanuel Carrère, *Le Détroit de Behring* qui, bien qu'il s'agisse d'un mémoire de maîtrise, constitue la première étude française en volume. Carrère ne semble pas avoir écrit de fiction uchronique, cependant, dans la revue canadienne *Nuit Blanche*, Hélène Gaudreau, clairvoyante, écrit à propos de ce livre : « En 1986, Emmanuel Carrère a consacré un essai fantaisiste à ce sujet (uchronie) somme toute assez marginal, qui se révèle après coup être une porte d'entrée privilégiée dans son œuvre. La lecture du *Détroit de Behring, Introduction à l'uchronie*, nous permet en effet de comprendre à quel point l'affaire Jean-Claude Romand, racontée dans *L'Adversaire*, a pu frapper l'imagination de l'auteur de *La Moustache* et de *La Classe de neige* » (Gaudreau, 2000 : 7). En effet dans *L'Adversaire*, Carrère romance un fait divers, l'histoire de Jean-Claude Romand qui a tenté de se suicider après avoir tué les membres de sa famille et vécu dix-huit ans dans le mensonge, s'inventant (et leur faisant croire à) une vie fictive dans laquelle il était médecin. En d'autres termes, Romand a créé une version uchronique de lui-même qu'il a animée des années durant. Et chacun des romans de Carrère nous interpelle. Dans *La Classe de neige*, un enfant découvre la duplicité de son père après avoir oublié un sac de voyage dans le coffre de sa voiture. Double vie, vie double ? Dans *Hors d'atteinte*, Frédérique, fonctionnaire et mère sans histoire, bascule du jour au lendemain dans la folie du jeu après être entrée dans un casino et sa vie change du tout au tout. Là encore Carrère flirte avec l'idée d'une bifurcation. Cet écrivain est également l'auteur d'un essai sur Philip K. Dick (hasard ?). Touzin a su très bien analyser tous ces aspects dans le mémoire de maîtrise (autre mise en abyme !) captivant qu'il a consacré à son œuvre. Enfin, un autre roman, *La Moustache*, aurait bien selon nous sa place dans notre bibliothèque. C'est le récit d'un homme qui décide de raser sa moustache vieille de dix ans, mais personne autour de lui ne semble s'en rendre compte. Pis encore, sa propre épouse qu'il questionne lui répond étonnamment qu'il n'a jamais eu de moustache. Les souvenirs du héros ne coïncident pas avec ceux de ses proches qui semblent vivre dans un autre univers. Un vrai cauchemar pour le héros de Carrère. Folie ou double de lui-même dans une uchronie personnelle, « auto-uchronie » ? Ce dernier terme est employé par Saint-Gelais (Saint-Gelais, 1999 : 75) qui insiste sur le fait que Carrère brouille les pistes et qu'à moins de savoir que cet auteur connaît parfaitement l'uchronie, le lecteur *lambda* optera pour des explications du type paranoïa du héros ou folie de son épouse, ou encore conspiration de ses proches contre lui. Pourtant, note Saint-Gelais et nous l'avions également noté lors de notre lecture, le lecteur attentif ne manquera pas de s'interroger lorsque Carrère décrit un planisphère où l'Espagne manque et est remplacée par une mer (Carrère, 1986 : 133), ou quand le héros note que « l'ordre du monde (a subi) un dérèglement à la fois abominable et discret, passé inaperçu de tous sauf de lui » (*ibid.* : 148). Effectivement, Carrère a assez de talent et a suffisamment déploré dans son essai le caractère factice et vain de certaines uchronies pour savoir en faire intelligemment.

 En guise de conclusion, quels vœux formuler pour l'Uchronie ?

Tout au long de cet ouvrage, nous avons passé en revue les différentes manifestations de l'uchronie en France comme dans le reste du monde. Nous avons constaté que ce procédé, qui existe depuis 170 ans, n'avait cessé d'être utilisé régulièrement tant en fiction qu'en science. S'il s'est formalisé en France au XIXᵉ siècle avec Geoffroy et Renouvier, il a surtout ensuite connu un développement abondant aux États-Unis, sa croissance allant de pair avec celle de la littérature de science-fiction d'une part et, d'autre part, avec l'énoncé de nouvelles théories en physique comme l'hypothèse d'univers parallèles.

Ces deux dernières décennies, on a assisté outre-Atlantique à une réelle explosion du genre avec de nombreuses anthologies thématiques et des romans à succès. Nous avons également noté le décloisonnement de ses frontières, de nouveaux pays pratiquant l'uchronie en abordant parfois des thèmes inédits et originaux relevant de leur histoire nationale. Par le biais de l'*uchronie de fiction*, celle-ci est à présent accessible aux tout petits qui n'y semblent pas hermétiques (*Babar*, *Le Sortilège de Cendrillon*) et, dans le cadre de l'uchronie historique, de nombreux projets visant les adolescents sont en cours, encore qu'il faille, dans ce cas, faire attention à ne pas « enseigner » l'Histoire alternée sans s'assurer au préalable qu'ils ont bien connaissance de l'Histoire officielle. Enfin, l'*uchronie personnelle* ne cesse d'envahir petits et grands écrans parce qu'elle est réaliste et parle tant aux spectateurs.

En revanche, nous avons déploré qu'en France, pays précurseur, malgré un léger frémissement depuis 1999 (*steampunk* à la française, nouveaux auteurs prometteurs, initiatives individuelles dans l'enseignement, quelques colloques…), de sérieux freins continuent d'exister, bridant le développement de l'uchronie. C'est pourquoi, en guise de conclusion, nous souhaiterions formuler quelques vœux que nous espérons voir se réaliser rapidement dans notre pays.

Il serait souhaitable que *Larousse* et *Robert* n'ignorent plus dans leurs dictionnaires l'existence de ce magnifique mot forgé par Charles Renouvier. « Uchronie » a pourtant été présent dans le *Larousse* jusqu'à la première guerre mondiale mais a disparu ensuite. Pourtant, une rapide recherche par mot-clef sur n'importe quel moteur d'Internet démontre son emploi abondant.

Nous aimerions également que certains chercheurs cessent d'employer « uchronie » pour qualifier des utopies datées se situant dans un futur lointain, voire des guerres futures. Ces récits n'ont absolument rien à voir avec le sens d'une « Histoire refaite logiquement » qu'a voulu donner Renouvier. Bien que cette confusion se fasse de plus en plus rare, et ne concerne que la France du fait de l'emploi d'« Histoire alternée » dans les autres pays, il est agaçant de voir qu'elle persiste chez certain(e)s.

Quand Ugo Bellagamba déclare : « On pourrait dire que l'engouement actuel pour l'uchronie, la prolifération du *steampunk* et l'omniprésence de l'Histoire dans les ouvrages les plus récents, sont peut-être le signe de l'émergence d'un nouveau courant. […] Une manière de "*hard history*" qui orchestrerait la réappropriation du roman historique par le champ science-fictif » (Bellagamba, 2004 : 13), ce qui est probable de manière générale, nous aimerions qu'il ait raison en France ! La véritable uchronie historique nous semble au contraire se faire rare chez nous, les écrivains lui préférant des figures fantastiques et les historiens, dans leur majorité, l'ignorant quand ils ne la méprisent pas.

Enfin, il y a encore dans l'Hexagone trop de sujets tabous. Il est effarant par exemple de voir que la seule uchronie portant sur la guerre d'Indochine est due à des *wargamers* américains (*First Indochina War*)! Sans parler de la guerre d'Algérie qui ne semble intéresser que des nostalgiques de l'OAS.

Mais gageons qu'avec des publications comme celles de Mnémos ou PyréMonde, des initiatives enthousiasmantes qui se multiplient dans l'Enseignement et une forte communauté de fans organisés (uchronia@yahoogroups.com), le frémissement français va se transformer en tendance lourde pour permettre à la France de retrouver sa place en tant que grande nation du genre. Car l'uchronie n'a pas fini de faire couler de l'encre ou consommer de la pellicule, elle qui offre, comme dirait Bruno Peeters, « l'opportunité de la réflexion, sévère ou joyeuse, sur ce qui a fondé notre existence, sur notre époque, sur ce que l'avenir nous prépare et, surtout, nos possibilités de l'influencer » (Peeters, 2003 : 42).

BIBLIOGRAPHIE

Littérature

AGRAIVES, Jean d', *L'Aviateur de Bonaparte*, 1926, rééd. PyréMonde, 2006.

AGUILERA, Juan Miguel, *Dernière visite avant le Christ*, 2003, dans *Dimension Espagne*, Rivière Blanche, « Fusée » 01, 2006.

AKSYONOV, Vassily, *L'Île de Crimée*, 1980, Gallimard, « NRF », 1982.

ALBA, Victor, *1936-1976 : Historia de la II República Española*, Planeta, 1976.

ALBÉRÈS, R. M., *Si j'étais à Varennes*, dans *L'Autre planète*, Albin Michel, 1958.

ALDISS, Brian W., *Alternate Worlds and Alternate Histories*, dans *The New Encyclopedia of Science Fiction*, Viking, 1988.

—, *The Year before Yesterday*, Franklin Watts, 1987.

—, *Un dollar, ça vaut combien?*, 1975, dans *Le Livre d'or de la science-fiction*, Presses Pocket n° 5150.

ALKON, Paul, *Alternate History and Postmodern Temporality*, dans *Literature and the Arts : Essays in Honor of Samuel L. Macey*, English Literary Studies, University of Victoria, 1994.

—, *Origins of Futuristic Fiction*, Athens, Georgia, The University of Georgia Press, 1987.

ALMERAS, Henri d', *La Vie parisienne pendant le Siège et sous la Commune*, Albin Michel, 1927.

ALMOND, Mark, *Without Gorbachev : What If Communism Had Not Collapsed?*, dans *Virtual History. Alternatives and Counterfactuals*, Picador, 1997.

ALTAIRAC, Joseph, *Lavoisier a tort et Lucrèce a raison*, dans *Archives de l'imaginaire* n° 1, Infini, 2000.

—, *Science-Fiction et uchronies : et si la Révolution française n'avait pas eu lieu*, dans *Cahiers pour la littérature populaire* n° 11, 1989.

ALTAIRAC, Joseph et Guy Costes, *Les Terres creuses. Bibliographie commentée des mondes souterrains imaginaires*, Encrage, « Interface » n° 4, 2006.

AMBROSE, David, *L'homme qui se prenait pour lui-même*, 1993, J'ai Lu, « Polar », n° 3928, 1995.

AMIS, Kingsley, *The Alteration*, Cape, 1976.

ANDERS, Lou, *Live Without a Net*, Roc, 2003.

—, *Sideways in Crime : An Alternate Mystery Anthology*, Solaris, 2008.

ANDERSON, Kevin J., *War of the Worlds : Global Dispatches*, Bantam/Spectra, 1996.

ANDERSON, Poul, *Delenda est*, 1955, dans *La Patrouille du temps*.

—, *L'homme qui était arrivé trop tôt*, 1955, dans *Histoires de voyages dans le temps*, Livre de Poche n° 3772, 1975.

—, *La Patrouille du temps*, 1960, J'ai Lu n° 1409, 1982.

—, *Tempête d'une nuit d'été*, 1961, Presses Pocket n° 5360, 1990.

—, *Trois cœurs, trois lions*, 1961, Garancière, « Aventures Fantastiques », 1986.

ANDERSSON, Lars M. et Ulf ZANDER, *Tänk om... Nio kontrafaktiska essäer*, Historiska Media, 1999.

ANDREANO, Ralph, *La Nouvelle Histoire économique*, 1970, Gallimard, 1977.

ANDREVON, Jean-Pierre, *Ce sacré putain de déluge vu de cette sacrée putain d'Arche*, dans *C'est arrivé mais on n'en a rien su*, Denoël, « Présence du Futur » n° 384, 1984.

—, *L'Anniversaire du Reich de mille ans*, dans *C'est arrivé mais on n'en a rien su*, Denoël, « Présence du Futur » n° 383, 1984.

—, *La Pucelle enfumée*, dans *Bifrost* n° 34, avril 2004.

—, *Le Jour du grand saut*, Livre de Poche « Jeunesse » n° 996, 1996.

—, *Un petit saut dans le passé*, dans *Cela se produira bientôt*, Denoël, « Présence du Futur » n° 135, 1971.

ANDREVON, Jean-Pierre et Philippe COUSIN, *Georges voulait aller au troisième*, dans *L'Immeuble d'en face*, Denoël, « Présence du Futur » n° 344, 1982.

ANFOSSO, Fabrice, *Le Chemin des Fées*, Nestiveqnen, 2005.

ANGENOT, Marc, SUVIN, Darko et Jean-Marc GOUANVIC, *L'Uchronie, histoire alternative et science-fiction*, dans *Imagine...* n° 14, automne 1982.

ANONYME / COLLECTIF, *Histoire de la prise de Berne [et de l'annexion de la Suisse à l'Allemagne]*, Genève, F. Richard, 1921.

—, « Marchais à Matignon », *Le Crapouillot* n° 24, février-mars 1973.

—, « Oui, ils se sont rencontrés... », série d'articles, *Le Figaro littéraire*, juillet-août 2001.

—, « Que serait-il devenu ? », série de dix articles, *Le Figaro* du 1er juillet au 2 septembre, 1999.

—, « Si Jaurès n'avait pas été tué en 1914... », *Ça m'intéresse*, hors-série n° 4, « Questions & Réponses », 2003.

—, « Si Jeanne d'Arc avait été un homme... », *Ça m'intéresse*, hors-série n° 4, « Questions & Réponses », 2003.

—, « Si Napoléon n'avait pas vendu la Louisiane aux Américains... », *Ça m'intéresse*, hors-série n° 4, « Questions & Réponses », 2003.

APRIL, Jean-Pierre, *Canadian dream*, dans *Imagine...* n° 14, 1982.

ARAGÃO, Octávio, *Intempol. Uma Antologia de contos sobre viagens no tempo*, Ano-Luz, 2000.

ARDISSON, Thierry, *Louis XX contre-enquête sur la monarchie*, Olivier Orban, 1986.

ARNOUX, Alexandre, *Faut-il brûler Jeanne ? Mystère en trois journées*, Gallimard, « NRF », 1954.

ARON, Raymond, *Leçons sur l'Histoire*, De Fallois, 1989, rééd. Livre de Poche, 1991.

ARON, Robert, *Victoire à Waterloo*, André Sabatier, 1937.

ASSELIN, Olivier, « Uchronia. Les vertus épistémologiques de l'histoire alternative », *Intermédialités* n° 2 : Réinventer l'Histoire : l'uchronie, 2007, http://www.intermedialites.ca/

ATKINS, John, *Les Mémoires du futur 1960-3750*, 1955, Denoël, « Présence du Futur » n° 27, 1958.

BAINVILLE, Jacques, *Les Conséquences politiques de la paix*, Nouvelle Librairie Nationale, 1920.

BALTHAZARS, « As-tu vu Montezuma ? », publié dans *Le Monde*, de juin à septembre 1980.

BAMEUL, Pierre, *La Saga d'Arne Marsson*, Fleuve Noir, « Anticipation » n° 1458, 1986.

—, *Le Choix des destins*, Fleuve Noir, « Anticipation » n° 1489, 1986.

BARBET, Pierre, *Carthage sera détruite*, Fleuve Noir, « Anticipation » n° 1298, 1984.

—, *L'Empire du Baphomet*, Fleuve Noir, « Anticipation » n° 494, 1972.

—, *Liane de Noldaz*, Fleuve Noir, « Anticipation » n° 563, 1973.

—, *Réalité 2*, Fleuve Noir, « Anticipation » n° 1644, 1988.

—, *Rome doit être détruite*, Fleuve Noir, « Anticipation » n° 1254, 1983.

BARING, Maurice, *The Alternative*, dans *London Mercury*, novembre 1922, Travelers in Time, Doubleday & Co, 1947.

BARJAVEL, René, *Le Voyageur imprudent*, Denoël, 1944.

BARKER, Felix et Ralph HYDE, *London As It Might Have Been*, John Murray, 1982.

BARLOW, George W., *Les Frontières n'ont pas de mamelles*, dans *Passe-Temps* n° 3, janvier 1987.

BARNES, John, *Kaleidoscope Century*, Tor, 1995.

BARNES, Steven, *Lion's Blood*, Warner, 2002.

BARRIE, James Matthew, *Peter Pan or The Boy Who Wouldn't Grow Up*, 1904.

BARTON, William, *Age of Aquarius*, *Asimov's Science Fiction*, mai 1996.

—, *Harvest Moon*, *Asimov's Science Fiction*, septembre 2005.

BASTABLE, Bernard, *Trop de notes Monsieur Mozart*, 1995, Librairie des Champs-Elysées, « Labyrinthes », 1997.

—, *Un Requiem pour Mozart*, 1995, Librairie des Champs-Élysées, « Labyrinthes », 1997.

BAUM, L. Frank, *Le Magicien d'Oz*, 1900, J'ai Lu n° 1652, 1984.

BAXTER, John, *The Alternate Luftwaffe*, seconde édition illustrée, John Baxter Publisher, 2006.

—, *The Alternate RAAF and RAN Fleet Air Arm. Australian's Little Asian Wars 1951-1975*, Condor Group, 2003.

BAXTER, Stephen, *Voyage*, 1996, J'ai Lu, « Millénaires », 1999.

BECHTEL, Guy et Jean-Claude CARRIÈRE, *Dictionnaire des révélations. L'autre manière de raconter l'Histoire*, Plon, 1999.

BEERBOHM, Max, « A Panacea », *Saturday Review* du 23 juillet 1904.

BELLAGAMBA, Ugo, « L'acteur historique dans les récits de SF », *Yellow Submarine* n° 132, 2004.

—, « L'Instrumentalisation de l'Histoire dans la pensée politique de Charles Renouvier », dans *Actes du colloque d'Aix-en-Provence (12-13 mai 2005). L'Histoire institutionnelle et juridique de la pensée politique*, Presses universitaires d'Aix-Marseille, 2006.

BELLAMY, Edward, *Cent ans après*, 1888, Fustier, s. d.

BELLE, Jacques, *La Défaite française. Un désastre évitable*, Tome 1. *Le 16 mai 1940, il fallait rester en Belgique*, Economica, 2007.

BELLO, Antoine, *Éloge de la pièce manquante*, Gallimard, « La Noire, Série Noire littéraire », 1998.

—, *Les Falsificateurs*, Gallimard, « NRF Blanche », 2007.

BENET, Stephen Vincent, *L'Homme du destin*, 1935, dans *Le Roi des chats*, Julliard, 1947.

BENFORD, Gregory, *Un paysage du temps*, 1981, Denoël, « Présence du Futur » n° 332-333, 1982.

BENILOV, Evgeni, *1985*, Act, 2003.

BENOZIGLIO, Jean-Luc, *Louis Capet, suite et fin*, Éditions du Seuil, « Fiction & Cie », 2005.

BERGERON, Alain, *Le Huitième Registre*, 1993, dans *Les Horizons divergents*, Livre de Poche, 1999.

BERNARD-WALKER, J., *La Vengeance du Kaiser. New York bombardé*, 1915, Pierre Lafitte, 1916.

BERNSTRUP, Gunnar et Jörgen WESTERHOV, *40 « lyckliga » år*, Hjalmarson & Högberg, 2005.

BERTRAND, Henri Gatien, *Mémoires pour servir l'histoire de Napoléon, dictés par lui-même à Sainte-Hélène*, Comon, Paris, 2 volumes, 1847.

BESNIER, Michel, *Le Bateau de mariage*, Éditions du Seuil, 1988.

BESTER, Alfred, *L'homme qui tua Mahomet*, 1958, dans *Histoires à rebours*, Livre de Poche n° 3773, 1984.

BILBAO, Pedro Garcia et Javier SANCHEZ-REYES, *Fuego sobre San Juan*, Ediciones B, « Nova » n° 123, Barcelone, 1999.

BISSON, Terry, *Nova Africa*, 1988, Imaginaires sans frontières, 2001.

BLANQUI, Auguste, *L'Éternité par les astres. Hypothèse astronomique*, G. Ballière, 1872, rééd. Les Impressions Nouvelles, 2002.

BLAYLOCK, James P., *Homunculus*, 1986, J'ai Lu n° 3052, 1991.

BLOM, Suzanne Allés, *Inca : the Scarlet Fringe*, Tor, 2000.

BLONDIN, Antoine, *Les Enfants du Bon Dieu*, Éditions de la Table Ronde, 1952, rééd. 1953.

BOIREAU, Jacques, *Chroniques sarrasines*, Ateliers du Tayrac, 1988.

BOISSET, Éric, *Le Sarcophage du temps*, Magnard Jeunesse, « Les Fantastiques » n° 3, 1999.

BOITARD, Pierre, *Paris avant les hommes*, Passart, Paris, 1861.

BOLAÑO, Roberto, *La Littérature nazie en Amérique*, 1996, Christian Bourgois, « Titres » n° 4, 2003.

BOLGER, Philip C., *Schorpioen : A Novel of Southern Africa*, Duff & Duff, 1986.

BON, Frédéric et Michel-Antoine BURNIER, *Si mai avait gagné : facétie politique*, Pauvert, 1968.

BONHEUR, Gaston, *La Croix de ma mère*, Julliard, 1976.

BOPP, Léon, *Liaisons du monde : roman d'un politique (1938-44)*, Gallimard, 1949.

BORDEN, Morton et Otis L. GRAHAM Jr, *Speculations on American History*, Heath, 1977.

BORMAND, Georges, « La Balle », *AOC* n° 3, avril 2006.

BOUHALASSA, Mehdi, « La Tentation d'Adam, une uchronie montréalaise », *Solaris* n° 144, 2003.

BOULLE, Pierre, *Quand le serpent échoua*, dans *Quia Absurdum*, Julliard, 1970.

BOUTHILLON, Fabrice, « Comme quoi Napoléon n'a jamais existé ou le révisionnisme en histoire », dans *Commentaire* n° 43, automne 1988.

BOYD, John, *Dernier vaisseau pour l'Enfer*, 1969, Denoël, « Présence du Futur » n° 133, 1971.

BOYETT, Steven R., *The Architext of Sleep*, Ace, 1986.

BOZEC, Marc, *Uchronie ou l'infini vertige*, Éditions du Petit Véhicule, 2003.

Brack, Duncan, *President Gore... and other things that never happened : A Second Collection of Political Counterfactuals*, Politico's, 2006.

Brack, Duncan et Iain Dale, *Prime Minister Portillo... And Other Things that Never Happened*, Politico's, 2003.

Bradbury, Ray, *Un coup de tonnerre*, 1952, dans *Les Pommes d'or du soleil*, Denoël, « Présence du Futur » n° 14, 1953.

Branco, Marcelo Simão, *Outras Copas, outros mundos*, Ano-Luz, 1998.

Brennert, Alan, *L'Échange*, 1990, Denoël, « Présences », 1991.

Brisson, Sylvain, *1492 les Gabonais découvrent l'Europe*, dans *Les Bienfaits de la colonisation*, ABS, 2007.

Brodersen, Kai, *Virtuelle Antike. Wendepunkte de Alten Geschichte*, Primus, 2000.

Brown, Dan, *Da Vinci Code*, 2003, Pocket n° 12265, 2005.

Brown, Douglas et Christopher Serpell, *Loss of Eden*, Londres, Faber and Faber, 1940, rééd. *If Hitler Comes*, 1941.

Brown, Fredric, *L'Univers en folie*, 1946, Denoël, « Présence du Futur » n° 120, 1970.

Brunner, John, *À perte de temps*, 1962, Opta, « Galaxie Bis » n° 106, 1984.

Bushkov, Alexander, *Rossiya Kotoroi ne Bylo*, Olma, 1997.

Bylinsky, Gene, *La Vie dans l'univers de Darwin*, 1981, Laffont, 1983.

Cadigan, Pat, *Dispatches from the Revolution*, dans *Alternate Presidents*, Tor, 1992.

Caillois, Roger, *Ponce Pilate*, Gallimard, « L'Imaginaire », 1961.

Cami, *Si... Napoléon avait gagné la bataille de Waterloo*, dans *Les Grands-parents terribles*, Baudinière, 1939.

Capek, Karel, *Le Pseudo-Loth ou du patriotisme*, 1945, dans *Récits apocryphes*, Artia, 1962.

Caraguel, Edmond P., *Napoléon V dictateur*, Georges Anquetil, 1926.

Carcopino, Jérôme, « Si Brutus n'avait pas osé... », *Les Annales. Revue mensuelle des Lettres française* n° 78, avril 1957.

Card, Orson, *Scott, Les Chroniques d'Alvin le Faiseur*, L'Atalante, 1999.

Carey, Jacqueline, *Kushiel, 6 romans*, Tor & Warner/Aspect, 2001-2008.

Carr, Edward H., *Qu'est-ce que l'Histoire ?*, La Découverte, 1988.

Carrère, Emmanuel, *Hors d'atteinte*, POL, 1988.

—, *Je suis vivant et vous êtes mort : Philip K. Dick 1928-1982*, Éditions du Seuil, « Points », 1993.

—, *L'Adversaire*, POL, 2000.

—, *La Classe de neige*, POL, 1995.

—, *La Moustache*, POL, 1986.

—, *Le Détroit de Behring. Introduction à l'uchronie*, POL, 1986.

Carroll, Lewis, *Alice au pays des merveilles*, 1865.

Carsac, Francis, « Premier Empire », *Fiction* n° 74, janvier 1960.

Cavaterra, Emilio, *Il Papa Negro*, Settimo Sigillo, 1996.

Cazes, Bernard, *Histoire des Futurs*, Seghers, « Les Visages de l'Avenir », 1986.

Chabon, Michael, *The Yiddish Policemen's Union*, Harper Collins, 2007.

Chalker, Jack L., *Downtiming the Nightside*, Baen, 1985.

Chamberlain, Gordon B., *Afterword : Allohistory in Science Fiction*, dans *Alternative Histories : Eleven Stories of the World as It Might Have Been*, Garland, 1986.

Chamberlin, Joseph Edgar, *If the Spanish Armada Had Sailed at Its Appointed Time*, dans *The Ifs of History*, Henry Altemus, 1907.

CHANDLER, A. Bertram, *Kelly Country*, Penguin Australia, 1984.

CHAPMAN, Edgar L. et Carl B. YOKE, *Classic and Iconoclastic Alternate History Science Fiction*, Edwin Mellen, 2003.

CHASTENET, Jacques, *Si le comte de Chambord s'était rallié aux trois couleurs*, dans *Les Annales. Revue mensuelle des Lettres française* n° 69, 1956.

CHAVARRIA, Héctor, *Crónica Del Gran Reformador*, dans *Principios de Incertidumbre, Premio Puebla de Ciencia Ficcion 1984-1991*, Lic. Mariano Pina Olaya, 1992.

CHEINISSE, Claude, *Le Suicide*, 1958, dans *Les Mondes francs*, Livre de Poche n° 7096, 1988.

CHESNEY, George, *La Bataille de Dorking. Invasion des Prussiens en Angleterre*, Plon, 1871.

CHESNOFF, Richard Z., KLEIN, Edward et Robert LITTELL, *Si Israël avait perdu la guerre*, Laffont, « Ce Jour Là », 1969.

CHIANG, Ted, *La Tour de Babylone*, 1990, Denoël, « Lunes d'Encre », 2006.

CHOI, Eric, *The Coming Age of the Jet*, dans *Arrowdreams. An Anthology of Alternate Canadas*, Winnipeg, Nuage Editions, 1997.

CHRISTOPHER, John, *Boule de feu*, 1981, Médium Poche, « L'école des loisirs », 1991.

CHURCHILL, Winston, *If Lee Had Not Won the Battle of Gettysburg*, dans *If, or History Rewritten*, 1931.

CLAGETT, John, *A World Unknown*, Popular Library, 1975.

CLARAC, Sébastien, *Teolt*, dans *Notes de merveilles* n° 11, mai 2007.

CLARENCE, Day, *Nous les singes*, 1920, Phébus, 2007.

CLARKE, Arthur, C., *Le Marteau de Dieu*, 1993, J'ai Lu n° 3973, 1995.

CLARKE, Susanna, *Jonathan Strange et Mr Norrell*, 2004, Robert Laffont, 2007.

CLAVEL, Fabien, *La Cité de Satan ou Les Mystères de Lutèce*, Mnémos, « Icares », 2006.

CLÉMENT, Catherine, *Jésus au bûcher*, Éditions du Seuil, 2000.

CLUTE, John et Peter NICHOLLS, *The Encyclopedia of Science-Fiction*, St Martin's Press, 1993.

COLIN, Fabrice, *Dreamericana*, J'ai Lu, « Millénaires », 2003.

—, *La Malédiction d'Old Haven*, Albin Michel, « Wiz », 2007.

—, *Le Réveil des Dieux*, Livre de Poche « Jeunesse », 2006.

—, *Sayonara Baby*, L'Atalante, 2004.

COLIN, Fabrice et Mathieu GABORIT, *Steampunk. Confessions d'un automate mangeur d'opium*, Mnémos, « Icares », 1999.

COMBALLOT, Richard, *Les Ombres de Peter Pan*, Mnémos, « Icares », 2004.

—, *Mission Alice*, Mnémos, « Icares », 2004.

COMBALLOT, Richard et Johan HELIOT, *La Machine à remonter les rêves. Les enfants de Jules Verne*, Mnémos, « Icares », 2005.

COMMINES, Philippe de, *Les 180 jours de Mitterrand – histoire du 1er gouvernement de l'Union de la Gauche 3 avril-2 octobre 1978*, Belfond, 1977.

COMPAYRÉ, G., *Analyses et comptes-rendus. Uchronie de Renouvier*, Revue philosophique, 1876-2.

CONROY, Robert, *1901*, Lyford, 1995.

CONSTANTINE, Murray, *Swastika Night*, 1937, The Feminist Press, 1985.

COOK JR., Theodore F., *The Chinese Discovery of the New Wolrd, 15th Century. What the Expeditions of a Eunuch Admiral Might Have Led to*, dans *What If? 2 : Eminent Historians Imagine What Might Have Been*, Putnam, 2001.

COOPER, B. Lee, « Beyond Flash Gordon and *"Star Wars"* : Science Fiction and History Instruction », *Social Education* n° 42, 1978 : 392-97.

—, *Folk History, Alternative History, and Future History*, dans *Teaching History* n° 2, 1977 : 58-62.

COPPEL, Alfred, *La Montagne de feu*, 1983, Mazarine, 1984.

CORBEIL, Pierre, *L'Uchronie : une ancienne science inspire un nouveau sous-genre*, dans *Solaris* n° 110, été 1994.

—, *La Concession*, dans *Imagine...* n° 55 à 58, 1991.

CORES, Lucy, *Hail to the Chief*, dans *Beyond Time*, Pocket Books, 1976.

COSTA, André, *L'Appel du 17 juin*, J.-C. Lattès, 1980.

CÔTE, Denis, *L'Empire couleur sang*, HMH Hurtubise, « Atout Fantastique » n° 68/69/70, 2002.

COWLEY, Robert, *What If? The World's Foremost Military Historians Imagine What Might Have Been*, Putnam, 1999.

—, *What If? 2: Eminent Historians Imagine What Might Have Been*, Putnam, 2001.

—, *What Ifs? Of American History : Eminent Historians Imagine What Might Have Might Have Been*, Putnam, 2003.

COYLE, Jake, *Entertainment 2004... What Might Have Been*, Associated Press Newswire, 30 décembre 2004.

COZORT, Dale, *American Indian Victories*, Booklocker.com, 2002.

CRIDDLE, Byron, *What if President Mitterrand Had Imposed First-Past-the-Post Instead of Proportional Representation in 1986*, dans *President Gore... and other things that never happened*, Politico's, 2006.

CUILLIERIER, René, *Et si Hitler avait gagné la guerre*, dans *Science et vie junior*, hors-série n° 72 sur la seconde guerre mondiale d'avril 2008.

CUMMINGS, Ray, *Les Maître du temps*, 1924, Gallimard-Hachette, « Rayon Fantastique », 1958.

CURVAL, Philippe, *Une histoire romaine*, dans *Fiction* n° 63, 1959.

CUSH, Geoff, *Graine de France*, 2002, rééd. Actes Sud, « Antipodes », 2004.

CZERNEDA, Julie E. et Isaac SZPINDEL, *ReVisions*, Daw, 2004.

DAC, Pierre, *Bulletin météorologique. Le temps qu'il aurait dû faire la semaine dernière*, dans *L'Os à Moelle* n° 61 du vendredi 7 juillet 1939.

DAHLBERG, Rasmus, *En Anden historie*, Ni alternative Danmarkshistorier, Aschehoug, 2001.

DANINOS, Pierre, *Eurique et Amérope*, Rencontre, « La jeune parque », Lausanne, 1946.

DANN, Jack et Gardner DOZOIS, *Futures Past*, Ace, 2006.

DANSETTE, Adrien, *Si la bombe d'Orsoni avait tué Napoléon III...*, dans *Les Annales. Revue mensuelle des Lettres française* n° 82, août 1957.

DARTAL, Frank, *Et un temps pour mourir*, Fleuve Noir, « Anticipation » n° 1197, 1983.

—, *Un temps pour la guerre*, Fleuve Noir, « Anticipation » n° 1557, 1987.

DAVIS, Lance B., *Et ce ne sera plus jamais de la littérature. Une critique de la nouvelle histoire économique*, dans *La Nouvelle Histoire économique*, Gallimard, 1977.

DAY, Thomas, *L'Instinct de l'équarrisseur (Vie et mort de Sherlock Holmes)*, Mnémos, « Icares », 2002.

DEBUISSON, Jacques, *On refait le match. L'Histoire – Fiction*, dans *La Bougie du Sapeur* n° 7, 29 février 2004.

—, *Une tragédie en mer*, dans *La Bougie du Sapeur* n° 6, 29 février 2000.

DECHERF, Dominique, *Bainville. L'intelligence de l'histoire*, Bartillat, 2000.

DEIGHTON, Len, *SS-GB : Les Allemands ont envahi l'Angleterre*, 1978, Fayard, 1979.

DELISLE DE SALES, *Ma République. Auteur Platon. Éditeur J. De Sales. Ouvrage destiné à être publié l'An MDCCC* (12 volumes, 1791), également réédité sous les titres de *Éponine ou de la République ou Philosophie du bonheur.*

DELPECH, Thérèse, *L'Ensauvagement. Le retour de la barbarie au XXIe siècle*, Grasset, 2005.

DEMANDT, Alexander, *Ungeschehene Geschichte*, 3e édition révisée, Vandenhoeck-Reihe, 2001.

DENIS, Sylvie, *L'Assassinat de la Maison du Peuple*, dans *Futurs antérieurs*, Fleuve-Noir, 1999.

DEXTER, Lewis A., *What If Joseph McCarthy Had Not Been a U.S. Senator in 1950-55 ?*, dans *What If? Explorations in Social-Science Fiction*, Lewis, 1982.

DICHARIO, Nicholas A., *The Winterberry*, dans *Alternative Kennedys*, Tor, 1992.

DICK, Philip K., *Interférence*, 1958, dans *Nouvelles 1947-1952*, Denoël, « Présences », 1994.

—, *La Brèche dans l'espace*, 1966, Marabout, « Science Fiction » n° 477, 1974.

—, *Le Maître du haut château*, 1962, J'ai Lu n° 567, 1985.

—, *Le Monde de Jon*, 1954, dans *Souvenirs*, Denoël, « Présence du Futur » n° 495, 1989.

DICKENS, Charles, *Chant de Noël*, 1843.

DÍEZ, Julián, *Franco. Una Historia alternativa*, Minotauro, « Ucronía », 2006.

DISRAELI, Benjamin, *Alroy : or, the Prince of the Captivity*, Saunders and Otley, 1833.

DIXON, Dougal, *Les Nouveaux Dinosaures, l'autre évolution*, 1988, Glénat, 1989.

DONALDSON, Stephen R., *Les Chroniques de Thomas l'incrédule*, 1977, J'ai Lu n° 2232, 1987.

DOWD, Maureen, *It's a Wonderful 2d Term (Apologies to Mr. Capra)*, dans *The New York Times* du 8 novembre 1992.

DOYLE, Arthur Conan, *Le Monde perdu*, 1912.

DUBOIS, Brendan, *Resurrection Day*, Putnam, 1999.

DUCHARME, Alain, *Montréal : trois uchronies*, dans *Solaris* n° 155, 2005.

DUITS, Charles, *Ptah Hotep*, Denoël, 1971.

DUKAJ, Jacek, *Xavras Wyzryn*, SuperNowa, 1997.

DUMAS, Alexandre, *Les Trois Mousquetaires*, 1844.

DUMAS, Wayne, *Speculative Reconstruction of History : A New Perspective on an Old Idea*, dans *Social Education* n° 33, 1969 : 54-55.

DUNYACH, Jean-Claude, *La Dynamique de la Révolution*, dans *Déchiffrer la trame*, L'Atalante, 2001.

DUPLESSIS-MORNAY, *De la vérité chrétienne contre les athéistes*, Claude Micard, 1585.

DURAND, René, *Fragment d'autobiographie en mai 1968*, dans *Fiction* n° 248, 1974.

DURSCHMIED, Erik, *La Logique du grain de sable. Quand la chance ou l'incompétence a changé le cours de l'Histoire...*, 1999, J.C. Lattès-Trinacra, 2000.

DUTOURD, Jean, *Le Feld-maréchal von Bonaparte*, Flammarion, 1996.
—, *Les Taxis de la Marne*, Gallimard, « NRF », 1956.
—, *Que serait-il devenu ? Arthur Rimbaud*, dans *Le Figaro*, 12 août 1999.
DUVERNAY-BOLENS, Jacqueline, *Les Géants patagons. Voyage aux origines de l'homme*, Michalon, 1995.
DVORKIN, David, *Budspy*, F. Watts, 1987.
EASTERMAN, Daniel, *K*, 1997, Belfond, 1999.
ECKEN, Claude, *La Fin du Big Bang*, dans *Escales 2001*, Fleuve Noir, 2000.
ECO, Umberto, *Le Pendule de Foucault*, 1988, Grasset, 1990.
EDITORS OF CONSUMER GUIDE, *Cars That Never Were – The Prototypes*, Beekman House, 1981.
EFFINGER, G. A., *Everything But Honor*, dans *What Might Have Been?* Vol. 1, Bantam, 1989.
EKLUND, Gordon, *The Rising of the Sun*, dans *Beyond Time*, Pocket Books, 1976.
ERIKSSON, James S., *1308-1590 America Vichinga*, Milan, Frassinelli, 1984.
ERLANGER, Philippe, *Si le comte de Provence s'était trouvé l'aîné...*, dans *Les Annales. Revue mensuelle des Lettres française* n° 76, février 1957.
ESCANDE, Jean-Pierre, *Rue Marie-Rose*, Arléa, 1990.
ESCHBACH, Andreas, *Jésus vidéo*, 1998, L'Atalante, 2001.
ESTLEMAN, Loren D., *Sherlock Holmes Vs. Dracula*, ibooks, 2004.
EVANS, Christopher, *Aztec Century*, Victor Gollancz, « SF », 1993.
EWERS, Hanns Heinz, *Dans l'épouvante*, 1908, J'ai Lu n° 505, 1973.
FABRA, Nilo Maria, *Cuatro siglos de buen gobierno*, dans *Por los espacios imaginarios (con escalas en Tierra)*, Libreria de Fernando Fe, 1885.
FADNESS, Fern Bryant, *What If Booth's Bullet Had Missed Lincoln*, dans *The People's Almanac* n° 2, Morrow, 1978.
FARMER, Philip José, *Faire voile! Faire voile!*, 1952, dans *Histoires de la 4e dimension*, Livre de Poche n° 3783, 1983.
—, *La Porte du temps*, 1966, Fleuve Noir, « Best-sellers » n° 12, 1983.
—, *Les Faiseurs d'univers, cycle comportant à ce jour sept romans*, Pocket.
FAYARD, Colette, *Le Tombeau des lutteurs*, dans *Passe-Temps* n° 2, 1986.
FAYE, Eric, *Parij*, 1997, J'ai Lu n° 5156, 1999.
FERGUS, Jim, *Mille femmes blanches*, Le Cherche midi, 2000.
FERGUSON, Niall, *Virtual History. Alternatives and Counterfactuals*, Londres, Picador, 1997.
FÉVAL FILS, Paul, *D'Artagnan et Cyrano, cycle de sept romans*, 1925-28.
FFORDE, Jasper, *L'Affaire Jane Eyre*, 2001, Fleuve Noir, 2004.
FIELD, Michel, *Le Grand Débat*, Robert Laffont, 2006.
FINCH, Sheila, *Infinity's Web*, Bantam-Spectra 1985.
FINLAY, Charles Coleman, *We Come Not to Praise Washington*, dans *The Magazine of Fantasy and Science Fiction*, août 2002.
FINNEY, Jack, *La Pièce d'à côté*, 1968, Denoël, « Présence du Futur » n° 556, 1995.
—, *Le Voyage de Simon Morley*, 1970, Denoël, « Lunes d'Encre », 2000.
FLEURIOT DE LANGLE, *Si Nelson avait perdu la bataille de Trafalgar...*, dans *Les Annales. Revue Mensuelle des Lettres française* n° 81, juillet 1957.
FLINT, Eric, *1632*, Baen, 2000.
—, *Ring of Fire II*, Baen, 2008.
FLORIOT, René, *Si Grouchy était arrivé le premier...*, dans *Les Annales. Revue mensuelle des Lettres française* n° 74, décembre 1956.
FOVEAU, Georges, *Renversons la vapeur!*, dans *Faeries* n° 11, été 2003.

FRANCK, Bernard, *L'Italie, hélas!*, dans *Le Nouvel Observateur*, 20-26 juillet 2006.

FRAYN, Michael, *Balmoral*, Methuen, 1988.

FRIESNER, Esther, *Une si bonne affaire*, 1992, dans *Fiction* tome 3, printemps 2006.

FRISCH, Max, *Biographie sans Antoinette*, 1968, Gallimard, 1970.

FROMENT, Xavier, *La Fuite*, dans *Notes de merveilles* n° 11, mai 2007.

FRY, Stephen, *Making History*, 1996, annoncé sous le titre *Le Faiseur d'histoire*, Moutons électriques, 2008.

FUENTES, Robert, *Dead Morn*, Tafford, 1990.

GAIL, Samantha, *Savior in Time*, Iuniverse.com, 2001.

GAMOW, George, *M. Tompkins au pays des merveilles*, 1939, Dunod, 1965.

GARFINKLE, Richard, *Celestial Matters*, Tor, 1996.

GARRETT, Randall, *Tous des magiciens*, 1967, Champs-Élysées, « Abysses » n° 10, 1998.

GASPAR Y RIMBAU, Enrique, *El Anacronópete*, 1887, Minotauro, 2005.

GAUDREAU, Hélène, *Emmanuel Carrère, quand la réalité dépasse la fiction*, dans *Nuit Blanche* n° 81, hiver 2000-2001.

GAUTIER, Théophile, *Le Club des Hachichins*, dans *Revue des deux mondes*, 1846.

GENEFORT, Laurent, *Tank*, dans *Utopia 1*, supplément à la revue *Galaxies*, 1999.

GEOFFROY, Louis, *Napoléon ou la Conquête du monde (1812-1832)*, 1836, rééd. Tallandier, 1983, PyréMonde, 2007.

GERNER, Kristian, *Pragvåren år 1968 och Europas enande*, dans *Tänk om... Nio kontrafaktiska essär*, Historiska Media, 1999.

GERWITZ, Kurt, *Et si Hitler n'était pas mort*, Éditions du Gerfaut, « Guerre » n° 357, 1979.

GÉVART, Pierre, *Comment les choses se sont vraiment passées*, 2001, dans *Ruptures, Éons*, n° 34, 2005.

GEVERS, Nicholas, *Extraordinary Engines : The Definitive Steampunk Anthology*, BL Publishing-Solaris, 2008.

GEVERS, Nicholas et Jay LAKE, *Other Earths*, Daw, 2008.

GIBBON, Edward, *Histoire du déclin et de la chute de l'Empire romain et de Byzance*, Laffont, « Bouquins », volume V, ch. LII, 1994.

GIBSON, William et Bruce STERLING, *La Machine à différences*, 1991, Livre de Poche n° 7231, 2001 avec une préface de Gérard Klein.

GILLIES, John, *A Sending Parable : What Might Have Been the Result Had St. Paul Traveled East to the Orient Instead of West*, dans *Christian Century* du 24 février 1971.

GINWAY, Elizabeth, *Vampires, Werewolves and Strong Women : Alternate Histories or the Re-writing of Race and Gender in Brazilian History*, dans *Extrapolation* volume 44, n° 3, 2003.

GODE, Alexander, *Amata*, dans *Le Jardin Sidéral. Revue du Cercle Littéraire d'Anticipation* n° 6, décembre 1961.

GOGOLA, Tom, *Jimi's Last Jam*, dans *Guitar World* de janvier 1996.

GOLDRING, Maurice, *La République Populaire de France 1949-1981. De l'assassinat du général De Gaulle (12 juin 1949) au coup d'État du général Massu (10 mai 1981)*, Belfond, 1984.

GORDON, Deborah, *Runaway Time*, Avon, 1995.

GOSSELIN, Yves, *Discours de réception*, Lanctot, 2003.

GOUANVIC, Jean-Marc, *Québec uchronique*, dans *Imagine...* n° 14, automne 1982.

GOULD, Stephen Jay, *La Vie est belle. Les surprises de l'évolution*, 1989, Éditions du Seuil, 1991.

GOYTISOLO, Juan, *La Longue vie des Marx*, 1990, Fayard, 1995.

GREEN, Dominic, *Les Mystères de la Sainte-Propulsion*, 1997, dans *Invasions 99*, Bifrost-Étoiles Vives, 1999.

GREEN, Roland J. et Harry TURTLEDOVE, *Alternate Generals III*, Baen, 2005.

GREENBERG, Martin H. et Brian THOMSEN, *A Date Which Will Live in Infamy : An Anthology of Pearl Harbor Stories That Might Have Been*, Cumberland House, 2001.

—, *Alternate Gettysburgs*, Berkley, 2002.

GREENBERG, Martin H. et Mike RESNICK, *Sherlock Holmes en orbite*, 1995, L'Atalante, 1999.

GREENBERG, Martin H. et Rebecca LICKISS, *The Future We Wish We Had*, Daw, 2007.

GRENIER, Christian, *Aïna. Faut-il brûler Jeanne*, Nathan Jeunesse, « Pleine Lune » n° 97, 1999.

—, *L'Australie ? C'est une autre histoire !*, dans *Cahiers de vacances. Espagnol de la 6ᵉ à la 5ᵉ*, Nathan, 2000.

GRENIER, Hubert, *Uchronie et Utopie chez Renouvier*, dans *Corpus* n° 10, 1ᵉʳ semestre 1989.

GRIMWOOD, Ken, *Replay*, 1986, Éditions du Seuil, 1988.

GROUSSET, René, *Figures de proue : d'Alexandre le Grand au Grand Mogol*, Plon, 1949.

GRUNFELD, P. P., *Alroy, A Music-drama, in Four Acts*, Women's Printing Society, 1907.

GURNEY, James, *Dinotopia. L'île aux dinosaures*, Albin Michel, 1992.

GUTH, Paul, *Si les grands hommes étaient morts à vingt ans*, dans *Les Annales. Revue mensuelle des Lettres française* n° 79, 1957.

HAAVIKKO, Paavo, *Avant que l'histoire ne commence*, 1964, dans *La Revue de Poche* n° 15, Laffont, 1967.

HAGGARD, H. Rider, *Les Mines du roi Salomon*, 1885, NéO n° 82, 1983.

HALE, Edward Everett, *Hands Off*, dans *Harper's*, mars 1881.

—, *The Apocryphal Napoleon*, dans *The Boston Miscellany of Literature and Fashion*, 1842.

HAMMERSCHMITT, Marcus, *Polyplay*, Argument Verlag, 2002.

HANCOCK, Nick et Chris ENGLAND, *What Didn't Happen Next : Nick Hancock's Alternative History of Football*, Chameleon Books, 1999.

HANSEN, Per H. et Jeppe NEVERS, *Historiefagets Teoretiske Udfordring*, Syddansk Universitetsforlag, 2004.

HARKABI, Yehoshafat, *Hakhraot goraliyot*, Am oved, 1986.

HARRIS, Robert, *Fatherland*, 1992, Pocket n° 4485, 1996.

HARRISON, Harry, *A Rebel in Time*, Tor, 1983.

—, *A Transatlantic Tunnel*, Hurrah, rééd. *Tunnel through the Deeps*, Berkley, 1972.

—, *Return to Eden*, Bantam, 1988.

—, *Stars and Stripes*, trilogie, Hodder & Stoughton, 1998-2002.

—, *West of Eden*, Bantam, 1984.

—, *Winter of Eden*, Bantam, 1986.

HAWTHORN, Geoffrey, *Plausible Worlds : Possibility and Understanding in History and the Social Sciences*, Cambridge University Press, 1991.

HAWTHORNE, Nathaniel, *La Correspondance de P.*, 1845, dans *Le Hall de l'Imagination*, Allia, 2006.

HEARNSHAW, F. J. C., *The Ifs of History*, George Newnes, 1929.

HEINLEIN, Robert, *Histoire future, 5 romans*, Presses-Pocket.

—, *Vous les zombies*, 1959, dans *Histoires de voyages dans le temps*, Livre de Poche n° 3772, 1975.

HELBIG, Jorg, *Der Parahistorische roman. Ein literarhistorischer und Gattungstypologischer Beitrag zur Allotopieforschung*, Freie Universität Berlin, 1987.

HELIOT, Johan, *La lune n'est pas pour nous*, Mnémos, « Icares », 2004.

—, *La lune seule le sait*, Mnémos, « Icares », 2000.

—, *Reconquérants*, Mnémos, « Icares », 2001.

HELIOT, Johan et Xavier MAUMÉJEAN, *Sachem América*, Fleurus, « Science-fiction », 2006.

HELLEKSON, Karen, *The Alternate History : Refiguring Historical Time*, Kent State University, 2001.

HENRIET, Éric B., *Pourquoi écrit-on de l'uchronie ?*, dans *Intermédialités* n° 2 : Réinventer l'Histoire : l'uchronie, 2007, http://www.intermedialites.ca/

HENRY, Oliver, *Les Routes de la destinée*, 1903, Robeyr Publication, 1946.

HERTEL, François, *Lepic et l'Histoire hypothétique*, dans *Mondes chimériques*, 1944.

HEURTEL, Philippe, *Chronique littéraire : le steampunk culinaire*, dans *Marmite & Micro-onde* n° 13, 2005.

—, *On n'a pas marché sur la Lune*, dans *Prix Pépin 2006*, volume distribué à la convention de Bellaing.

HEYWOOD, Joseph, *L'Aigle de Sibérie*, 1987, Livre de Poche n° 7560, 1990.

HOBSBAWN, Eric J., *L'Âge des extrêmes. Histoire du court XXᵉ siècle*, 1994, Complexe, 1999.

HOFFMAN, Mary, *Stravaganza*, Pocket Jeunesse, « Littérature », 2005-7.

HOHLBEIN, Wolfgang, *Opération Nautilus, 6 romans*, Bayard, « Poche », 2004-2006.

HOLLISTER, Bernard C., *Teaching American History with Science Fiction*, dans *Social Education* n° 39, 1975 : 81-86.

HOUSSIN, Joël, *Le Temps du twist*, Denoël, « Présence du Futur » n° 512, 1990.

HUME, David, *Of Miracles*, 1748, dans *Enquête sur l'entendement humain*, Flammarion, « GF », 2006.

ISHIGURO, Kazuo, *Auprès de moi toujours*, 2005, Éditions des Deux Terres, 2006.

ISRAELI, Isaac d', *Of a History of Events Which Have Not Happened*, dans *Curiosities of Literature*, Moxon, 1849.

ISS, Raymond, *Le Temps suspendu*, dans *Passe-Temps* n° 5, 1988.

—, *Morne Plaine*, dans *Passe-Temps* n° 4, 1987.

JAMET, Dominique, *1948 : le « coup de Paris »*, dans *Le Figaro Littéraire*, 2-8 décembre 1968.

—, *Huit grands romans avec des si...*, dans *Marianne* n° 533 à 540, juillet-août 2007.

JAMMER, Max et John STACHEL, *If Maxwell Had Worked Between Ampère and Faraday : An Historical Fable with a Pedagogical Moral*, dans *American Journal of Physics*, n° 48, 1980.

JARRY, Alfred, *Commentaire pour servir à la construction pratique de la machine à explorer le temps*, dans *Mercure de France*, vol. XXIX, février 1899.

JEANNE, René, *Napoléon bis*, 1932, PyréMonde, 2008.

JESCHKE, Wolfgang, *Le Dernier Jour de la création*, 1981, Denoël, « Présence du Futur » n° 316, 1981.

JETER, K. W., *Machines infernales*, 1987, J'ai Lu n° 2518, 1999.

—, *Morlock Night*, Daw, 1979.

JIJI, Shen, *L'Oreiller magique*, dans *Histoires extraordinaires et récits fantastiques de la Chine ancienne*, Aubier, 1993.

JONES, Diana Wynne, série *Chrestomanci*, cinq volumes traduits chez Gallimard, « Folio Junior ».

JØRGENSEN, Stig W., *Dronning Margrethe II og jeg, alene i et Luftskib 1500 Meter over Øresund*, dans *Proxima* n° 46, 1988.

JOULUKUUN RYHMÄ, *Matka Neuvosto-Suomessa, Lehtimiehet*, Tampere, 1984.

JUBERT, Hervé, *Blanche ou la triple contrainte de l'enfer*, Albin Michel, « Wiz », 2005.

KÄSTNER, Erich, *Si nous avions gagné la guerre*, 1931, dans *La Résistance et ses Poètes*, Marabout, 1981.

KAZANTZAKI, Nikos, *La Dernière Tentation du Christ*, 1959, Presses Pocket n° 2056, 1982.

KERR, Philip, *La Paix des dupes*, 2005, Le Masque, 2007.

KERSHAW, Ian, *Hitler 1889-1936*, 1998-2000, Flammarion, 2 volumes, 1999, 2005.

KEYES, J. Gregory, *L'Âge de la déraison*, 1998, 4 volumes, Flammarion, « Imagine », 2001-2003.

KLEIN, Gérard, *Histoires de la 4ᵉ dimension*, Livre de Poche n° 3783, 1983.

KONOPNICKI, Guy, *Les Cents jours 5 mai-4 août 2002*, Bibliophane Daniel Radford, 2002.

KONSALIK, Heinz G., *La Grande Peur venue du ciel*, 1974, Presses de la Cité, 1975, Presses Pocket n° 1863, 1980.

KRESS, Nancy, *Ars Longa*, dans *By Any Other Fame*, Daw, 1994.

KRUSANOV, Pavel, *Ukus Angela*, Amfora, 2000.

KUTTNER, Henry et Catherine L. MOORE, *Saison de grand cru*, 1946, dans *Histoires de voyages dans le temps*, Livre de Poche n° 3772, 1984.

LA FOUCHARDIÈRE, Georges de, *La Prochaine Dernière*, Montaigne-Aubier, 1932.

LA MARCK, Yves, *L'Avènement d'Henri V*, dans *Le Lys Rouge* n° 51, 2003.

—, *Varennes, le Roi est libre!*, dans *Le Lys rouge* n° 46, 1992.

LAFFERTY, R. A., *Comment refaire Charlemagne*, 1967, dans *Histoires fausses*, Livre de Poche n° 3814, 1984.

LAMBERT, Christophe, *Retour de flamme*, dans *Khimaira* n° 10, 2007.

—, *Souviens-toi d'Alamo!*, Mango Jeunesse, « Autres Mondes » n° 14, 2002.

—, *Zoulou Kingdom*, Fleuve Noir, « Rendez-vous ailleurs », 2007.

LAMBROSCHINI, Charles, *Si Napoléon avait vendu la Corse*, dans *Le Figaro* du samedi 20 décembre 2003.

LANSDALE, Joe R., *Zeppelins West*, Subterranean, 2001.

LARDREAU, Fabrice, *Contretemps*, Flammarion, 2004.

LARSEN, Erik, *La Grande Inversion*, Lulu.com, 2006.

LAS CASES, Emmanuel, *Le Mémorial de Sainte-Hélène*, tome 1 : Juin 1815-Août 1816, Gallimard, « Bibliothèque de la Pléiade », 1935.

LAS VERGNAS, Raymond, *Si Dickens avait été heureux*, dans *Les Annales. Revue mensuelle des Lettres française* n° 72, 1956.

LÁSZLÓ, Zoltán, *Hiperballada*, Inomi, 2005.

LAUMER, Keith, *Les Mondes de l'Impérium*, 1962, Opta, « Galaxie spécial » n° 23, 1971.

LE BUSSY, Alain, *Rapport sur la première convention des cinq nations ou La première Vluxnebrwal*, inédit, 2006.

LEBLANC, Maurice, *Arsène Lupin contre Herlock Sholmes*, Pierre Lafitte, 1908.

LEBOW, Richard Ned, PARKER, Geoffrey et Philip E. TETLOCK, *Unmaking the West : « What-If ? » Scenarios That Rewrite World History*, University of Michigan Press, 2006.

LECAYE, Alexis, *Les Pirates du paradis, essai sur la science-fiction*, Denoël/Gonthier, 1981.

LEE, Rand B., *Knight of Shallows*, dans *Amazing Stories*, juillet 1983.

LEIBER, Fritz, *Le Grand Jeu du temps*, 1958, Le Masque, « SF » n° 73, 1978.

LEIGH, Stephen W., *La Planète des dinosaures*, 1993, J'ai Lu n° 3763, 1994.

—, *Le Cri du tyrannosaure*, 1992, J'ai Lu n° 3307, 1992.

LE NAMOURIC, Lolita, *Et il courrait*, dans *Notes de merveilles* n° 11, mai 2007.

LENN, Jonas, *La Spirale de Lug*, La Clef d'Argent, 2005.

LENTZ, Thierry, *Napoléon*, Le Cavalier Bleu, « Idées reçues. Histoire et civilisations », 2001.

LESAGE, Alain-René, *Les Aventures du Monsieur Robert Chevalier, dit de Beauchêne, capitaine des flibustiers dans la Nouvelle France*, Ganeau, 1732, rééd. Librairie commerciale et artistique, 1969.

LESOURNE, Jacques, *Ces avenirs qui n'ont pas eu lieu*, Odile Jacob, 2001.

LEVINE, Stephen, *New Zealand as It Might Have Been*, Victoria University Press, 2006.

LEVIS-MIREPOIX, *Si le poignard de Ravaillac avait glissé*, dans *Les Annales. Revue mensuelle des Lettres française* n° 70, 1956.

LÉVY, Bernard-Henri, *Si le 11 Septembre n'avait pas eu lieu*, dans *Le Point* du 13 septembre 2001.

LEWINSKY, Charles, MORF, Doris et Josef WANDELER, *Hitler auf dem Rütli : Protokolle einer verdraengten Zeit*, Unionsverlag, 1984.

LEWIS, Roy, *La Véritable Histoire du dernier roi socialiste*, 1990, Pocket n° 3255, 1994.

LEYS, Simon, *La Mort de Napoléon*, Hermann, 1986.

LINAWEAVER, Brad, *Moon of Ice*, Arbor House, 1988.

LIONNI, Léo, *La Botanique parallèle*, 1976, Pandora 1981.

LIVELY, Penelope, *Des vies multiples*, 2005, Mercure de France, 2008.

LODI-RIBEIRO, Gerson, *Crimes Patrióticos : Uma Crónica de Guerras Perdidas*, dans *Fronteiras/Frontiers, anthologie bilingue portugais/anglais*, Simetria, 1998.

—, *L'Éthique d'une trahison*, 1992, dans *Antarès* n° 41/42, 1992.

—, *Le Prix de la conscience*, 1993, dans *La Clepsydre* n° 1, 1999.

—, *Outros Brasis*, Papel & Virtual, 1999.

LODI-RIBEIRO, Gerson et Carlos ORSI MARTINHO, *Phantastica Brasiliana. 500 anos de Histórias deste e doutros Brasis*, Ano Luz, 2000.

LOEVENBRUCK, Henri, *Gallica (cycle de)*, Bragelonne, 2004-2005.

—, *La Moïra (cycle de)*, Bragelonne, 2001-2002.

LOURBET, André, *Sortilège temporel. Le temps des mensonges*, Daniber, « SF », 1960.

LOVECRAFT, H. P., *L'Abomination de Dunwich*, 1928, dans *La Couleur tombée du ciel*, Denoël, « Présence du Futur » n° 4, 1954.

LUPOFF, Richard A., *Circumpolar!*, Simon & Schuster, 1984.
—, *Countersolar!*, Arbor House, 1987.
—, *Into the Aether*, Dell Book, 1970.
MACLEOD, Ian R., *L'Âge des lumières*, 2003, Denoël, « Lunes d'encre », 2007.
—, *Snodgrass*, dans *In Dreams*, Gollancz, 1992.
MADDEN, Samuel, *Memoirs of the Twentieth Century*, 1733.
MALZBERG, Barry N., *Andante Lugubre*, dans *Science Fiction Age*, mai 1993.
MARCUS, Marcus, *Ilu ilu ilu*, dans *Aaretz* du 11 septembre 1988.
MARÍN, Rafael, *El Día que hicimos la Transición*, dans *Visiones*, Asociación Española de Fantasía y Ciencia Ficción, 1997.
MARINI, Jean-Pierre, *Comment les Français ont gagné à Waterloo*, Éditions Jean-Pierre Marini, 2001.
MARKHAM, J. David et Mike RESNICK, *History Revisited : The Great Battles : Eminent Historians Take On the Great Works of Alternative History*, Benbella Books, 2008.
MASALI, Luca, *Les Biplans d'Annunzio*, 1996, Fleuve Noir, 1999.
MASTERTON, Graham, *Les Gardiens de la porte*, 1999, Presses de la Cité, 2000.
MASURE, Bruno, *Enquête sur mon assassinat*, Chiflet et Cie, 2005.
MAUMÉJEAN, Xavier, *Car je suis légion*, Mnémos, « Icares », 2005.
—, *Cinépanorama*, dans *Bifrost* n° 34, 2004.
—, *La Ligue des Héros (ou comment Lord Kraven ne sauva pas l'Empire)*, Mnémos, « Icares », 2002.
—, *La Vénus anatomique*, 2003 (nouvelle), en roman : Mnémos, « Icares », 2004.
—, *Théorie de l'inquiétude*, dans *La Science-Fiction dans l'Histoire, l'Histoire dans la Science-Fiction.* Actes du colloque de Nice, 10-12 mars 2005, Denise Terrel (dir.), *Cycnos*, volume 22 n° 1, 2005.
MAUROIS, André, *Si Louis XVI*, 1931, dans *Mes songes que voici*, Grasset, 1932.
MAYER, Émile, *Le Rétablissement de l'Empire d'Occident*, dans *Mercure de France* n° 498 du 16 mars 1919.
MAZARIN, Jean, *L'Histoire détournée*, Fleuve Noir, « Anticipation » n° 1270, 1984.
McALLISTER, Laurent, *Le Cas du feuilleton « De Québec à la Lune »*, par Veritatus, dans *Solaris* n° 109, printemps 1994.
McAULEY, Paul J., *Les Conjurés de Florence*, 1994, Denoël, 1998.
McHUGH, Maureen F., *Tut's Wife*, dans *Alternate Warriors*, Tor, 1993.
McINTYRE, Vonda, *La Lune et le Roi-Soleil*, 1997, J'ai Lu, « Millénaires », 1999.
McKERCHER, B.J.C., *Lost Opportunities : The Diplomacy of the 1930s*, dans *Paths Not Taken : Speculations on American Foreign Policy and Diplomatic History, Interests, Ideals, and Power*, Praeger Publishers, 2000.
McKNIGHT, Ed, *Alternative History : The Development of a Literary Genre*, thèse à l'université de Caroline du Nord, 1994.
MENZIES, Gavin, *1421, l'année où la Chine a découvert l'Amérique*, 2003, Intervalles, 2007.
MERCIER, Louis-Sébastien, *L'An 2440, rêve s'il en fut jamais*, 1771, La Découverte, « Poche » n° 76, 1999.
MERGEY, P. J. G., *Tels le jonc et l'abeille*, dans *Passés recomposés*, Nestiveqnen, 2003.

MÉRY, Joseph, *Histoire de ce qui n'est pas arrivé*, dans *Les Nuits d'Orient, contes nocturnes*, Michel Lévy frères, 1854.

MESSAC, Régis, *Voyage en Uchronie*, dans *Propos d'un Utopien, Les Primaires*, novembre 1936 : 658-663.

MILLER, Sylvie et Philippe WARD, *Pas de pitié pour les pachas*, 2006, dans *Noir Duo*, Rivière Blanche, 2007.

MILLET, Gilbert, *Voyage au bout de l'Europe*, dans *Bifrost* n° 34, 2004.

MILO, Daniel S., *Pour une histoire expérimentale ou le gai savoir*, dans *Alter Histoire. Essais d'histoire expérimentale*, Les Belles Lettres, 1991, rééd. 2004.

MINOGUE, Kenneth, *What If Karl Marx Had Drowned in a Cross-Channel Ferry Accident?*, 1847, dans *What If? Explorations in Social-Science Fiction*, Lewis, 1982.

MISTLER, Jean, *Si la bombe du 20 juillet avait tué Hitler*, dans *Les Annales. Revue mensuelle des Lettres française* n° 71, 1956.

MITCHELL, Edward Page, *L'Horloge qui reculait*, 1881, dans *God Save Science-Fiction* tome 1, Bruxelles, Recto-Verso, « Ides... et Autres », 1998.

—, *The Ablest Man in the World*, dans *The Sun*, mai 1879.

—, *The Crystal Man*, dans *The Sun*, janvier 1881.

—, *The Tachypomp*, dans *Scribner's*, mars 1874.

MITCHELL, Kirk, *Procurator*, Ace, 1984.

MOHAN, Steven, *A Monument More Lasting Than Brass*, dans *Paradox* n° 7, été 2005.

MOLES, David, *All-Star Zeppelin Adventures Stories*, Wheatland Press, 2004.

MONGREDIEN, Georges, *Si la Fronde avait réussi...*, dans *Les Annales. Revue mensuelle des Lettres française* n° 80, juin 1957.

MONIÈRE, Denis, *25 ans de souveraineté. Histoire de la République du Québec. Essai de politique fiction*, Éditions du Québécois, 2006.

MONTESQUIEU, *Considérations sur les causes de la grandeur et de la décadence des Romains, chapitre XVIII*, 1734.

MOORCOCK, Michael, *Le Seigneur des airs*, 1971, Pocket, 1996.

—, *Voici l'homme*, 1966, dans *Histoires divines*, Livre de Poche n° 3782, 1983.

MOORE, Ward, *Autant en emporte le temps*, 1953, Denoël, « Présence du Futur », n° 229, 1977.

MORRIS, Howard L., *Pas par mer*, 1966, dans *Opta*, « Galaxie spécial » n° 26, 1972.

MORSELLI, Guido, *Le Passé à venir*, 1975, L'Âge d'Homme, 1991.

MOTA, Pedro et Olivier GIRARD, *Bifrost* n° 34, 2004.

MUNK, Odd, *Det Nye Norge. Krigen 1905*, Eget Forlag, Christiania, 1906.

MUSSO, Guillaume, *Seras-tu là?*, XO Éditions, 2006.

NABOKOV, Vladimir, *Ada ou l'ardeur*, 1969, Livre de Poche n° 3036, 1990.

NADAUD, Alain, *Voyage au pays des bords du gouffre*, Denoël, « L'Infini », 1986.

NARLIKAR, Jayant, *The Adventure*, dans *Tales of the Future*, Witness Books, Dehli, 2005.

NEGEL, Lucile, *Le Vent des steppes*, dans *Byzantines*, Éditions de L'Agly, 2003.

NEGRETE, Javier, *Le Mythe d'Er ou le dernier voyage d'Alexandre le Grand*, 2002, L'Atalante, 2003.

NESVADBA, Josef, *Peklo Benes*, Host, 2002.

NEVINS, Jess, *A Blazing World : The Unofficial Companion to the League of Extraordinary Gentlemen Vol II*, MonkeyBrain Books, 2004.

—, *Heroes and Monsters – The Unofficial Companion to the League of Extraordinary Gentlemen*, MonkeyBrain Books, 2003.

—, *The Encyclopedia of Fantastic Victoriana*, MonkeyBrain Books, 2005.

NEWMAN, Kim, *Anno Dracula*, 1992, J'ai Lu n° 4866, 1998.

NEWMAN, Kim et Eugene BYRNE, *Back in the USSA*, Ziesing, 1997.

NICOLSON, Harold, *If Byron Had Become King of Greece*, dans *If, or History Rewritten*, 1931.

NIELSON, Jonathan M., *Paths Not Taken : Speculations on American Foreign Policy and Diplomatic History, Interests, Ideals, and Power*, Praeger Publishers, 2000.

NIEMI, Mari K. et Ville PERNAA, *Entä jos... Vaihtoehtoinen Suomen historia*, Gummerus Kustannus, 2005.

NIVEN, Larry, *All the Myriad Ways*, dans *Galaxy*, octobre 1968.

NOËL, Lionel, *Opération Iskra*, Alire, 2005.

NOËL-NOËL, *Le Voyageur des siècles*, Hachette, « Bibliothèque Verte » n° 443, 1971.

NORTH, Jonathan, *The Napoleon Options : Alternate Decisions of the Napoleonic Wars*, Greenhill, 2000.

NOVIK, Naomi, *Les Dragons de sa majesté*, 2006, Le Pré aux clercs, 2007.

O'DONOHOE, Nick, *The Gnomewrench in the Dwarfworks*, Ace, 1999.

OHLEN, Frédéric et Sosthène DESANGES, *La Meilleure part*, dans *En d'autres temps, en d'autres lieux*, Éditions du Sci-Fi Club de Nouvelle-Calédonie, 1994.

OHLSSON, Per T., *Kennedy och Vietnam*, dans *Tänk om... Nio kontrafaktiska essär*, Historiska Media, 1999.

OLSON, James M. ET Neal J. ROESE, *What Might Have Been. The Social Psychology of Counterfactual Thinking*, Lawence Erlbaum Associates, 1995.

OPPEL, Kenneth, *Fils du ciel*, 2003, Bayard « Jeunesse », 2004.

ORFEI, Giovanni, *1943 Come L'Italia Vinse La Guerra*, Fazi, 2003.

ORMESSON, Jean d', *La Gloire de l'empire*, 1971, Gallimard, « Folio » n° 889-890.

ORWELL, George, *1984*, 1949, Gallimard, « Folio » n° 822, 1985.

OTČENÁŠ, Igor, *Keby (Rýchle dejiny budúcnosti Slovenska)*, Bagala-LCA, 1998.

PAGEL, Michel, *L'Équilibre des paradoxes*, Fleuve Noir, « SF Métal » n° 84, 1999.

—, *Orages en Terre de France*, Fleuve Noir, « Anticipation » n° 1851, 1991.

PALMER, Michael A., *The War That Never Was*, Vandamere, 1994.

PAQUET, Olivier, *A-chronies japonaises : l'histoire comme ikebana dans les séries de science-fiction (l'exemple de Last Exile)*, dans *La Science-fiction dans l'Histoire, l'Histoire dans la science-fiction*. Actes du colloque de Nice, 10-12 mars 2005, Cycnos, volume 22 n° 2, 2005.

PARIS, Alain, *Le Monde de la Terre Creuse, 10 romans*, Fleuve Noir, « Anticipation », 1988-91.

PARNICKI, Teodor, *Srebrne orly*, Jérusalem : 1944, Wroclaw, 1949.

PASCAL, Blaise, *Pensées de M. Pascal sur la religion et sur quelques autres sujets*, Guillaume Desprez, 1670.

PASOLINI, Pier Paolo, *Odo a Carlo Martello*, dans *Bestemmia. Tutte le poesie*, 2, Garzanti, 1993.

PEDERSEN, Melkior, *Kampen om fristaten Bergen*, J.W. Eide, 1980.

PEETERS, Bruno, *L'Uchronie : une littérature du pari?*, dans *Phénix* n° 58, 2003.

Peirce, Hayford, *Napoleon Disentimed*, Tor, 1987.

Pelchat, Jean, *La Survie de Vincent Van Gogh*, XYZ éditeur, 1999.

Pereira, Carla Cristina, *Xochiquetzal e a Esquadra da Vingança*, dans *Phantastica Brasiliana*, Ano Luz, 2000.

Pérès, Jean-Baptiste, *Comme quoi Napoléon n'a jamais existé. Grand erratum. Source d'un nombre infini d'errata à corriger dans l'histoire du XIXe siècle*, Bibliothécaire de la ville d'Agen, 1827.

Pergaud, Louis, *La Guerre des boutons*, Mercure de France, 1912.

Pernoud, Régine, *L'Unité française*, PUF, « Que Sais-Je ? » n° 155, 1944.

Perrault, Gilles, *Rapport au Reichsführer-SS*, dans *Les Sanglots longs*, Fayard, 1970.

Pervuhin, Mikhail, *Pugachev Pobeditel*, Mednii vsednik, 1924.

Petrie, Charles, *If : A Jacobite Fantasy*, dans *Weekly Westminster* du 30 janvier 1926.

Pevel, Pierre, *Les Lames du cardinal*, Bragelonne, 2007.

—, *Wielstadt (trilogie de)*, Fleuve Noir, 2001-4.

Picouly, Roger, *Paulette et Roger*, Grasset, 2001.

Pignotti, Lorenzo, *Storia Della Toscana sino al principato : con diversi saggi sulle scienze, lettere e arti*, Didot, 1813-14.

Piper, H. Beam, *L'Homme qui apparut*, 1948, dans *Histoires de la 4^e dimension*, Livre de Poche n° 3783, 1983.

Plekhanov, Georgi, *The Role of the Individual in History*, dans Patrick Gardiner, *Theories of History*, Illinois/Londres, Glencoe, 1959.

Poe, Edgar, Allan, *Les Souvenirs de M. Auguste Bedloe*, 1844, dans *Histoires extraordinaires*.

Pohl, Frederick, *En attendant les Olympiens*, 1988, dans *Futurs sans escale*, Presses Pocket n° 5370, 1990.

—, *L'Avènement des chats quantiques*, 1986, Denoël, « Présence du Futur » n° 445, 1987.

—, *La Tête contre les murs*, 1955, dans *Histoires de robots*, Livre de Poche n° 3764, 1974.

Poivre d'Arvor, Patrick, *Les Loups et la bergerie*, Albin Michel, 1994.

Polsby, Nelson W., *What If Robert Kennedy Had Not Been Assassinated*, 1968, dans *What If? Explorations in Social-Science Fiction*, Lewis, 1982.

Ponten, Josef, *Architektur, die nicht gebaut wurde*, Deutsche Verlags-Anstalt, 2 volumes, 1925.

Powers, Tim, *Les Voies d'Anubis*, 1983, J'ai Lu n° 2011, 1986.

Priest, Christopher, *La Machine à explorer l'espace*, 1976, J'ai Lu n° 688, 1976.

—, *La Séparation*, 2002, Denoël, « Lunes d'Encre », 2005.

Procope, *Histoire secrète de Justinien*, dans *Histoire secrète*, Les Belles Lettres, « La Roue à Livres », 1990.

Prosperi, Pierfrancesco, *Garibaldi a Gettysburg*, Nord, 1993.

Pullman, Philip, *Les Royaumes du Nord*, 1995, Gallimard, « Jeunesse », 1999.

Pusztay, Joseph Attila, *Le Gaulois*, IRoLog Associations, 2007.

Quesne, Didier, *Dragonne*, Nestiveqnen, 2002.

Queyssi, Laurent, *G'Yaga*, dans *Pouvoirs critiques*, Nestiveqnen, 2002.

Quilliet, Bernard, *La Véritable Histoire de France*, Presses de la Renaissance, 1983.

Raine, Craig, *1953*, Faber, 1990.

RAMBAUD, Patrick, *Bernard Pivot reçoit*, Balland, 1989.

RANSOM, Roger L., *The Confederate States of America : What Might Have Been*, W.W. Norton, 2005.

REARDON, Patrick T., *Remaking History : "What If" Questions Send Scholars on a Trip down the Roads Not Taken*, dans *Chicago Tribune*, 30 janvier 1998.

REAVES, Michael et John PELAN, *A Study in Emerald*, dans *Shadows Over Baker Street : New Tales of Terror!*, Del Rey, 2003.

REDLICH, Fritz, *Potentialités et traquenards en histoire économique*, dans *La Nouvelle Histoire économique*, Gallimard, 1977.

REEVE, Philip, *Planète Larklight*, 2006, Gallimard, « Jeunesse », 2007.

REILLY, Rick, *What If? Short By a Nose*, dans *Sports Illustrated Classic*, automne 1992.

REINHARDT, Eric, *Cendrillon*, Stock, 2007.

REMES, Ilkka, *Pääkallokehrääjä*, Wsoy, 1997.

RENARD, Christine, *Transitoires*, dans *À la croisée des parallèles*, Denoël, « Présence du Futur », 1981.

RENOUVIER, Charles, *Manuel républicain de l'homme et du citoyen*, Garnier, 1981.

—, *Uchronie (l'utopie dans l'Histoire), esquisse historique apocryphe du développement de la civilisation européenne tel qu'il n'a pas été, tel qu'il aurait pu être*, dans *Revue philosophique et religieuse*, 1857, révisé, dans *Bureau de la critique philosophique*, 1876, rééd. Fayard, 1988 et PyréMonde, 2007.

RÉOUVEN, René, *Histoires secrètes de Sherlock Holmes*, Denoël, 1993.

RESNICK, Mike, *Alternative Kennedys*, Tor, 1992.

—, *Épatant!*, 1990, dans *Sous d'autres soleils*, Flammarion, « Imagine », 2001.

RESTIF DE LA BRETONNE, Nicolas, *Les Posthumes. Lettres reçues après la mort du mari, par sa femme, qui le croit à Florence*, 1796, Duchêne, 1802.

REY, Timothée, *Comme un vol de Gerfauts*, dans *Notes de merveilles* n° 11, mai 2007.

RHEYSS, Michael, *L'Apopis républicain*, 1999, dans *La Cité du soleil*, Le Bélial, 2003 .

RICHARD-BESSIÈRE, F., *Croisière dans le temps*, Fleuve Noir, « Anticipation » n° 223, 1952.

—, *L'Homme qui vécut deux fois*, Fleuve Noir, « Anticipation » n° 852, 1978.

RICHARDOT, Philippe, *Les Erreurs stratégiques des Gaulois face à César*, Economica, 2006.

RICHE, Daniel, *Futurs antérieurs. 15 récits de littérature steampunk*, Fleuve Noir, 1999.

RIQUET, Michel, *Si Ponce Pilate avait dit non...*, dans *Les Annales. Revue mensuelle des Lettres française* n° 73, novembre 1956.

RITTER, Hermann, *Kontrafaktische Geschichte : Unterhaltung versus Erkenntnis*, dans *Was wäre, wenn*, Franz Steiner, 1999.

RIVAS, Francisco, *La Historia Extraviada*, Mosquito Comunicaciones, 1997.

RIVIÈRE, Isabelle et Caroline BABERT, *Lady D.*, Robert Laffont, 2007.

ROBERSON, Chris, *O One*, dans *Live Without a Net*, Roc, 2003.

ROBERT, Marthe, *Roman des origines et origine du roman*, Grasset, 1972.

ROBERTS, Andrew, *What Might Have Been : Imaginary History from Twelve Leading Historians*, Weidenfeld & Nicholson, 2004.

ROBERTS, John Maddox, *King of the Woods*, Doubleday, 1983.

ROBERTS, Keith, *Pavane*, 1968, Livre de Poche n° 7019, 1978, rééd. 1987.

—, *Weihnachtsabend*, 1972, dans *Histoires de la 4ᵉ dimension*, Livre de Poche n° 3783, 1983.

ROBINETT, Stephen, *Helbent IV*, 1975, dans *Opta, Galaxie* n° 151, janvier 1977.

ROBINSON, Kim Stanley, *Chroniques des années noires*, 2002, Presses de la Cité, 2003.

—, *Le Lucky Strike*, 1984, dans *La Planète sur la table*, J'ai Lu n° 2389, 1988.

—, *Leçon d'histoire*, 1989, dans *Le Géomètre aveugle*, J'ai Lu n° 2922, 1991.

ROSCOE, William, *Illustrations, Historical and Critical, of the Life of Lorenzo de Medici*, Cadell, 1822 : 241-242.

ROSENFELD, Gavriel David, *The World Hitler Never Made : Alternate History and the Memory of Nazism*, Cambridge University Press, 2005.

ROTH, Philip, *Complot contre l'Amérique*, 2004, Gallimard, 2006.

ROUNTREE, Josh, *Can't Buy Me Faded Love*, Wheatland Press, 2008.

ROZIER, Gilles, *Moïse fiction*, Denoël, 2001.

RUAUD, André-François, *Passés recomposés*, Nestiveqnen, 2003.

RUSCH, Kristine Kathryn, *The Best and the Brightest*, dans *Alternative Kennedys*, Tor, 1992.

SAINT-ANDRÉ, Alix de, *Papa est au Panthéon*, Gallimard, « La Gerbe D'or », 2001.

SAINT-GELAIS, Richard, *L'Empire du pseudo. Modernités de la science-fiction*, Nota Bene, 1999.

SALEWSKI, Michael, *Was wäre, wenn : Alternativ- und Parallelgeschicht*, Franz Steiner, 1999.

SANDERS, William, *Journey to Fusang : The Original, Uncut Text*, Stone Dragon, 2000.

—, *The Undiscovered*, dans *Asimov's Science Fiction*, mars 1997.

SANTOS, Octávio dos, *A República Nunca Existiu!*, Saída de Emergéncia, 2008.

SARAMAGO, José, *Histoire du siège de Lisbonne*, 1989, Éditions du Seuil, « Point-Seuil » n° 619, 2006.

SARBAN, *Le Son du cor*, 1952, Livre de Poche n° 7028, 1978.

SARRALIÉ, Guillaume, *L'Allemagne nazie dans la fiction de fantaisie. Science-Fiction et Fantastique. De l'après guerre à nos jours*, mémoire de maîtrise sous la direction de Madame Becker, Université Paris X-Nanterre, département d'Histoire, septembre 2003.

SAUDRAY, Nicolas, *Les Oranges de Yalta*, Balland, 1992.

SAWYER, Robert J., *Hominids*, Tor, 2002.

—, *Vous voyez mais vous n'observez pas*, 1995, dans *Sherlock Holmes en orbite*, L'Atalante, 1999.

SCALMER, Sean et Stuart MACINTYRE, *What If ? Australian History As It Might Have Been*, Melbourne University Press, 2006.

SCHAFFLER GONZALEZ, Federico, *Crónica del Quincunce*, dans *Sin Permiso de Colñn. Fantasías Mexicanos en el Quinto Centenario*, Edug Narrativa, 1993.

SCHILLER, Friedrich von, *Jeanne d'Arc, ou la pucelle d'Orléans, tragédie en 5 actes*, 1801, Paris, Cramer, 1802.

SCHMITT, Éric-Emmanuel, *La Part de l'autre*, Albin Michel, 2001.

SCHNETZLER, Bernard, *Les Erreurs stratégiques pendant la première guerre mondiale*, Economica, 2004.

SEABURY, Paul, *L'Historionaute*, 1963, *Opta, Fiction* n° 122, 1964.

SÉAILLES, Gabriel, *La Philosophie de Charles Renouvier*, Alcan, 1905.

SEGARD, Jean-François et Éric VIAL, *Nations, Nationalismes, Nationalités en Europe de 1850 à 1920*, Ellipses, 19965.

SEGER, Maura, *Perchance to Dream*, Avon, 1989.

SÉLÈNES, Pierre de, *Un Monde inconnu (Deux ans sur la Lune)*, Flammarion, 1896.

SEMPRUN, Jorge, *L'Algarabie*, Fayard, 1981.

SERNINE, Daniel, *Chronoreg*, Québec/Amérique, 1992, révisé, Alire, « SF », 1999.

SHAINBLUM, Mark et John DUPUIS, *Arrowdreams. An Anthology of Alternate Canadas*, Nuage Éditions, 1997.

SHAW, Bob, *Choisis ton univers*, 1981, dans *Opta, Fiction* n° 341, juin 1983.

—, *L'Autre présent*, 1968, Librairie des Champs-Élysées, « Masque-SF » n° 112, 1980.

SHELLEY, Mary, *Frankenstein ou le Prométhée moderne*, 1818.

SHWARTZ, Susan, *Suppose They Gave a Peace*, dans *The Way It Wasn't : Great Science Fiction Stories of Alternate History*, Carol-Citadel-Twilight, 1996.

SILVERBERG, Robert, *La Porte des mondes*, 1967, Presses-Pocket n° 5127, 1982.

—, *Les Déportés du Cambrien*, 1968, J'ai Lu n° 1650, 1984.

—, *Roma Æterna*, 2003, Laffont, « Ailleurs et Demain », 2004.

—, *Tombouctou à l'heure du lion*, 1990, dans *Le Nez de Cléopâtre*, Denoël, « Présences », 1994.

SILVERBERG, Robert et Martin H. GREENBERG, *The Way It Wasn't : Great Science Fiction Stories of Alternate History*, Carol-Citadel-Twilight, 1996.

SIMAK, Clifford D., *Au pays du mal*, 1982, J'ai Lu n° 1781, 1985.

—, *La Chaîne autour du soleil*, 1952, J'ai Lu n° 814, 1978.

SIMON, Erik, *Alexanders langes Leben, Stalins früher Tod und andere abwegige Geschichten*, Heyne, « Science-Fiction », 1999.

SIVAN, Arye, *Leolam al tomar ilu*, dans *Caf akela*, Akibutz Hameuchad, 1989.

SMITH, Martin Cruz, *The Indians Won*, Belmont, 1970.

SNIDER, Adam, *Thinking Sidewise : Tips for building an Alternate History Collection*, dans *School Library Journal* d'avril 2004, http://www.schoollibraryjournal.com/article/CA406675.

SNOWMAN, Daniel, *If I Had Been… Ten Historical Fantasies*, Rowman & Littlefield, 1979.

SOBEL, Robert, *For Want a Nail : If Burgoyne Had Won at Saratoga*, Macmillan, 1973.

SOMTOW, S. P., *Diffère quelque temps ton bonheur céleste*, 1981, dans *Univers 1983*, J'ai Lu n° 1491, 1981.

SØRENSEN, Øystein, *Historien om det som ikke skjedde. Kontrafaktisk historie*, Aschehoug, 2004.

SOUSA CAUSO, Roberto de, *Lua Furtiva*, dans *Somnium* n° 76, juin 2000.

SPINRAD, Norman, *Rêve de fer*, 1972, Pocket n° 5414, 1992.

SPRAGUE DE CAMP, L., *The Wheels of If*, dans *Unknown*, décembre 1940.

SPUFFORD, Francis, *The Difference Engine and The Difference Engine*, dans *Cultural Babbage : Technology, Time and Invention*, Faber & Faber, 1996.

SQUIRE, J. Collings, *If, or History Rewritten*, Viking Press, 1931, *If It Had Happened Otherwise : Lapses into Imaginary History*, rééd. aug., Sidgwick & Jackson, 1972.

—, *Wenn Napoleon bei Waterloo gewonnen hätte und andere abwegige Geschichten*, Heyne, « SF » n° 6310, 1999.

STABLEFORD, Brian, *Alternate Worlds*, dans *The Encyclopedia of Science-Fiction*, St Martin's Press, 1993.

STEELE, Allen, *Goddard's People*, dans *Isaac Asimov's Science Fiction Magazine*, juillet 1991.

STEINMÜLLER, Karlheinz, *Zukuenfte, die nicht Geschichte wurden : zum Gedankenexperiment in Zukunftsforschung und Geschichtswissenschaft*, dans *Was wäre, wenn*, Franz Steiner, 1999.

STENGERS, Isabelle, *La Guerre des sciences aura-t-elle lieu? Scientifiction*, Les Empêcheurs de penser en Rond / Éditions du Seuil, 2001.

STENGERS, Jean, *Vertige de l'historien – les histoires au risque du hasard*, Institut Synthélabo pour le progrès de la connaissance / Les Empêcheurs de penser en rond, 1998 : 100.

STERLING, Bruce et Lewis SHINER, *Mozart en verres miroirs*, 1985, Denoël, « Présence du Futur » n° 451, 1987.

STICO, Bernie, *Rendez-nous la Louisiane!*, dans *France Soir* du mercredi 30 avril 2003.

STIRLING, S. M., *Les Lanciers de Peshawar*, 2002, Fleuve Noir, « Rendez-vous Ailleurs », 2004.

—, *Marching Through Georgia*, Baen, 1988.

STITH, John E., *One Giant Step*, dans *Dinosaur Fantastic*, Daw, 1993.

STOLZE, Pierre, *La Rose n'a pas de pourquoi*, dans *Passe-Temps* n° 2, août 1986.

STRATMANN, H. G., *Symphony in a Minor Key*, dans *Analog* d'octobre 1996.

STRAWSON, John, *Chaos and Chance*, dans *If By Chance. Military Turning Points That Changed History*, Macmillan, 2003.

STRÖMBERG, Håkan, *Odens öga*, Ordfront, 2002.

STROSS, Charles, *Un Secret de famille*, 2005, Laffont, « Ailleurs et Demain », 2006.

—, *Une affaire de famille*, 2004, Laffont, « Ailleurs et Demain », 2006.

SUMNER, Mark, *La Tour du diable*, 1996, L'Atalante, 1998.

—, *Le Train du diable*, 1997, L'Atalante, 2000.

SWANWICK, Michael, *Jack Faust*, 1997, Payot, « SF », 2000.

—, *Le Bord du monde*, 1989, dans *Étoiles Vives* n° 5, 1998.

SZARKA, Tommy, *McGwire the Pitcher : Baseball's Alternate History*, PublishAmerica, 2002.

TALLY, Steve, *Almost America : From the Colonists to Clinton : A « What If » History of the US*, HarperCollins, 2000.

The Impeachment Trial of Richard Nixon, dans *Almost America : From the Colonists to Clinton. A « What If » History of the US*, HarperCollins, 2000.

TANIZAKI, Junichirô, *L'Éloge de l'ombre*, 1933, Publications orientalistes de France, 1977.

TANNER, Rachel, *L'Empreinte des Dieux*, Oriflam, 2000, Imaginaires sans frontières, 2002.

—, *Le Glaive de Mithra*, Imaginaires sans frontières, 2002.

TARTARI, Ataíde, *Folha Imperial*, dans *Phantastica Brasiliana. 500 anos de Histórias deste e doutros Brasis*, Ano Luz, 2000.

TENG, Tais, *Aan de Oevers van de Nacht*, Kraaikop cube-reeks, 1983.

TENNEVIN, Jan-Peire, *Lou Mounde Paralele. Coumèdi*, La Mulatière, 1971.

TESSIER, Mario, *Quatre rêves de Tesla*, dans *Brins d'éternité* n° 11, 2006.

THOMPSON, E. P., *The Poverty of History*, dans *The Poverty of History and Other Essays*, Merlin Press, 1978 : 300.

THOMSEN, Brian M., *Paper Trail*, dans *Alternate Presidents*, Tor, 1992.

TITE-LIVE, *L'Histoire romaine. La Conquête d'Italie, vers 9 avant J.-C., livre IX*, 16-19, Garnier-Flammarion, 19963.

TOLLEMER, Brice, *Réécrivons l'histoire*, dans *Les Cahiers du football*, 2005-2006.

TOURNAI, Philippe, *L'Empire des Gaules*, La Pensée universelle, 1973.

TOURNIER, Michel, *Le Bonheur en Allemagne ?*, Maren Sell Éditeurs, 2004.

TOUZIN, Mario, *L'Art de la bifurcation : dichotomie, mythomanie et uchronie dans l'œuvre d'Emmanuel Carrère*, mémoire de maîtrise, Université du Québec à Montréal, 2007.

TOYNBEE, Arnold J., *If Alexander the Great Had Lived on*, dans *Some Problems in Greek History*, Oxford University, 1969.

—, *If Ochus and Philip Had Lived on*, dans *Some Problems in Greek History*, Oxford University, 1969.

—, *L'Histoire, un essai d'interprétation*, 1934, Gallimard, « NRF », 1951.

—, *The Forfeited Birthright of the Abortive Scandinavian Civilization*, 1934, dans *L'Histoire, un essai d'interprétation*, Gallimard, « NRF », 1951.

TREVELYAN, G. Macaulay, *If Napoleon Had Won the Battle of Waterloo*, 1907, dans *If It Had Happened Otherwise : Lapses Into Imaginary History*, Sidgwick & Jackson, 1972.

TREVOR-ROPER, Hugh, *History and Imagination : A Valedictory Lecture*, University of Oxford, 20 May 1980, dans Valerie Pearl, Blair Worden et Hugh Lloyd-Jones, *History and Imagination : Essays in Honour of H.R. Trevor-Roper*, Londres, 1981.

TROTSKY, Léon, *Ma vie*, 1930, Gallimard, 1953.

TSOURAS, Peter, *Battle of the Bulge : Hitler's Alternate Scenarios*, Greenhill, 2004.

—, *Britannia's Fist : From Civil War to World War*, Potomac Books, 2008.

—, *Cold War Hot : Alternative Decisions of the Cold War*, Greenhill, 2003.

—, *Dixie Victorious : An Alternate History of the Civil War*, Greenhill, 2004.

—, *Gettysburg : An Alternate History*, Greenhill-Stackpole, 1997.

—, *Hitler Triumphant : Alternate Decisions of World War II*, Greenhill, 2006.

—, *Rising Sun Victorious : The Alternate History of How the Japanese Won the Pacific War*, Greenhill, 2001.

—, *Third Reich Victorious : Alternate Decisions of World War II*, Greenhill, 2002.

TURLOT, Fernand, *Le Personnalisme critique de Charles Renouvier. Une philosophie française*, Presses universitaires de Strasbourg, 2003.

TURRIS, Gianfranco de, *Fantafascismo! Storie dell'Italia Ucronica*, sous la direction de Gianfranco de Turris, Settimo Sigillo, 2000.

—, *Se l'Italia : Manuale di storia alternativa da Romolo a Berlusconi*, Vallecchi, 2005.

TURTLEDOVE, Harry, *A Different Flesh*, Congdon & Weed, 1988.

—, *A World of Difference*, Ballantine, 1990.

—, *Agent of Byzantium*, Congdon & Weed, 1987.

—, *How Few Remain*, Ballantine-Del Rey, 1997.
—, *Settling Accounts : In at the Death*, Ballantine-Del Rey, 2007.
—, *The Great War Multi-Series*, Ballantine-Del Rey, 1997-2007.
—, *The Guns of the South : a Novel of the Civil War*, Ballantine, 1992.
—, *The Immediate Successors of Justinian : A Study of the Persian Problem and of Continuity and Change in Internal Secular Affairs in the Later Roman Empire During the Reigns of Justin II and Tiberius II Constantine (A.D. 565-582)*, thèse à l'University of California Los Angeles, 1977.
—, *Worldwar / Colonization, série de huit romans*, Ballantine-Del Rey, 1994-2005.
TURTLEDOVE, Harry et Richard DREYFUSS, *The Two Georges*, Hodder & Stoughton, 1995.
TWAIN, Mark, *Un Yankee à la cour du roi Arthur*, 1889.
UGLOW, Jenny, *Introduction : Possibility*, dans *Cultural Babbage : Technology, Time and Invention*, Faber & Faber, 1996.
UPGREN, Arthur, *Many Skies : Alternative Histories of the Sun, Moon, Planets, and Stars*, Rutgers University, 2005.
VALÉRY, Francis, *La Cité entre les mondes*, Denoël, « Présence du Futur » n° 620, 2000.
VAN HERCK, Paul, *Caroline, Oh ! Caroline*, Éditions du Masque, « Masque-SF » n° 42, 1976.
VAN HERP, Jacques, *Dans les corridors de l'espace-temps*, dans *Panorama de la science-fiction*, Gérard & Co, « Marabout », 1973.
—, *L'Histoire imaginaire*, Recto-Verso, « Ides... et Autres », 1984.
—, *Napoléon et l'uchronie*, Recto-Verso, « Ides... et Autres », 1993.
—, *Pourquoi et comment est née l'uchronie*, dans *Phénix* n° 58, 2003.
VAN HISE, Della, *Star Trek. La Croisée des Temps*, 1985, Aréna, « Star Trek » n° 4, 1991.
VARLEY, John, *Une journée comme une autre*, 1989, dans *Galaxies* n° 3, hiver 1996-97.
VEDEL, Georges, *Rétrofictions : Si de Gaulle avait perdu en 1962 et si Alain Poher avait gagné en 1969*, dans *Revue française de sciences politiques*, 1984.
VEIGA, José J., *A Casca da serpente*, Bestseller, 1989.
VERNE, Jules, *Autour de la Lune*, 1870.
—, *De la Terre à la Lune*, 1865.
VERSHININ, Lev, *Pervyj god Respubliki*, dans *Khronika nepravilnovo zavtra*, Argus, 1996.
VERSINS, Pierre, *Encyclopédie de l'utopie, des voyages extraordinaires et de la science fiction*, L'Âge d'Homme, 1972, révisé en 1984.
VIAL, Éric, *L'Uchronie et les uchronies. Un livre éponyme oublié, dans un sous-genre pris entre littérature légitime et roman dit populaire*, dans *Corpus* n° 45. *Renouvier : philosophie politique*, 4ᵉ semestre 2003.
—, *Renouvier et l'Uchronie, ou comment imaginer que « la religion que [l'on a] quittée » n'a jamais existé*, dans Daniel Tollet, *La religion que j'ai quitté...*, Presses de la Sorbonne, 2007.
—, *Uchronie et Counterfactual history, notes sur le bon usage de l'Histoire telle qu'elle n'a pas été...*, notes non publiées rédigées pour un colloque en juillet 2003.
VILÀ, Christian, *Les Mystères de Saint-Pétersbourg*, Bragelonne, 2003.
VINER, Michael, *Unfinished Lives : What If... ?*, Dove, 1995.

Von Boeheim, Carl, *Die Kaiser Saga, Utopia Austriaca*, Kraft, 1960.

Von Ditfurth, Christian, *Der Consul*, Droemer-Knaur, 2003.

Vonarburg, Elisabeth, *Reine de Mémoire, 5 romans*, Alire, 2005-2007.

VV.AA., *Historia virtual de España (1870-2004)*, Taurus, 2004.

Wagner, Roland C., *H.P.L. (1890-1991)*, L'Astronaute mort, 1995.

Waldrop, Howard, *Histoire d'os*, 1984, La Découverte, « Fictions », 1986.

Walther, Daniel, *La Reconquête du Brésil : la dernière aventure de Napoleone Buonaparte*, dans *Salmigondis* n° 21, 2005.

Ward, Philippe, *Dieu reconnaîtra les siens...*, Mairie de Chalabre, 2006.

Warfa, Dominique, *La Crosse et l'épée*, dans *Yellow Submarine* n° 115, 1995.

Weinbaum, Stanley, *Les Mondes du Si. Les mirobolantes inventions du professeur van Manderpootz*, Recto-Verso, « Ides... et Autres », 1997.

Weiner, Andrew, *La Carte*, 1992, dans *Orion, Étoiles vives* n° 5, 1998.

Weinshall, Jacob, *Ayeudi Aacharon*, Sifriyat Ashaot, 1946.

Weiss, Allan, *The Last of the Maccabees*, dans *Arrowdreams. An Anthology of Alternate Canadas*, Nuage Editions, 1997.

Wells, H. G., *La Guerre des mondes*, 1898.

—, *La Machine à explorer le temps*, 1895.

—, *Quand le dormeur s'éveillera*, 1899, Mercure de France, 1924.

—, *Une Utopie moderne*, 1905, Mercure de France, 1907.

Wesoly, Henri, *C'est la lutte finale*, dans *Antan en emporte le temps*, Bruxelles, Recto-Verso, « Ides... et Autres » n° 22, 1977.

Whately, Richard, *Historic Doubts Respecting Napoleon Buonaparte*, 1819, New York, R. Carter & Brothers, 1867.

Whitaker, Richard, *Mary Queen of Scots Vindicated*, 3 volumes, J. Murray, 1787.

Whitbourn, John, *A Dangerous Energy*, Londres, Victor Gollancz « SF », 1992.

Williams, Walter Jon, *Le Prométhée invalide*, 1993, dans *Les Continents perdus*, Denoël, « Lunes d'Encre », 2005.

Williamson, Jack, *Les Guerriers du Temps*, 1938, Patrice Granet, 2003.

Willis, Connie, *Sans parler du chien*, 1997, J'ai Lu, « Millénaires », 2000.

Wilson, Robert Charles, *Darwinia*, 1998, Denoël, « Lunes d'Encre », 2000.

Windsor, Philip, *If I Had Been... Alexander Dubcek in 1968 : How I Would Have Saved the 'Prague Spring' and Prevented the Warsaw Pact Invasion*, dans *If I Had Been... Ten Historical Fantasies*, Rowman & Littlefield, 1979.

Winthrop, Geoffrey, *The Rise and Fall of Norse America : Vikings, Vinland and Alternate History*, dans *Extrapolation*, volume 43, n° 2, 2002.

Womack, Jack, *Terraplane*, 1988, Denoël, « Présence du Futur » n° 523, 1991.

Wooding, Chris, *Qui veut tuer Alaizabel Cray ?*, 2001, Gallimard, « Folio Junior », 2003.

Wright, Sean, *New Wave of Speculative Fiction : The What If Factor*, Crowswing Books, 2005.

Wyndham, John, *La Quête aléatoire*, 1961, dans *Le Livre d'or de la science-fiction*, Presses Pocket n° 5249, 1987.

Yanne, Jean, *Pensées, répliques, textes et anecdotes*, Le Cherche Midi, 1999.

Yoss, *Les Interférences*, 2004, dans *Galaxies* n° 32, 2004.

Yulsman, Jerry, *Elleander Morning : A Novel*, St Martin's Press, 19848.

Zelazny, Roger, *Le Jeu de cendre et sang*, 1975, dans *Livre d'or de la Science-Fiction*, Pocket n° 5217, 1986.

—, *Les Princes d'Ambre, 10 romans*, Denoël, « Présence du Futur » n° 461 à 470.

ZETA, *The Lieutenant's Daughter*, dans *Shadows of the Clouds*, John Ollivier, 1851.

ZIBLIN, Oren, *Halan chaver*, dans *Maariv LaNoar* du 2 novembre 2000.

ZIMA, Herbert, *Che cosa sarebbe avvenuto se Murat avesse vinto a Tolentino? Quali ripercussioni avrebbe avuto sulla campagna di Waterloo?*, Association Tolentino 815, 2005.

Bandes dessinées, comics, mangas et manhwas

AKAISHI, Michiyo, *Amakusa 1637*, 2001, Akiko, 2004.

AKAMATSU, Ken, *Negima!*, 2005, Pika, 2007.

AARANKO, Igor, *La Danse du temps*, Humanoïdes associés, 2005-2007.

BARBERI, Carlo et F. G. HAGHENBECK, *Alter Nation*, Image Comics, 2004.

BARR, Mike W., SUTTON, Tom et Ricardo VILLAGRAN, *Star Trek : The Mirror Universe Saga*, DC Comics, 1984-85.

BARREIRO et SAUDELLI, *La Fille de Wolfland*, Dargaud, 1984.

BARRETO, Eduardo et Roger STERN, *Superman : A Nation Divided*, DC Comics, 1999.

BURCHIELLI, Riccardo et Brian WOOD, *DMZ*, Panini Comics, 2007.

BUSIEK, Kurt, PACHECO, Carlos et Jésus MERINO, *Arrowsmith*, 2003, Editions USA, 2005.

CASSADAY, John *et al.*, *Planetary-D'un monde à l'autre*, Panini Comics, 2007.

CHAYKIN, Howard, TISCHMAN, David et Diko HENRICHON, *Barnum! In Secret Service to the USA*, Vertigo Comics, 2003.

CONVARD, Didier *et al.*, *Le Triangle secret*, Glénat, 2000-2003.

CORBEYRAN, Éric *et al.*, *Uchronie[s]*, Glénat, « Grafica », 2008-.

COSSET, Jean-Marc et Sébastien, *Res Punica*, Glénat, 2001.

DELITTE, Jean-Yves, *Le Neptune*, Glénat, « Grafica », 2003-5.

DELMAS, Gabriel et Robin RECHT, *Totendom*, Humanoïdes associés, 2005.

DESBERG, Stephen et Éric MALTAITE, *421 : les enfants de la porte*, Dupuis, 1988.

DUBOIS, Christophe et Nicolas PONA, *Le Cycle d'Ostruce*, Le Lombard, « Portail », 2007.

DUVAL, Fred, GIOUX, Thierry, QUET, Christophe et Carole BEAU, *Hauteville House*, Delcourt, 2004-7.

ELLIS, Warren, WESTON, Chris et Laura DEPUY, *Ministère de l'espace*, 2001-4, Semic, 2005.

FÉLIX, Jérôme et KRAMP, *Uchronia*, Bamboo, « Angle Fantasy », 2004.

FOGLIO, Phil et Katia, *Girl Genius*, Airship Entertainment, 2002-8.

FORTIER, Ron, JONES, Chris et Gary KATO, *The Boston Bombers*, Caliber Comics, 1990 et 1997.

FRACTION, Matt et Steve SANDERS, *The Five Fists of Science*, Image Comics, 2006.

FUKUYAMA, Yôji, *Mademoiselle Mozart*, KC Comics, 1990.

GARCÍA-LÓPEZ, José Luis, MAGGIN, Elliot S. et Alan WEISS, *Batman : The Blue, the Grey, and the Bat*, DC Comics, « Elseworlds », 1992.

GAZZOTTI, Meyer, Ralph et Fabien VEHLMANN, *Des lendemains sans nuage*, Le Lombard, 2001.

GÉBÉ, *Spécial Fardier*, dans *Pilote* du 15 octobre 1970.

GIBBONS, Dave, Palmer et Lee WEEKS, *Cap Lives*, Marvel Comics, « Captain America » volume 4 n° 17-19, 2003.

GOSSETT, Christian *et al.*, *The Red Star*, 2001 Semic Books, 2001.

KAWAGUCHI, Kaiji, *Spirit of the Sun*, 2003, Tonkam, 2005.

KAWAGUCHI, Kaiji, *Zipang*, 2001, Kana, « Big », 2005-8.

KORDEY, Igor, MARZ, Ron et Chris CHUCKRY, *Batman-Tarzan. Les Griffes de Cat-Woman*, 1999-2004, Wetta Worldwide, 2005.

LARCENET, Manu, *Le Temps de chien (Une aventure rocambolesque de Sigmund Freud)*, Dargaud, « Poisson Pilote », 2002.

LOFFICIER, Jean-Marc et Randy et Gil FORMOSA, *Robur, 3 albums*, Albin Michel.

MANGIN, Valérie et Francisco RUIZGE, *Luxley*, Soleil, 2005-2008.

MANOOK et CORDOBA, *Fallait pas faire les cons*, Semic, 2003.

MILLAR, Mark, JOHNSON, Dave et Kilian PLUNKETT, *Superman : Red Son*, 2003, Panini Comics, 2005.

MOORE, Alan et Kevin O'NEILL, *La Ligue des Gentlemen Extraordinaires*, 2000, Soleil-Editions U.S.A, 2001.

MOORE, Alan, GORDON, Al et Chris SPROUSE, *La Famille Strong et la tour à la fin des temps*, 2001, dans *Tom Strong* n° 3, Panini Comics, 2007.

MURAKAMI, Motoka, *Jin*, Tonkam, 2007.

NELSON, Arvid et Eric JOHNSON, *Rex Mundi*, 2002-2008, Semic, 2005.

NOMURA, Ted, *Families of Altered Wars*, Antarctic Press, 1996-2008.

PARK, So-Hee, *Palais*, 2002, Soleil, « Gochawon », 2006.

PÉCAU, Jean-Pierre et Igor KORDEY, *Empire*, Delcourt, « Neopolis », 2007-.

PEETERS, Benoît et François SCHUITEN, *Les Cités obscures*, Casterman, 1984-2008.

PERNOUD, Christophe, TOSHY et Fabien ALQUIER, *La Métaphore du papillon*, Bamboo Éditions, 2004-2007.

SEN, Jai, SEIJURO, Mizu, Umeka, ASAYUKI et Shino YOTSUMOTO, *The Golden Vine*, Shoto, 2003.

SONDERGAARD, Niels et Ole C. CHRISTENSEN, *1. Maj Mysteriet*, Carlsen Comics, 1991.

SVANE, E. et D. GREENBERG, *Général Leonardo*, Paquet, 2006-.

TAKASHIGE, Hiroshi et DOUBLE-S, *Jusqu'à ce que la mort nous sépare*, 2006, Ki-oon, 2008.

TANIGUCHI, Jirô, *Quartier Lointain*, 2002, Casterman, « Écritures », 2002-3.

VALLADÃO, Osmarco et Manoel MAGALHÃES, *The Long Yesderday*, Comic Store, 2005.

What If? (série) chez Marvel Comics : volumes 1 (1977-84, 47 numéros), 2 (1989-98, 1989-98), 3 (2005, 6 numéros), 4 (2006, 6 numéros), 5 (2007, 5 numéros) et 6 (2007-8, 6 numéros en cours).

Dessins animés

ANDERSON, Stephen J., *Bienvenue chez les Robinson*, 2007.

ANNO, Hideaki et Shinji HIGUCHI, *Nadia et le secret de l'eau bleue*, 39 épisodes, 1990.

Citel Vidéo / Nelvana Limited, *Babar : une vie de rêve*, épisode n° 35, 1991.

GEDA, Curt, *Superman : The Animated Series : Brave New Metropolis*, 1997, saison 2 épisode 12.

NISSEN, Frank, *Le Sortilège de Cendrillon*, 2007.

OTOMO, Katsuhiro, *Steamboy*, 2004.

TAKAHIRO, Okao, *Natsuiro no Sunadokei*, 2004.

TCHERNIA, Pierre, GOSCINNY, René et Albert UDERZO, *Les 12 travaux d'Astérix*, 1976.

Documentaires, docu-fictions et émissions de télévision

Dino, réalisé par Mark Everest, BBC, 2007.
Et si l'Amérique était française?, émission de télévision « C dans l'air » diffusée sur France 5 le vendredi 19 décembre 2003.
Et si le Gulfstream s'arrêtait, documentaire de 45 minutes passé sur RDI (Canada), dans l'émission « Les Grands Reportages ».
Hitler's Britain, réalisé par Richard Bond en deux parties : *The Nazi Occupation of Britain et The Secret of the British Resistance*, 2002.
Imagine a World without Romania, http://www.vidilife.com/video_play_868187_Imagine_a_world_without_Romania.htm, réalisé par Alexandru, 2006.
Monty Python, Mr. Hitler, enregistré le 21 décembre 1969 et diffusé le 4 janvier 1970.
Nazitubbies (Die), extraits de cette émission danoise vus sur Arte en 2007 dans « Toutes les télé du monde ».
Old Negro Space Program (The), réalisé par Andy Bobrow, 2004, http://www.negrospaceprogram.com/, 2004.
Paris 2011 : la grande inondation, réalisé par Bruno Victor-Pujebet diffusé sur Canal+ en décembre 2006.

Films, téléfilms et courts métrages

12:01 PM, réalisé par Jonathan Heap, 1990.
2001, l'odyssée de l'espace, réalisé par Stanley Kubrick, 1968.
2009 Lost Memories, réalisé par Si-Myung Lee, 2002.
30 ans sinon rien, réalisé par Gary Winick, 2004.
À la croisée des mondes : la boussole d'or, réalisé par Chris Weitz, 2007.
Arrêt sur image, réalisé par Alban Périaut et Vincent Timmerman, 2004.
C.S.A. : The Confederate States of America, réalisé par Kevin Willmott, 2006.
Capitaine Sky et le monde de demain, réalisé par Kerry Conran, 2004.
Chasseurs de frissons, réalisé par Mario Azzopardi, 1999.
Chasseurs de sorcières, réalisé par Paul Schrader, 1994.
Click : télécommandez votre vie, réalisé par Frank Coraci, 2006.
Cours, Lola, cours, réalisé par Tom Tykwer, 1998.
Court Martial of George Armstrong Custer (The), réalisé par Glenn Jordan, 1976.
Danger Planète Inconnue, réalisé par Robert Parrish, 1970.
Deaths of Ian Stone (The), réalisé par Dario Piana, 2007.
Déjà vu, réalisé par Tony Scott, 2005.
Détective Philip Lovecraft, réalisé par Martin Campbell, 1991.
Dona da História (A), réalisé par Daniel Filho, 2004.
Double vie de Véronique (La), réalisé par Krzysztof Kieslowski, 1991.
Effet papillon (L'), réalisé par Eric Bress et J. Mackye Gruber, 2004.
Effet papillon 2 (L'), réalisé par John R. Leonetti, 2007.
Entre deux rives, réalisé par Alejandro Agresti, 2006.
Family Man, réalisé par Brett Ratner, 2000.
Folle histoire du monde (La), réalisé par Mel Brooks, 1981.
Fréquence interdite, réalisé par Gregory Hoblit, 2000.
Great German North Sea Tunnel (The), réalisé par Frank S. Newman, 1914.
Guerriers de l'Apocalypse (Les), réalisé par Mitsumasa Saito, 1979.

Hasard (Le), réalisé par Krzysztof Kieslowski, 1982.
Idiocracy, réalisé par Mike Judge, 2005.
Independance Day, réalisé par Roland Emmerich, 1996.
Ironie du sort (L'), réalisé par Édouard Molinaro, 1973.
Jean-Philippe, réalisé par Laurent Tuel, 2006.
Lettres secrètes, réalisé par Dan Curtis, 1998.
Liberté Égalité Choucroute, réalisé par Jean Yanne, 1985.
Looped, réalisé par Kai Hauptmann, 2002.
Matrix, 3 films réalisés par les frères Wachowski, 1999-2003.
Moi, moi et moi, réalisé par Pip Karmel, 1999.,
Monsieur destinée, réalisé par James Orr, 1990.
Mystères de l'Ouest (Les), réalisé par Barry Sonnenfeld, 1999.
Naken, réalisé par de Mårten et Torkel Knutsson, 2000.
Next, réalisé par Lee Tamahori, 2007.
Nichts als die Wahrheit, réalisé par Roland Suso Richter, 2000.
Nimitz, retour vers l'enfer, réalisé par Don Taylor, 1980.,
No Smoking, réalisé par Alain Resnais, 1993.
Nothing so Strange, réalisé par Jack Perdue, 2002.
Novo, réalisé par Jean-Pierre Limosin, 2002.
Outrage (L'), réalisé par Martin Ritt, 1964.
Pacte des loups (Le), réalisé par Christophe Gans, 2001.
Peggy Sue s'est mariée, réalisé par Francis Ford Coppola, 1987.
Pile et Face, réalisé par Peter Howitt, 1998.
Portefeuille (Le), court métrage réalisé par Vincent Bierrewaerts, 2003.
Quest for Love, réalisé par Ralph Thomas, 1971.
Rashōmon, réalisé par Akira Kurosawa, 1950.
Rencontre avec le passé, réalisé par de Jeff Woolnough, 2000.
Retour vers le futur, 3 films réalisés par Robert Zemeckis, 1985-1989-1990.
Returner, réalisé par Takashi Yamazaki, 2002.
Rose et la flèche (La), réalisé par Richard Lester, 1976.
Samurai Commando 1549, réalisé par Masaaki Tezuka, 2005.
Secret de la pyramide (Le), réalisé par Barry Levinson, 1985.
Si seulement..., réalisé par de Gil Junger, 20041.
Siworae, réalisé par Hyun-Seung Lee, 2000.
Six-String Samurai, réalisé par Lance Mungia d'après un *comic* de Matt Hawkins, 1998.
Smoking, réalisé par Alain Resnais, 1992.
Terminator 2, réalisé par James Cameron, 1991.
Terminator, réalisé par James Cameron, 1984.
Timecop, réalisé par Peter Hyams, 1994.
Un coup de tonnerre, réalisé par Peter Hyams, 2005.
Une deuxième chance, réalisé par Frédéric Krivine, 2003.
Une deuxième vie, réalisé par Patrick Braoudé, 2000.
Un jour sans fin, réalisé par Harold Ramis, 1993.
Un monde trop parfait, réalisé par Peter Werner, 1998.
Vertiges de l'amour, réalisé par Laurent Chouchan, 2001.
Vie est belle (La), réalisé par Frank Capra, 1946.
Vie privée de Sherlock Holmes (La), réalisé par Billy Wilder, 1970.
Visiteurs (Les), réalisé par Jean-Marie Poiré, 1993.
Voyage magique de Richie (Le), réalisé par John Murlowski, 1998.

Séries TV

Au-delà du Réel l'aventure continue : De temps en temps, 2002, saison 7, épisode 15 ; *Déjà vu*, 1999, saison 5, épisode 16.

Blackadder : Back and Forth, 1999, épisode spécial « An 2000 », réalisé par Paul Weiland.

Day Break, série créée par Paul Zbyszewski, 13 épisodes, 2006.

Dead Zone :
   En abyme, 2003, saison 2, épisode 15, réalisé par James Read.
   L'Illusion, 2002, saison 1, épisode 7, réalisé par Robert Lieberman.

Déjà vu, série française créée par David Paillot et Éric Vérat, 26 épisodes, 2006-7.

Demain à la une, série américaine créée par Ian Abrams, Patrick Q. Page et Vik Rubenfeld, 4 saisons, 1996-2000.

Destins croisés, série canadienne créée par Steve Sohmer, 2 saisons, 44 épisodes, 1999.

Do Over, série américaine créée par Kenny Schwartz et Rick Wiener, 15 épisodes, 2002.

Envahisseurs (Les), créée par Larry Cohen, 2 saisons, 1967-68.

Goong / Princess Hours, série coréenne réalisée par In-Roi Hwang, 2006.,

Harsh Realm, le royaume : Un jour sans fin, 1999, épisode 4, réalisé par Cliff Bole.

Journeyman, série américaine, 13 épisodes, 2007.

Kansakunnan käännekohta, série finlandaise réalisée par Erkko Lyytinen, 2006.

Lost Room (The), 6 épisodes réalisés par Craig R. Baxley et Michael W. Watkins, 2006.

Magnum : Le Témoin, 1984, saison 4, épisode 22, réalisé par John Llewellyn Moxey.

Malcolm : Pile et face, 2000, saison 2, épisode 20.

Mirror, Mirror, série australienne réalisée par John Banas et Sophia Turkiewicz, 20 épisodes, 1995.

Mop Girl, série japonaise, 11 épisodes, 2007.

Odyssey 5, série américaine, 20 épisodes, 2002.

Sabrina, l'apprenti sorcière : Miss Catastrophe, 1997, saison 1, épisode 6.

Secret Adventures of Jules Verne (The), série canadienne réalisée par Pierre de Lespinois, 22 épisodes, 2000.

Sept Jours pour agir, série américaine, 3 saisons, 1998-2001.

Six Feet Under : Chacun cherche sa voie, 2002, saison 3 épisode 1, réalisé par Rodrigio Garcia.

Sliders, série créée par Robert K. Weiss et Tracy Torme, 5 saisons, 1995-2000.

Star Trek : Miroir, 1967, saison 2 épisode 4.

Star Trek Next Generation :
   Boucle temporelle, 1988, saison 2, épisode 13.
   Causes et effets, 1992, saison 5, épisode 18.
   La Flèche du temps, 1992, saison 5 épisode 26 et saison 6 épisode 1.,
   L'Entreprise viendra d'hier, 1990, saison 3, épisode 4.,
   Un navire dans une bouteille, 1993, saison 6 épisode 12.

Stargate SG 1 :
   Histoire sans fin, 2000, saison 4, épisode 6, réalisé par Peter DeLuise.
   Le Gardien du jeu, 1998, saison 2, épisode 4, réalisé par Martin Wood.

Une Dimension trop réelle, 1998, saison 1, épisode 19, réalisé par David Warry-Smith.
That Was Then, série américaine créée par Jeremy Miller, 4 épisodes, 2002.
Time Trax, créée par Harve Bennett, Jeffrey M. Hayes et Grant Rosenberg, 44 épisodes, 1993-94.
Tru Calling : Compte à rebours, série américaine, 2 saisons, 26 épisodes, 2003-2004.
Voyagers, créée par James Parriott, 20 épisodes, 1982-83.
Working : Sliding Doors, 1999, saison 2, épisode 17.
Xena la guerrière : Un jour sans fin, 1997, saison 3, épisode 22, réalisé par Andrew Merrifield.
X-Files :
    Combattre le passé, 2000, saison 8, épisode 6, réalisé par Peter Markle.
    Lundi, 1999, saison 6, épisode 15, réalisé par Kim Manners.

Jeux (de rôle, de plateau, *wargames*, video, livres-jeux)

AE-WWII Retro Sci-Fi, Darkson Designs, 2007.
Beyond the Urals, Ty Bomba, Decision Games, 2002.
Brumaire : le Mécénat, Cédric Ferrand, www.leludiste.fr, 2007.
Deadlands. Bienvenue dans le Weird West!, Shane Lacy Hensley et John Hopler, Pinnacle-MultiSim, 1997.
DownFall : If the US Invaded Japan, 1945, Ty Bomba, dans *Strategy & Tactics* n° 230, 2005.
Enigma Rising Tide, Tesseraction Games, 2003.
First Indochina War, Joseph Miranda, dans *Strategy & Tactics* n° 209, 2002.
Flintloque, Mac Coxhead et Steve Blease, Alternative Armies Online, 1995.
Fvlminata, Jason Roberts et Michael Miller, Thyrsus, 2002.
Great War at Sea (The), Avalanche Press, 1996-2008, au moins 15 jeux.
Group of Soviet Forces Germany. If The Soviets Had Invaded Germany, Ty Bomba et Joseph Miranda, dans Strategy & Tactics n° 220, 2004.
GURPS Alternate Earths, Kenneth Hite et Craig Neumeier, Steve Jackson Games, 1996.
GURPS Alternate Earths II, Kenneth Hite et Craig Neumeier, Steve Jackson Games, 1999.
Ironstorm, Wanadoo Edition, 2002.
Korea '85, John Tiller, HPS Simulations, 2003.
Legos, sites de Legos steampunk : http://www.ozbricks.com/jneufeld/webpages/vehicles/steamcar.htm ou http://www.mocpages.com/folder.php/10019.
Making History, Muzzy Lane Software Inc, 2002.
Mason-Dixon : The Second American Civil War, Ty Bomba et Chris Perello dans *Command Magazine* n° 35, 1995.
Mission Planète Rouge, Asmodée Éditions, 2005.
Paraworld, Chris Abele, Sunflowers, 2006.
Rétrofutur, Multisim Editions, 2002.
Steambot Chronicles, Irem Software, 2007.
Storm of Steel, Decision Games, 2007.
Turning Point : Fall Of Liberty, Codemasters, 2007.
Twilight Struggle, Ananda Gupta et Jason Matthews, GMT Games, 2005.
Vous êtes De Gaulle – refaites l'Histoire et changez le destin de la France, Patrick des Ylouses, Solar, « Livre-Jeux », 1986.
War Front : Turning Point, CDV, 2007.

Musique et radio

Chanson : *Au Lycée Papillon*, Georgius et Juel, Beuscher, 1936.
Chanson : *Cartier*, Daniel Thibon et Robert Charlebois, Québec Disc, 1976.
Chanson : *Mon Frère*, Maxime Le Forestier, Polydor, 1972.
Chanson : *Napoléon*, Nicolas Peyrac, Eco Music, 1974.
Chanson : *On nous cache tout, on nous dit rien*, Jacques Dutronc et Jacques Lanzmann, 1966.
Chanson : *Si je pouvais revivre un jour ma vie*, Louis Amade, Pierre Delanoë et Gilbert Bécaud, Polygram-Barclay-Orlando, 1958.
Groupe musical : Kraftwerk.
Groupe musical : The Black Slavics, http://users.skynet.be/sky77600/blackslavics/Black%20Slavics%20fr.htm.
Opéra : *Giovanna d'Arco*, Giuseppe Verdi, 1845.
Pièce radiophonique : *L'Échappée Belle*, mise en scène de Michel Sidoroff sur un texte de Fabrice Colin, diffusée sur France Culture le 6 juin 2002.
Pièce radiophonique : *La Nouvelle Ève ou les infortunes du progrès*, mise en scène de Tristan Baille d'après Xavier Mauméjean, diffusée sur France Culture le 6 mars 2004.

Peinture

GOULD, *Melissa*, Neu-York, 2000, http://www.megophone.com/neuyork.html.
MOYSES, Georges, *Uchronie* (aquarelle), 2003.
Uchronies et autres fictions, exposition à la Frac Lorraine de Metz du 11 février au 7 mai 2006.

Conférences et colloques

Écritures de l'histoire, écritures de la fiction. Colloque international organisé par le Centre de recherches sur les arts et le langage (EHESS-CNRS) en collaboration avec le Groupe de recherche en narratologie de l'université de Hambourg (Allemagne) les 16, 17 et 18 mars 2006 à la Bibliothèque nationale de France.
Et si Einstein n'avait pas été là ? Une « Gedankenexperiment » en Histoire des Sciences. Conférence donnée par Jean-Marc Lévy-Leblond à l'université de Provence, 16 novembre 2005.
Le Mois de la Science-fiction. Série de manifestations organisées à l'École normale supérieure de la rue d'Ulm (Paris) en mai 2006.
Science-fiction dans l'Histoire, l'Histoire dans la science-fiction. Colloque à l'université de Nice-Sophia-Antipolis, 2005. Actes en deux volumes par Denise Terrel, Cycnos, 2005.
SF et Histoire. Conférence de Raymond Iss et Stéphanie Nicot aux Galaxiales 96 à Nancy le 2 mai 1996.

Internet

ATF40. Armée de Terre Française 1940, forum sur l'armée française en 1940, http://atf40.forumculture.net/index.htm
BLAIR, Brad, *Roma Invicta. Imperium Sine Fine*, http://www. geocities.com/romanophile/index.html

Fantasque Time Line sous titré « 1940 – La France continue la Guerre », http://www.1940lafrancecontinue.org/index.htm, 2004-.

MOTA, Pedro, *La Porte des Mondes*, http://www.noosfere.com/heberg/mota/Uchronies-divergences.htm.

SCHMUNK, Robert, *Uchronia The Alternate History List*, http://www.uchronia.net/

uchronia@yahoogroups.com, forum de discussions en français autour de l'uchronie

Timeline, logiciel développé par une équipe du M.I.T. http://simile.mit.edu/timeline/

WhatIf : Software for Evaluating Counterfactuals, logiciel de l'université d'Harvard, http://gking.harvard.edu/whatif/

INDEX DES AUTEURS

Les numéros renvoient aux questions.

GÉBÉ : 29
GENEFORT, Laurent : 31
GEOFFROY, Louis : 2, 3, 4, 6, 7, 8, 9,
   14, 30, 37, 44, 45, 47, 49, 50
GEORGIUS : 25
GERNER, Kristian : 34
GERWITZ, Kurt : 16
GÉVART, Pierre : 31
GEVERS, Nicholas : 47
GIBBON, Edward : 12, 14, 45
GIBSON, William : 23, 29, 44, 49
GILLIES, John : 26
GINWAY, Elizabeth : 36
GIRARD, Olivier : 15
GODE, Alexander : 46
GOGOLA, Tom : 46
GOLDRING, Maurice : 8, 34
GORDON, Deborah : 46
GOSSELIN, Yves : 33
GOUANVIC, Jean-Marc : 1, 2, 10
GOULD, Melissa : 48
GOULD, Stephen Jay : 5, 24
GOYTISOLO, Juan : 31
GRAHAM JR, Otis L. : 46
GREEN, Dominic : 23
GREEN, Roland J. : 47
GREENBERG, Martin H. : 2, 14, 18,
   31, 32, 47
GRENIER, Christian : 27, 28
GRENIER, Hubert : 1, 13
GRIMWOOD, Ken : 20, 49
GROUSSET, Alain : 47
GROUSSET, René : 5, 30
GRUNFELD, P. P. : 2
GURNEY, James : 24
GUTH, Paul : 14

HAAVIKKO, Paavo : 35
HAGGARD, H. Rider : 16
HALE, Edward Everett : 4
HAMMERSCHMITT, Marcus : 35
HANCOCK, Nick : 46
HANSEN, Per H. : 47
HARKABI, Yehoshafat : 36
HARRIS, Robert : 33, 45, 46, 49
HARRISON, Harry : 6, 8, 24, 31, 38
HAWTHORN, Geoffrey : 11, 14
HAWTHORNE, Nathaniel : 4, 14
HEAP, Jonathan : 20
HEARNSHAW, F. J. C. : 11, 14
HEINLEIN, Robert : 17, 19
HELBIG, Jorg : 14, 35

HELIOT, Johan : 9, 18, 23, 28, 47, 49
HELLEKSON, Karen : 2, 14, 47
HENRY, Oliver : 19
HERTEL, François. : 10, 28
HEURTEL, Philippe : 23, 43
HEYWOOD, Joseph : 16
HOBSBAWN, Eric J. : 13, 15
HOFFMAN, Mary : 25
HOHLBEIN, Wolfgang : 18
HOLLISTER, Bernard C. : 15
HOUSSIN, Joël : 46
HOWITT, Peter : 12, 21
HUME, David : 4
HYDE, Ralph : 48

ISHIGURO, Kazuo : 46
ISRAELI, Isaac d' : 4, 14
ISS, Raymond : 7, 8, 30

JAMET, Dominique : 34, 47
JAMMER, Max : 46
JARRY, Alfred : 37
JEANNE, René : 16
JESCHKE, Wolfgang : 38, 39
JETER, K. W. : 23, 37
JIJI, Shen : 19
JONES, Diana Wynne : 27
JORDAN, Glenn : 31
JØRGENSEN, Stig W. : 35
JOULUKUUN RYHMÄ : 35
JUBERT, Hervé : 23

KARMEL, Pip : 21
KÄSTNER, Erich : 31
KAWAGUCHI, Kaiji : 36, 42, 49
KAZANTZAKI, Nikos : 26
KERR, Philip : 16
KERSHAW, Ian : 5
KEYES, J. Gregory : 29
KIESLOWSKI, Krzysztof : 21
KLEIN, Edward : 34
KLEIN, Gérard : 49
KONOPNICKI, Guy : 34
KONSALIK, Heinz G. : 17
KORDEY, Igor : 18, 30
KRAFTWERK : 48
KRESS, Nancy : 46
KRUSANOV, Pavel : 35
KUBRICK, Stanley : 9, 17, 42
KUROSAWA, Akira : 21
KUTTNER, Henry : 38

5 0 QUESTIONS

Collection dirigée par Belinda Cannone

Ce volume,
le quarante-sixième de la collection
« 50 questions »,
publié aux éditions Klincksieck
a été achevé d'imprimer en février 2009
sur les presses de l'imprimerie Barnéoud,
53960 Bonchamps-lès-Laval

N° d'éditeur : 0030
N° d'imprimeur : 901055
Dépôt légal : février 2009